KB047175

지방 소멸

인구감소로
연쇄붕괴하는
도시와
지방의
생존전략

마스다 히로야
지음

김정환
옮김

와이즈베리
WISEBERRY

차례

서장   008

제1장 **대도시만 생존하는 극점 사회가 온다**   17

저출산을 멈출 방법은 없는가 | 출산율 회복은 빠를수록 좋다 | 인구 감소 과정 3단계 | 지역 격차를 낳은 인구 이동 | 인구 감소를 가속화한 젊은이의 대도시 유입 | 지방의 소멸 가능성이란? | 인구 이동은 진정되지 않는다 | 곧 사라질 위험에 처한 523개 도시 | 한정된 지역에 인구가 밀집한 극점 사회 | 인구의 블랙홀 현상

제2장 **지속 가능한 사회를 만들기 위한 국가 전략**   45

거시적 정책과 지방 분권론을 넘어서 | 과거 균형 발전 국가 전략의 실패 | 적극적 정책과 조정적 정책 | 종합 전략 본부와 지역 전략 협의회의 설치 | 장기 비전을 바탕으로 한 종합 전략 추진

제3장 **도쿄 집중 현상을 막아라**   57

인구 이동을 막을 방어 · 반전선 구축 | 지방 중핵 도시가 주변 지역에 끼치는 영향 | 지방 중추 거점 도시 | 집적을 통해 새로운 가치를 창조하는 콤팩트 시티 | 젊은이들을 불러들이는 마을을 만들자 | 중노년의 지방 이주를 지원한다 | 지역 경제를 지탱하는 기반 조성 | 도쿄권은 올림픽을 기점으로 국제 도시로

희망 출산율을 실현하자

제4장 — **79**

희망 출산율은 1.8 | 출산율 향상으로 나라 전체가 젊어진다 | 청년층을 위한 결혼 육아 연수입 500만 엔 모델 | 결혼·임신·출산 지원 | 육아 지원 | 육아휴직 활성화와 경력 단절 극복 지원 | 장시간 노동 문화를 바꾸는 것이 급선무 | 기업의 자세 변화를 촉진하는 정책 | 일과 사생활의 균형 | 노동 인구 감소의 대안은 여성 인재 활용 | 여성 지도자 육성 | 고령자의 정의를 재검토하자 | 고령자 지원 대책 재검토 | 해외의 '고도 인재'를 받아들이자

미래 일본의 축소판 홋카이도의 지역 전략

제5장 — **103**

인구 감소 사회인 일본의 축소판 홋카이도 | 인구를 '전체적'으로 분석한다 | 인구를 '중층적'으로 분석한다 | 첫 번째 기본 목표 – '지역 인구 비전'의 책정 | 두 번째 기본 목표 – '새로운 지역 집적 구조'의 구축 | 인구 감소율이 낮은 세 지역이 보여주는 '지역의 힘' | 총인구를 유지하기 위해

지역이 살아나기 위한 여섯 가지 모델

제6장 — **131**

젊은 여성 인구 증가율 상위 20개 지역 | 열쇠를 쥐고 있는 산업 개발형

결국은 도쿄도 축소되고, 일본은 파멸한다

대담편 1   **146**

JR 동일본과 도요타만이 알고 있다 | 출산율이 높아져도 수십 년 간 아이들의 수는 계속 감소한다 | 고령자마저 줄어들어 벼랑 끝에 몰리는 지방 | 도쿄는 인구의 블랙홀 | 죽을힘을 다해 철수 작전을 펼쳐라 | 지방으로 향하는 젊은이들이 보여주는 희망의 불씨

인구 급감 사회에 대한 처방전을 모색한다

 대담편 2   **161**

인구 예측은 어떤 미래 예측보다도 정확도가 높다 | 인구 감소를 전제로 하는 부흥 | 축소를 향한 주민 합의를 어떻게 이끌어낼 것인가 | '현대판 참근 교대'로 국가와 지방의 벽을 허문다 | '희망 출산율'을 평가 기준으로 | 도쿄로의 인구 유출을 막으려면 | 인구 급감을 피하기 위해

경쟁력이 높은 지방은 무엇이 다른가

대담편 3   **181**

개인의 선택을 존중하면서 효과적인 대책을 세우자 | 여성 취업률과 출산율의 관계 | 지방의 고용 상황이 악화된 이유는 무엇인가 | 글로벌 경제와 지역 경제 | 지역 특성을 활용한 여섯 가지 모델

후기 | 일본의 선택, 우리의 선택   **201**
참고 문헌   **206**
일본 창성회의 소개   **208**
전국 시구정촌별 장래 추계 인구   **210**
부록 1. [스탠포드대학교 강연] 성남시의 재정건전화 사례   **258**
      2. [특별 기고] 저출산 시대 극복을 위한 성남시의 공공성 강화 정책   **271**

일본 전체에서 2040년에 20~39세의 여성이 50퍼센트 이상
감소할 것으로 예상되는 시구정촌(市区町村)

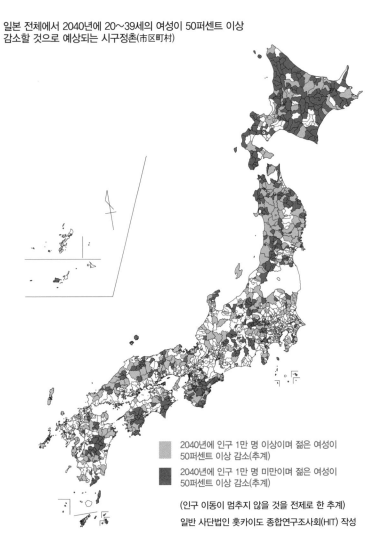

2040년에 인구 1만 명 이상이며 젊은 여성이
50퍼센트 이상 감소(추계)

2040년에 인구 1만 명 미만이며 젊은 여성이
50퍼센트 이상 감소(추계)

(인구 이동이 멈추지 않을 것을 전제로 한 추계)

일반 사단법인 홋카이도 종합연구조사회(HIT) 작성

(비고)
1. 국립 사회보장·인구문제 연구소(사인연)「일본의 지역별 장래 추계 인구(2013년 3월 추계)」와 관련 데이터를
바탕으로 작성.
2. 정령 지정 도시(政令指定都市)* 가운데 2003년 이전에 지정된 12개 도시는 구(区)별로 추계했다.
3. 2011년 3월에 발생한 동일본 대지진에 따른 후쿠시마 제1 원자력 발전소 사고의 영향으로 시정촌별 인구 동
향과 향후 추이를 전망하기가 어려워졌기 때문에 사인연에서는 후쿠시마 현 내의 시정촌별 인구 추계를 실시하
지 않았다. 따라서 본 추계에서도 후쿠시마 현의 자치단체에 대해서는 추계를 실시하지 않았다.

* 정령 지정 도시는 정령(政令)으로 지정한 인구 50만 명 이상의 도시를 가리킨다. 현재 일본의 정령 지정 도시
는 모두 20개다. - 옮긴이

일본의 인구는 70퍼센트 수준으로 감소한다

국가의 장래 비전을 그릴 때 제일 먼저 파악해야 할 것이 인구 동태다. 미래 인구의 추이는 산업 정책, 국토 정책, 고용 정책, 사회보장 정책 등 온갖 정책을 크게 좌우한다.

일본은 2008년을 정점으로 인구 감소세로 돌아섰으며, 앞으로 본격적인 인구 감소 시대에 돌입할 것으로 예상된다. 이대로 아무런 조치도 취하지 않는다면 2010년 1억 2,806만 명이던 일본의 총인구는 2050년에 9,708만 명, 금세기 말인 2100년에는 4,959만 명이 될 것으로 예측되고 있다. 이는 국립 사회보장·인구문제 연구소(사인연)의 「일본의 장래 추계 인구(2012년 1월)」의 중위 추계를 바탕으로 한 결과다. 불과 100년도 지나지 않아 현재 인구의 약 40퍼센트 수준, 즉 메이지 시대 수준으로 돌아가는 것이다.

인구 예측은 정치나 경제 예측에 비해 정확도가 매우 높다고 알려져 있으며, 큰 오차는 거의 발생하지 않는다. 과거에 추계되었던 수치와 실제 수치를 비교하면 오히려 조금 더 절망적인 수치가 나올 것으로 예상된다. 우리는 지금까지 경험한 적이 없는 '인구 감소'라는 문제와 마주해야 하는 것이다.

사실 인구 감소는 어제오늘 사이에 갑자기 나타난 현상이 아니다. 제1차 베이비붐이 일었던 1947~1949년에 4.32였던 일본의 합계 특수(特殊) 출산율(여성 한 명이 평생 동안 낳는 자녀의 평균수. 이하 출산율)은 이후 꾸준히 저하 추세를 보였으며, 2005년에 최저치인 1.26을 기록했다. 이후 약간 회복세로 돌아서 2013년에는 1.43까지 상승했지만, 여전히 낮은 수준을 벗어나지 못하고 있다.

참고로 인구수를 유지하기 위해 필요한 출산율을 '인구 치환 수준'이라고 하는데, 2012년 현재 일본의 인구 치환 수준은 2.07로 알려져 있다. 요컨대 1.43이라는 숫자는 장래에 일본의 인구가 현재의 약 70퍼센트로 감소할 것임을 의미한다.

이 사이 정부는 2003년 7월에 '저출산 사회대책 기본법'을 제정하고 내각부에 '저출산 사회대책 회의'를 설치했으며, 2007년의 제1차 아베 개조 내각 이후에는 내각부 특명 담당 장관(저출산 대책 담당)을 임명해 저출산 대책 마련에 부심해왔다. 그러나 안타깝게도 효과적인 대책이 나오지 못한 것이 현실이다. 그 배경에는 이 문제에 대한 국민의 무관심도 자리하고 있었다.

더 이상 외면할 수 없는 문제

저출산에 따른 인구 감소 현상은 평균 수명이 늘어나면서 고령자 수가 지속적으로 증가한 데 따른 '고령화' 문제에 가려져왔다. 많은 국민은 눈앞에 닥친 '고령화'와 이를 위한 대책에만 관심을 가질 뿐, 만성질환처럼 서서히 나타나는 저출산화가 자신들의 마을과 삶에 어떤 영향을 끼칠지에 대해서는 위기감을 느끼지도, 인식을 공유하지도 않았다. 그리고 이제 많은 지역에서 고령자조차 감소하기 시작하여 '인구 감소'라는 문제가 모습을 드러내자 드디어 이 문제의 심각성을 깨닫기 시작했다.

특히 도쿄를 비롯해 젊은이가 많은 대도시권 사람들에게는 '인구 감소' 문제가 지금도 그다지 실감나지 않을 것이다. 그러나 나의 계산에 따르면 이미 전국의 794개 시구정촌*에서 고령자가 감소하고 있다. '인구 감소'는 미래의 문제가 아니라 현실의 문제인 것이다.

정치든 행정이든 사람이 늘어나고 마을이 번영하는 비전을 제시하기는 쉬워도 사람이 줄어들고 마을이 축소된다는 사실을 주민들에게 말하기는 쉽지 않다. 아무도 그런 미래를 바라지 않기 때문이다. 그래서 정치가를 비롯해 모든 사람들이 이 문제를 언급하기를 꺼려왔다. 그러나 일본의 인구는 틀림없이 감소한다. 일본 전체의 인구가 증가했던 시기처럼 모든 시구정촌에서 인구가 늘어나기는 이제 불가능하며, 오히려 모든 시구정촌에서 인구가 감소한다고 생각하는 것이 현

---

* 市区町村: 일본의 기초 자치단체. 시市·특별구特別区·정町·촌村을 의미한다. ─옮긴이

실적이다. 그리고 의료·교통·교육 같은 생활에 필요한 서비스를 어떻게 유지해나갈지, 도로·교량·공민관* 같은 인프라를 어떻게 보수해나갈지, 지역의 산업이나 고용을 어떻게 개발해나갈지 등 수많은 과제와 씨름해야 한다.

문제는 이미 진행 중인 고령화 현상에 대한 대책을 실시하는 동시에 인구 감소에 대한 대책을 강구해야 한다는 점인데, 무엇보다 먼저 정치와 행정 분야, 그리고 주민이 사실을 직시하는 것이 중요하다. 모든 것은 여기에서 시작된다. 나는 그런 문제의식을 갖고 일본 창성회의**산하에 '인구 감소 문제 검토 분과회'를 설치하고 경영자, 학자 등과 함께 이 문제에 몰두해, 2014년 5월에 독자적인 장래 추계 인구를 바탕으로 '소멸 가능성 도시'를 발표했다. 이 책은 그 검토 결과를 중심으로 정리한 것이다.

인구 감소에 대한 아홉 가지 오해

일본의 인구 감소가 어떻게 진행되고 있고 각 지역에 어떤 영향을

---

* 公民館: 지역을 기반으로 운영되는 마을의 주민 자치 센터로 주민들이 모여 배우고 상호 교류하는 장이다. - 옮긴이

** 日本創成会議, 장기적인 관점에서 세계·아시아의 동향에 입각한 일본 전체의 그랜드 디자인을 그리고 그것을 실현하기 위한 전략을 책정하기 위해 산업계 노사와 지식인 등 뜻 있는 사람들이 세운 조직. 인구 감소 문제 검토 분과회는 현재 진행 중인 '인구 감소'라는 현실을 직시하고 국민 생활의 질을 유지하거나 향상할 수 있는 방법을 찾는 것을 목적으로 기존의 저출산 대책의 틀을 넘어서는 종합적인 정책을 검토하고 있다. - 옮긴이

끼칠 것인지, 나아가 어떤 대책을 세워야 할지에 관한 이야기는 본편에서 하기로 하고, 여기에서는 인구 감소에 대한 기본 인식을 공유하고자 한다.

인구 감소에 관해서는 몇 가지 오해가 있다. 근거 없는 낙관론은 당연히 위험하지만, 비관론 역시 도움이 되지 않는다. 인구 감소에 대해 정확하고 냉정하게 인식할 필요가 있다.

첫 번째 오해: 본격적인 인구 감소는 50년 뒤, 100년 뒤에 닥칠 먼 미래의 이야기가 아닐까?

결코 먼 미래의 일이 아니다. 앞에서 이야기했듯이 지방의 대부분은 이미 고령자까지 포함해 인구가 급감하는 심각한 사태를 맞이하고 있다.

두 번째 오해: 인구 감소는 일본의 인구 과밀 상태를 해소해주니 오히려 바람직한 현상이 아닐까?

제1장에서 자세히 설명하겠지만, 일본의 인구 감소는 지방에서 대도시권(특히 도쿄권)으로의 '인구 이동'과 깊은 관련이 있다. 일본 전체가 똑같은 비율로 인구가 감소하는 것이 아니라, 지방은 인구가 격감하지만 대도시는 지금보다 더 인구 집중이 진행될 것이다. 다음에 이야기하듯이 결국은 도쿄권의 인구도 감소세로 돌아서겠지만, 일시적으로는 인구 감소의 영향으로 과밀 현상이 해소되기는커녕 대도시권의 인구는 현재보다 더 과밀한 상태가 될 것이다.

세 번째 오해: 인구 감소는 지방의 문제일 뿐 대도시인 도쿄는 안전하지 않을까?

도쿄가 인구를 유지하는 이유는 지방에서 인구가 유입되고 있기 때문이다. 도쿄는 출산율이 매우 낮아서 인구 재생산력이 저조하다. 지방의 인구가 소멸하면 도쿄로 유입되는 인구도 사라져 결국 도쿄도 쇠퇴할 수밖에 없다.

네 번째 오해: 일본 전체의 인구가 줄어든다면 도쿄에 인구를 집중시켜 생산력을 높이는 것이 낫지 않을까?

앞에서 이야기했듯이, 지방에서 도쿄로 인구를 무한정 공급할 수 있다면 상관없지만 이것은 절대 불가능한 일이다. 도쿄의 인구 집중은 단기적으로는 생산성을 향상시킬지 몰라도 장기적으로는 쇠퇴를 초래한다. 도쿄를 지속 가능한 도시로 만들기 위해서도 인구의 도쿄 일극(一極) 집중을 개선할 필요가 있다. 또한 도쿄는 앞으로 초고령화될 것이며, 이에 대해 어떤 대책을 마련하느냐가 도쿄의 국제 경쟁력에 커다란 영향을 끼칠 것이다.

다섯 번째 오해: 최근 일본의 출산율이 개선되고 있으니 이대로 가면 인구 감소는 자연스럽게 멈추지 않을까?

일본은 앞으로 젊은 여성의 수가 급속히 감소할 것이기 때문에 출산율이 조금 상승하더라도 출생아 수는 계속 감소할 것이다. 설령 지금 당장 출산율이 인구 치환 수준인 2.07로 회복되더라도 앞으로 태어날 세대가 아이를 갖기 시작하기까지 수십 년 동안은 인구가 계속 감소할 수밖에 없다.

　여섯 번째 오해: 저출산 대책은 이미 손을 쓸 수 없을 만큼 늦어버린 것이 아닐까?

　이미 인구 감소를 피할 수 없는 상황임은 사실이지만, 장래 인구를 어느 정도로 유지하느냐는 앞으로의 노력에 달려 있다. 출산율 개선이 5년 늦어질 때마다 장래의 안정 인구가 300만 명씩 감소한다(22쪽 참조). 저출산 대책은 빠를수록 효과가 있다.

　일곱 번째 오해: 정책으로 출산율을 좌우하기는 불가능하지 않을까?

　프랑스나 스웨덴은 정책을 통해 출산율을 높였다. 다행히 일본의 경우 아이를 갖고 싶어하는 국민이 많다. 국제적으로 봤을 때 낮은 수준에 머물러 있는 저출산 대책을 근본적으로 강화한다면 충분히 효과를 기대할 수 있다.

　여덟 번째 오해: '육아 지원'이 충분한 지방에서도 출산율이 향상되지 않고 있지 않은가?

　육아 환경 문제뿐만 아니라 결혼 연령이 높아지는 현상과 젊은층의 소득 문제 등도 일본의 출산율을 저하시키고 있는 커다란 원인이다. 이 문제들까지 포함해 종합적인 대책을 세워야 출산율 향상을 기대할 수 있다.

아홉 번째 오해: 외국에서 이민을 받아들이면 인구 문제를 해결할 수 있지 않을까?

일본을 다민족 국가로 전환시킬 만큼의 숫자를 받아들이지 않으면 출산율 저하를 해결할 수 없으므로 현실적인 정책이 아니다. 인구 감소에 제동을 걸 수 있는 유일한 방법은 출산율을 개선하는 것뿐이다.

이 책은《주오코론(中央公論)》2013년 12월호와 2014년 6월호, 7월호에 발표한 논문을 재구성하고 지면 사정상 거기에 싣지 못했던 내용을 대폭 추가한 것이다. 구성은 다음과 같다.

제1장에서는 일본 특유의 인구 감소 구조를 설명한다. 우리는 인구가 도쿄 한 곳에 집중되는 사회를 '극점 사회'라고 이름 지었는데, 이 극점 사회가 생기게 된 과정과 그 리스크를 설명한다.《주오코론》2013년 12월호에 실렸던 논문을 바탕으로 썼다.

제2장에서는 인구 감소 대책을 위해 장기적이고 종합적인 전략의 책정과 정부·지방 쌍방에 '사령탑'의 필요성을 제언한다.《주오코론》2013년 12월호와 2014년 6월호의 논문을 바탕으로 썼다.

제3장에서는 인구 감소의 요인 중 하나인 인구 이동에 대한 대책을 제시하고, 제4장에서는 향후의 저출산 대책을 제시한다. 양쪽 모두 일본 창성회의 인구 감소 문제 검토 분과회의 제언을 바탕으로 썼다.

제5장에서는 지금까지의 설명에 입각한 구체적인 예로 홋카이도를 소개하고 장래 예측과 전략을 논한다.《주오코론》2014년 7월호에 실린 홋카이도 종합연구조사회(HIT) 이사장 이가라시 지카코(五十嵐智嘉子) 씨의 논문을 바탕으로 썼다.

제6장에서는 하나의 시도로서 젊은 여성 인구 증가율이 상위권인 시구정촌 등을 살펴보고 그 유형을 분류해봄으로써 지역의 바람직한 인구 감소 대책을 모색한다. 이 책을 위해 새로 쓴 내용이다.

대담편에는 '인구 감소'라는 주제로《주오코론》에서 마련했던 대담과 좌담을 실었다.

인구 감소를 피할 수는 없다. 그렇다면 이것을 전화위복의 기회로 삼아 희망찬 미래를 만드는 것이 현 세대인 우리에게 주어진 사명이다. 지금 해야 할 일은 인구의 '급감', 나아가 '극점 사회'의 출현을 막고 인구 감소 속도를 억제하는 것, 그리고 풍요로운 생활을 영위할 수 있는 사회로 가기 위한 길을 닦는 것이다. 이것은 오로지 우리의 선택에 달려 있다.

－마스다 히로야

제1장

대도시만 생존하는
극점 사회가 온다

인구 문제의 열쇠를 쥔 '20~39세 여성 인구'를 분석해보면, 이 대상층의 '자연적 감소'는 일본 전역에서 나타나는 데 비해 '사회적 증감'은 지역에 따라 편차가 컸다. 도쿄 도 23구 지역은 약 30퍼센트, 오사카 시와 나고야 시는 약 10퍼센트, 후쿠오카 시는 약 20퍼센트 등 대도시권에서는 대체로 '사회적 증가'를 보였지만 그 밖의 지방권에서는 거의 모든 시정촌에서 최대 80퍼센트 이상이라는 큰 폭의 '사회적 감소'를 나타냈다.

젊은층을 지속적으로 공급해온 지방이 소멸하는 한편, 인구 조밀 지역인 대도시권은 일관되게 낮은 출산율을 유지하고 있으며 특히 도쿄 도는 일본에서 출산율이 가장 낮다. 지방은 쇠락하고 대도시권이라는 한정된 지역에 사람들이 밀집해 고밀도의 환경에서 생활하는 사회를 우리는 '극점 사회'라고 이름 붙였다. 일본 전체의 인구가 도쿄권을 비롯한 대도시권에 빨려들어가는 동시에 출산율이 극도로 낮은 대도시권에서는 좁은 지역에 많은 인구가 밀집해 살아가다가 한꺼번에 고령화를 맞이하게 되는 것이다.

저출산을 멈출 방법은 없는가

일본은 본격적으로 '인구 감소 시대'를 맞이하고 있다. 인구 감소의 원인은 출생아 수 감소인데, 그 요인으로는 결혼하지 않은 젊은이의 증가, 결혼 연령의 상승이라는 '결혼 행태'의 변화와 '출산력(부부당 출생아 수)'의 저하를 들 수 있다. 특히 결혼하지 않은 남녀 사이에서 출생한 혼외자가 극히 적은 일본의 경우는 결혼 행태의 변화가 커다란 영향을 끼치고 있다.

사실 과거의 주 출산 연령층이었던 25~29세 여성의 미혼율은 1998년에 30퍼센트를 넘어선 뒤에도 꾸준히 상승해, 2010년에는 60퍼센트를 넘기에 이르렀다. 결국 20대 여성의 출산율은 대폭 저하되었다. 한편 30대의 출산율은 상승하고 있지만, 20대 출산율의 저하를 보완할 수 있을 정도는 아니다.

최근의 상황을 보면 2013년의 출산율은 1.43이고 출생아 수는 약 102만 9,800명이다(그림1-1). 일본의 출산율은 2005년에 1.26으로

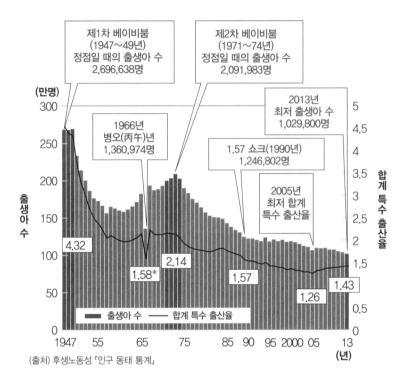

그림1-1 일본의 합계 특수 출산율과 출생아 수의 추이

제1차 베이비붐
(1947~49년)
정점일 때의 출생아 수
2,696,638명

제2차 베이비붐
(1971~74년)
정점일 때의 출생아 수
2,091,983명

2013년
최저 출생아 수
1,029,800명

1966년
병오(丙午)년
1,360,974명

1.57 쇼크(1990년)
1,246,802명

2005년
최저 합계
특수 출산율

4.32

1.58*

2.14

1.57

1.26

1.43

■ 출생아 수 ── 합계 특수 출산율

(출처) 후생노동성 『인구 동태 통계』

최저점을 찍은 뒤 반등하고 있지만, 출생아 수는 그 후에도 감소 추세에 있다. 현재의 출산율 상승에는 35~45세 여성의 출산 증가가 기여하고 있는데, 앞으로도 이런 경향이 계속될지는 불확실하다.

게다가 일본의 인구 구조에서 두드러진 부분에 해당하는 1971~1974년생인 '제2차 베이비붐 세대(단카이 주니어)' 가운데 막내인

---

* 1966년에 출생아 수가 비정상적으로 적었던 이유는 병오년(적말띠)에 태어난 여자아이는 팔자가 사납다는 미신이 있어서 당시 사람들이 출산을 꺼렸기 때문이다. ─옮긴이

1974년생조차 2013년 시점에 이미 만 39세에 이르렀으며, 이후의 세대에서는 여성의 수가 급속히 감소한다. 이 때문에 앞으로 출산율이 조금 상승하더라도 출생아 수는 지속적으로 감소할 것이며, 따라서 인구 감소는 멈추지 않을 것이다. 일본의 '저출산'은 아직 제동이 걸린 상황이 아닌 것이다.

출산율 회복은 빠를수록 좋다

일본처럼 낮은 수준까지 내려간 출산율을 '인구 치환 수준(출산율 2.1*)'까지 끌어올리기는 매우 어려운 일로 생각되지만, 그래도 어찌어찌 해서 16년 후인 2030년에 출산율이 2.1로 회복되었다고 가정하자. 그렇게 되더라도 인구 감소가 멈춰서 9,900만 명으로 안정되는 시기는 그보다 60년 뒤인 2090년경에나 찾아온다. '관성의 법칙'과 마찬가지로, 이미 일어난 저출산화는 앞으로 수십 년에 걸쳐 일본에 영향을 끼칠 것이다. 인구 감소 속도가 특히 빠른 지방에서는 더더욱 그러하며, 사태의 심각성은 바로 여기에 있다.

이 사태를 두 손 놓고 지켜보기만 해서는 안 된다. 씁쓸한 미래 예측을 냉정하게 받아들이고 한시라도 빨리 효과적인 대책을 마련해야 한다. 가령 앞에서 이야기한 출산율 2.1이 2030년보다 5년 이른

---

* 서장에서 이야기했듯이 일본의 경우는 2.07이 인구 치환 수준이지만, 인구 치환 수준은 그 후의 출산 동향에 따라 변동할 가능성이 있으며 또 인구의 국제 이동도 고려해야 하므로 이 책에서는 좀 더 확실한 추계를 위해 2.1을 사용했다.

2025년에 실현된다고 가정해보자. 그렇게 되면 2090년경에는 총인구가 1억 200만 명에서 안정된다. 2030년에 실현될 경우보다 300만 명이 증가하는 것이다. 반대로 그 시기가 5년 늦어져서 2035년에 실현된다면 300만 명이 적은 9,600만 명에서 안정된다.

단순히 계산하면 출산율 회복이 5년 늦어질 때마다 미래의 안정 인구는 300만 명 정도씩 감소하게 된다. 게다가 회복 시기가 2050년까지 늦어지면 인구 감소가 멈추는 시기도 2110년경까지 늦어지며, 안정 인구도 8,700만 명까지 감소하게 된다. 그리고 당연한 말이지만 출산율이 2.1을 밑도는 한은 인구 감소가 멈추지 않는다.

인구 감소라는 문제는 병에 비유하면 만성질환 같은 것이다. 쉽게 치유할 수는 없지만 초기에 체질을 개선할수록 효과가 높아진다.

인구 감소 과정 3단계

그러면 앞으로 일본에서 어떻게 '인구 감소'가 진행할 것으로 예측되는지 살펴보자. 표1-1은 은 국립 사회보장·인구문제 연구소의 「일본의 장래 추계 인구(2012년 1월)」를 바탕으로 작성한 것이다. 2010년에 1억 2,800만 명이 넘었던 인구가 이대로 가면 2048년에 1억 명 밑으로 떨어지고 100년 뒤인 2110년에는 5,000만 명을 밑돌게 될 것이라는 추계가 나왔다. 그리고 이 인구 감소 과정을 알기 쉽게 지수화한 것이 그림1-2다. 이것을 보면 2010년 이후 2090년까지 14세 이하의 '유소년 인구'나 15~64세의 '생산 연령 인구'가 지속적으로 감소한다. 한편 65세 이상의 '노년 인구'는 2040년까지 증가하다 그후 보합·소폭 감소하며, 2060년 이후 계속 감소한다. 그 결과 총인구는 2040년경까지는 일정 수준의 감소에 그치겠지만 이후 급속히 감소한다.

요컨대 일본은 2040년까지의 '노년 인구 증가와 생산·유소년 인구 감소'라는 제1단계, 2040년부터 2060년까지 '노년 인구 유지·소폭 감소와 생산·유소년 인구 감소'라는 제2단계, 2060년 이후의 '노년 인구 감소와 생산·유소년 인구 감소'라는 제3단계를 거치며 인구가 감소할 것으로 예측되고 있다.

표1-1 장래 추계 인구(2012년 추계~2110년까지)

[중위 추계합계 특수 출산율 1.35]
(단위: 만 명)

	2010년	2040년	2060년	2090년	2110년
총인구	12,806	10,728	8,674	5,727	4,286
고령 인구 (65세 이상)	2,948	3,868	3,464	2,357	1,770
고령화율(%)	23.0	36.1	39.9	41.2	41.3
생산 연령 인구 (15~64세)	8,174	5,787	4,418	2,854	2,126
유소년 인구 (0~14세)	1,684	1,073	792	516	391

(비고) 국립 사회보장·인구문제 연구소 「일본의 장래 추계 인구(2012년 1월 추계)」를 바탕으로 작성.

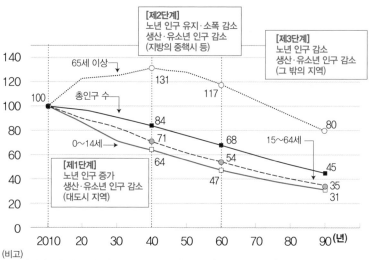

그림1-2 장래 인구 동향: '감소의 3단계'

[제2단계]
노년 인구 유지·소폭 감소
생산·유소년 인구 감소
(지방의 중핵시 등)

[제3단계]
노년 인구 감소
생산·유소년 인구 감소
(그 밖의 지역)

65세 이상

131

117

총인구 수

100

84

71

0~14세

64

68

54

47

15~64세

80

45

35

31

[제1단계]
노년 인구 증가
생산·유소년 인구 감소
(대도시 지역)

2010 20 30 40 50 60 70 80 90 (년)

(비고)
1. 국립 사회보장·인구문제 연구소 「일본의 장래 추계 인구(2012년 1월 추계)」를 바탕으로 작성.
2. 2010년의 인구를 100으로 봤을 때 각 연도의 인구를 지수화했다.

지역 격차를 낳은 인구 이동

이 인구 추계를 보면 인구 감소가 본격화되는 시기가 2040년 이후로 되어 있다. 그러나 주의해야 할 점은 이 감소 과정이 어디까지나 일본 전체를 나타낸 것이라는 사실이다.

지역별로 살펴보면 양상은 크게 달라진다. 현재 대도시나 현청 소재지 등의 중핵시는 제1단계이지만 지방의 많은 지역은 그보다 30~50년 빨리 인구 감소가 진행되어 이미 제2단계, 나아가 제3단계에 접어들고 있다.

그림1-3 각 지역의 장래 인구 동향

> ○ 지역에 따라 장래 인구 동향의 '감소 단계'가 크게 다르다.
> ○ 도쿄 도 23구 지역이나 중핵시, 특례시(전자는 인구 30만 명 이상, 후자는 20만 명 이상이 요건)
> 등의 도시부는 '제1단계'인 데 비해 인구 5만 명 이하의 지방 도시는 '제2단계', 과소 지역은 '제3단
> 계'에 돌입했다.

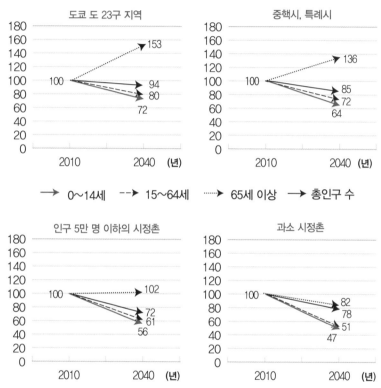

(비고)
1. 국립 사회보장 · 인구문제 연구소 「일본의 지역별 장래 추계 인구(2013년 3월 추계)」를 바탕으로 작성.
2. 각 카테고리별로 통계를 구한 다음 2010년의 인구를 100으로 했을 때 2040년의 인구를 지수화했다.

요컨대 인구 감소는 결코 먼 미래의 이야기가 아니며, 많은 지방에서는 말 그대로 '현재'의 문제인 것이다(그림1-3).

왜 이렇게 지역 격차가 나타난 것일까? 이것은 일본 특유의 '인구 이동'과 밀접한 관계가 있다. 제2차 세계대전 이후 일본에서는 세 차례에 걸쳐 지방권에서 대도시권으로 인구가 대량 이동하는 현상이 나타났다.

제1기는 1960~1970년대 전반까지의 고도 성장기다. 1961년에는 경제력의 지역 격차가 정점에 이르렀고(2004년《통상 백서》), 지방의 젊은이들이 취직해 3대 도시권에 몰려 있는 중화학 공업으로 집단 이동했다. 그후 1970년대에 제1차 석유 파동이 닥치면서 일본 경제는 고도 성장기에서 안정 성장기로 이행했고, 공장이 3대 도시에서 지방으로 분산됨에 따라 경제력의 지역 격차는 축소되었다. 그 결과 도시부에서 U턴(고향으로 돌아감), J턴(태어난 고향 근처의 중핵 도시로 돌아가는 것) 현상이 나타나는 한편으로 간사이권과 나고야권에서 인구가 유출되는 등 인구 이동이 균형을 이뤘다.

인구 이동의 제2기는 1980~1993년으로, 버블 경제기를 포함한 시기다. 도쿄권이 서비스업과 금융업을 중심으로 두드러진 성장을 이룩한 한편, 지방에 위치한 중화학 공업은 엔화 강세로 어려움에 처했다. 그 결과 도시부와 지방의 경제력 격차가 확대되어 지방에서 도쿄권으로의 인구 유입이 큰 규모로 진행되었다. 한편 간사이권과 나고야권의 인구는 보합세를 유지했다.

그후 1993년의 거품 붕괴로 도쿄권과 지방 중핵시에서 경기 침체가 계속된 결과 경제력의 지역 격차는 축소되었고, 도쿄권에서 지방으로 인구 회귀 현상이 나타났다.

제3기는 2000년 이후의 시기다. 엔화 강세에 따른 제조업의 타격, 공공사업의 감소, 인구 감소 등으로 지방의 경제와 고용 상황이 악화된 것이 원인이었다. 이에 따라 젊은층을 중심으로 또다시 지방에서 도쿄권으로 인구 유입이 시작되어 현재에 이르렀다(그림1-4).

주의해야 할 점은 현재까지 계속되는 제3기의 경우 제1기, 제2기와 성격이 다르다는 것이다. 제1기와 제2기가 대도시권의 '고용 흡수력 증대'에서 유래한 '풀(Pull)형'이었던 데 비해 제3기는 지방의 '경제', '고용력' 저하에 따른 '푸시(Push)형'이다.

대도시권에서도 비정규직의 증가를 비롯해 매력적인 고용 환경이 조성되었다고는 말하기 어렵다. '엔화 강세'에 따른 제조업의 해외 이전, '공공사업 감소'에 따른 건설업의 격감, 그리고 고령자를 포함한 인구 감소에 따른 소비 침체가 진행되면서 지방에서 일자리가 사라지는 바람에 어쩔 수 없이 도시로 모여들고 있는 것이다. 이것은 지방의 경제와 고용의 기초 자체가 붕괴되고 있음을 의미하며, 지방이 '소멸 과정'에 들어섰음을 암시한다고 말할 수 있다.

그림1-4 인구의 사회 이동 추이

지금까지 3기에 걸쳐 대규모 인구 이동이 있었다.

3대 도시권과 지방권의 인구 이동(전입 초과 수) 추이

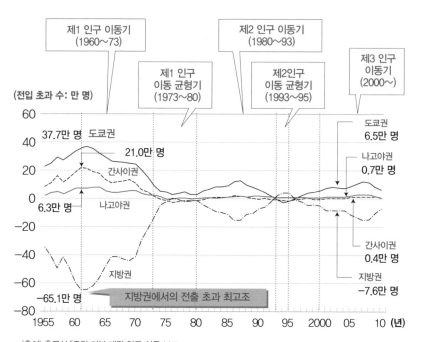

(출처) 총무성「주민 기본 대장 인구 이동 보고」
(주) 상기의 지역 구분은 아래와 같음.

• 3대 도시권
도쿄권 : 사이타마 현, 지바 현, 도쿄 도, 가나가와 현 / 나고야권: 기후 현, 아이치 현, 이메 현 / 간사이권: 교
토 부, 오사카 부, 효고 현, 나라 현
• 지방권: 3대 도시권 이외의 지역

인구 감소를 가속화한 젊은이의 대도시 유입

　지방에서 대도시권으로의 인구 이동은 누적하면 무려 약 1,147만 명(1954~2009년)에 이른다. 이 인구 이동의 특징은 일관되게 젊은층을 중심으로 이동했다는 점이다. 장래에 아이를 낳을 젊은층을 인구 재생산력으로 생각한다면 지방은 단순히 인구가 감소한 데 그치지 않고 인구 재생산력 자체를 대도시권에 대량으로 유출당한 것이다. 그 결과 지방은 인구 감소가 가속적으로 진행되는 사태에 처하게 되었다. 이것이 지방에서 인구 감소가 시작된 원인이자 그 속도가 매우 빨라진 원인이기도 하다.

　한편 '젊은층의 유입'으로 대도시권의 인구가 증가했지만, 대도시권이 그들이 결혼하고 아이를 낳아서 키우기에 반드시 이상적인 환경이라고는 말할 수 없었다. 현재 지방에서 대도시권으로 유입된 젊은층의 출산율은 낮은 수준에 머물고 있다. 이것의 원인으로는 전국적인 초혼 연령의 상승 현상에서 알 수 있듯이 결혼하기 어려운 환경뿐만 아니라 지방 출신자의 경우 부모가 지방에 있기 때문에 가족의 지원을 받기 어렵고 또 아파트나 공동 주택에 사는 젊은이는 이웃과의 교류도 적다는 점 등이 지적된다.

　대도시권에서의 출산율 저하는 일본뿐만 아니라 많은 나라에서 보고되고 있는 공통된 현상이지만, 특히 일본에서는 젊은층의 대도시 유입이 대규모로 진행된 탓에 일본 전체의 인구 감소에 가속도가 붙는 결과를 낳았다(그림1-5).

그림1–5 일본의 인구 감소 흐름

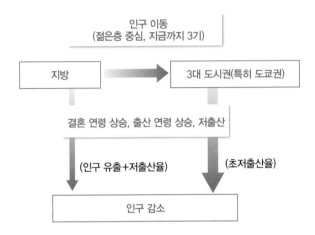

지방의 소멸 가능성이란?

인구가 계속 줄어들어 이윽고 사람이 살지 않게 되면 그 지역은 소멸한다. 그렇다면 지역의 '소멸 가능성'은 어떤 지표로 측정할 수 있을까?

결론부터 말하면 현재 확실한 지표는 없다. 국토 교통성 산하 국토심의회가 작성한 「국토 장기 전망」의 '중간 정리'에는 개별적인 생활 관련 서비스를 유지할 수 없게 되는 인구 규모에 대해 하나의 모델이 제시되어 있지만, 인구 감소로 지역의 사회 경제나 주민의 생존 기반 자체가 붕괴되어 소멸에 이르는 과정은 아직 밝혀지지 않았다. 이것은 '지속 가능성'의 경우도 마찬가지다.

그래서 이 책에서는 한 가지 시도로서 인구의 '재생산력'에 주목하려 한다. 인구의 '재생산력'을 나타내는 지표에는 출산 가능 연령인 여성이 다음 세대의 여아를 어느 정도 재생산하는지를 나타내는 '총재생산율', 나아가 출생한 여아의 사망률까지 고려한 '순재생산율'이 있고, 여기에 인구 이동률을 감안한 지표가 포함되기도 한다.

그러나 여기에서는 좀 더 간편한 지표로서 인구의 재생산을 중심적으로 담당하는 '20~39세 여성 인구' 자체를 생각해보도록 하겠다. 출생아의 95퍼센트가 20~39세 여성에게서 태어나기 때문이다. 20~39세라는 '젊은 여성 인구'가 지속적으로 감소하는 한 인구의 재생산력은 계속 저하될 수밖에 없으며 따라서 총인구의 감소라는 거대한 흐름도 멈출 수 없다.

눈여겨봐야 할 것은 감소 속도다. 몇 가지 상황을 가정한 장래 추계 모델을 통해 생각해보자. 먼저, 태어나서 20~39세가 되기까지 여성이 다른 지역으로 거의 유출되지 않은 자치단체가 있다고 생각해보자. 이와 같은 경우에는 현재의 전국 평균 출산율인 1.43이 지속된다고 가정했을 때 2040년에 20~39세 여성 인구가 약 70퍼센트로 감소하게 된다. 인구를 유지하려면 즉시 출산율이 2.0 정도가 되어야한다.

다음으로 태어나서 20~39세가 되기까지 남녀 모두 30퍼센트 정도의 인구 유출이 있는 경우를 생각해보자. 이 경우 현재의 출산율이 이어진다고 가정하면 2040년에 '20~39세 여성 인구'는 약 반으로 줄어들며, 60~70년 후에는 20퍼센트 정도까지 감소한다는 결과가 나

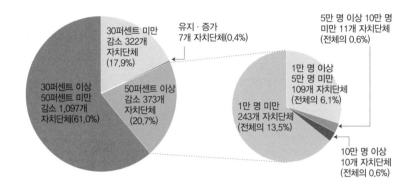

**그림1-6 2010~2040년 '20~39세 여성 인구'가
50퍼센트 이상 감소할 것으로 예측되는 시구정촌**

20~39세 여성 인구의 변화율로 본
시정촌 수

30퍼센트 미만
감소 322개
자치단체
(17.9%)

유지·증가
7개 자치단체(0.4%)

30퍼센트 이상
50퍼센트 미만
감소 1,097개
자치단체(61.0%)

50퍼센트 이상
감소 373개
자치단체
(20.7%)

20~39세 여성 인구가 50퍼센트 이상 감소할
시정촌을 인구 규모별로 살펴본 내역

5만 명 이상 10만 명
미만 11개 자치단체
(전체의 0.6%)

1만 명 이상
5만 명 미만
109개 자치단체
(전체의 6.1%)

1만 명 미만
243개 자치단체
(전체의 13.5%)

10만 명 이상
10개 자치단체
(전체의 0.6%)

(비고)
1. 국립 사회보장·인구문제 연구소 「일본의 지역별 장래 추계 인구(2013년 3월 추계)」를 바탕으로 작성.
2. 정령 지정 도시 가운데 2003년 이전에 지정된 12개 도시는 구(区)별로 추계했다. 또한 후쿠시마 현의 자치단체는 포함하지 않았다.

온다. 이런 자치단체에서 장기적으로 인구 규모를 유지하려면 출산율이 2.8~2.9 정도가 되어야 한다. 설령 지금 당장 출산율이 2.0 정도가 되더라도 2040년에는 '20~39세 여성 인구'가 약 60퍼센트, 60~70년 뒤에는 40퍼센트 정도까지 감소한다. 그리고 '20~39세 여성 인구'가 감소한 영향으로 그로부터 20~30년 뒤(즉 약 100년 뒤)에는 총인구도 같은 수준으로 감소하게 된다. 이와 같은 지역은 아무리 출산율을 끌어올리더라도 젊은 여성의 유출에 따른 마이너스 효과가 더 크기 때문에 인구 감소가 멈추지 않는다. 이런 지역은 소멸할 가능성이 있다고 말할 수밖에 없다.

'젊은 여성'의 감소 속도가 이와 같이 매우 빠른 시구정촌은 과연 얼마나 될까? 사인연의 추계를 바탕으로 계산해보면 2010년부터 2040년에 걸쳐 30년 동안 '20~39세 여성 인구'가 50퍼센트 이상 감소할 것으로 예측되는 시구정촌이 373개(전체의 20.7퍼센트)에 이른다. 그리고 이 가운데 2040년 시점에 인구가 1만 명 미만으로 떨어질 소규모 시정촌은 243개(전체의 13.5퍼센트)로 추산된다(그림1-6).

인구 이동은 진정되지 않는다

이 사인연의 추계는 인구 이동이 장래에 어느 정도 진정될 것을 전제했다. 이런 생각은 인구 추계 방법에 따르면 불합리하지 않다. 그러나 과연 지방에서 도쿄권으로의 인구 유입이 진정될 수 있을까? 필자는 인구 유입이 멈추지 않을 것으로 생각한다. 지금까지의 인구 이동 상황을 볼 때 대도시권(특히 도쿄권)으로의 인구 유입은 지방과 대도시의 소득 격차나 고용 사정의 차이와 밀접한 관련이 있다(그림1-7). 그런 맥락에서 지방과 대도시권의 경제·고용 격차가 축소되리라는 시나리오는 기대하기 힘들기 때문이다.

여기에서 열쇠가 되는 것은 '의료·개호(돌봄) 분야'의 동향이다. 현재 지방의 고용 감소를 간신히 저지하고 있는 것은 의료·개호 분야의 고용이다. 국세 조사 결과를 바탕으로 2005년부터 2010년까지 각 지역의 취업자 수의 추이를 살펴보면, 산업 전체의 취업자 수가 도쿄와 오키나와를 제외한 전국에서 감소하고 있지만 의료·개호 분야의

그림1-7 도쿄권으로의 인구 이동(전입 초과 수)과 유효 구인 배율 격차의 추이

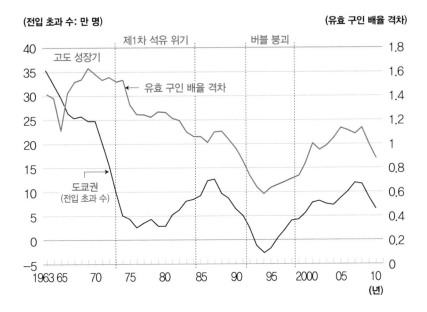

(출처) 총무성「주민 기본 대장 인구 이동 보고」, 후생 노동성「직업 안정 업무 통계」
(주) 여기에서 말하는 '유효 구인 배율 격차'는 도쿄권(사이타마 현, 지바 현, 도쿄 도, 가나가와 현)의 유효 구인
배율(유효 구인 수 / 유효 구직자 수)을 도쿄권 이외 지역의 유효 구인 배율로 나눈 수치다.

취업자 수는 전국적으로 증가하고 있다. 그러나 앞으로 지방은 새로
운 인구 감소 단계를 맞이해 고령 인구가 정체, 감소할 것으로 예상되
므로 의료·개호에 대한 수요도 제자리걸음 내지 감소세로 돌아설 것
이며, 따라서 의료와 개호 분야의 고용 흡수력도 정체되거나 감소하
는 시대를 맞이할 것이 우려된다.

　한편 고령화는 지방에 따라 시간차가 있어서, 대도시권에서는 지금
까지 유입된 인구가 단숨에 '고령화'되는 시기가 찾아와 의료 수요와

그림1-8 2010~2040년 도쿄 주변의 75세 이상 인구 증가율
(2차 의료권 단위의 추계)

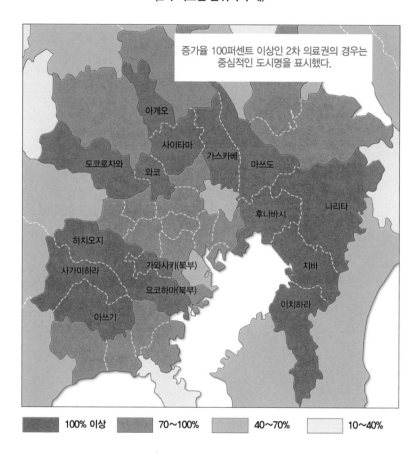

증가율 100퍼센트 이상인 2차 의료권의 경우는 중심적인 도시명을 표시했다.

| 100% 이상 | 70~100% | 40~70% | 10~40% |

2010년부터 2040년에 걸쳐 75세 이상 인구의 증가가 특히 두드러질 것으로 예측되는 도쿄 주변의 상황을 보여준다. 지바 현 서부, 사이타마 현 동부와 중앙부, 가나가와 현 북부는 2010년부터 2040년에 걸쳐 70세 이상 인구가 100퍼센트 이상 증가할 것으로 예측된다.
(주) 2차 의료권이란 복수의 시정촌으로 구성되는 의료의 지역권이다.
(비고) 다카하시 다이(高橋泰) 「의료 수요의 고조와 의료 복지 자원 수준의 지역차를 고려한 의료 복지 공급 체제의 재구축」(2013) 제9회 사회보장 제도 개혁 국민회의에 제출된 자료를 바탕으로 작성.

개호 수요가 대폭 증가할 것으로 전망된다. 특히 도쿄권은 2040년까지 현재의 요코하마 시 인구에 맞먹는 '388만 명의 고령자'가 증가해 고령화율 35퍼센트의 초고령 사회가 될 것이다(그림1-8). 생산 연령 인구는 60퍼센트까지 감소하고 인구 10만 명당 의사 수와 고령 인구당 개호 시설 정원 수도 부족하기 때문에 의료와 개호 분야의 인재 부족은 심각한 수준을 넘어서 절망적인 상황이 될 것이며, 그 결과 간신히 지방을 지탱하고 있던 의료·개호 분야의 인재가 지방에서 도쿄권으로 대량 유출될 가능성이 높다.

인구 변동이 취업자 수에 끼치는 영향을 봐도 이 경향은 명백하다. 15~64세라는 생산 연령 인구의 정의나 현재의 취업률에 변동이 없을 경우, 도쿄권(사이타마 현, 지바 현, 도쿄 도, 가나가와 현)을 포함해 취업자 수는 대폭 감소할 것이다. 따라서 도쿄권을 중심으로 한 의료·개호 수요가 이대로 계속 증가한다면 2040년경까지 지방에서 도쿄권으로 상당한 규모의 인구가 이동할 요인이 될 가능성이 있다.

곧 사라질 위험에 처한 523개 도시

만약 앞으로도 인구 이동이 진정되지 않는다면 어떻게 될지 추계해 봤다. 이것은 2010년부터 2015년까지 인구 이동 상황(매년 6만~8만 명 정도가 대도시권으로 유입)이 지속된다는 사인연 추계의 가정에서 산출한 것이다(일반 사단 법인 홋카이도 종합연구조사회가 작성). 이 추계에 따르면 2010년부터 2040년까지 20~39세 여성 인구가 50퍼센트 이하로 감소하는 시구정촌의 수는 현재의 추계보다 대폭 증가해 896개 자치단체, 즉 전체의 49.8퍼센트에 이른다는 결과가 나온다. 이대로 가면 자치단체의 약 50퍼센트는 장래에 급격한 인구 감소에 직면하게 될 것이다. 이 책에서는 이들 896개 자치단체를 '소멸 가능성 도시'라고 명명했다(그림1-9와 권말 데이터).

전국의 경향을 살펴보면 홋카이도와 도호쿠 지방(후쿠시마 현은 조사 대상에서 제외)의 80퍼센트 정도, 이어서 산인 지방*의 약 75퍼센트, 시코쿠의 약 65퍼센트에 이르는 자치단체가 소멸 가능성 도시에 해당한다. 한편 도쿄권의 경우는 28퍼센트 정도에 불과하다. 도도부현**별로 살펴보면, 이런 시정촌이 80퍼센트 이상을 차지하는 지역은 아오모리 현과 이와테 현, 아키타 현, 야마가타 현, 시마네 현의 5개 현에 이른다. 또한 50퍼센트 이상인 지역은 24개 도현에 달한다. 게다가 896개 소멸 가능성 도시 가운데 2040년 시점에 인구가 1만 명 미만으로 떨어지는 시정촌은 523개로 전체의 29.1퍼센트나 된다. 이들 523개 자치단체는 이대로 가면 사라질 가능성이 높다고 할 수 있다.

또한 인구 이동이 진정되지 않는다고 봤을 때 사인연의 추계에서는 20~39세 여성 인구가 50퍼센트 이하로 감소하는 자치단체의 비율이 낮았던 규슈 지방에서조차 소멸 가능성 도시가 급증하는 점도 주목된다. 이것은 규슈 지방의 경우 출산율이 상당히 높은 반면에 인구 유출

---

* 山陰地方: 혼슈(本州) 서부의 동해와 접한 지역으로, 돗토리 현과 시마네 현, 야마구치 현 북부, 교토 부 북부를 가리킨다. – 옮긴이

** 都道府県: 일본의 광역 자치단체. 도쿄 도와 홋카이도, 오사카 부, 교토 부, 그리고 43개 현으로 구성되어 있다. – 옮긴이

그림1-9 인구 이동이 진정되지 않을 경우 '20~39세 여성 인구'가 50퍼센트 이상 감소하는 시구정촌

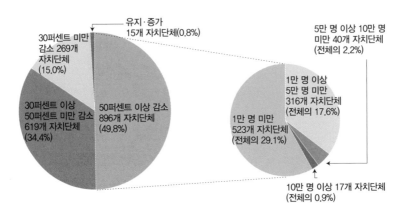

20~39세 여성 인구의 변화율로 본
자치단체의 수

20~39세 여성 인구가 50퍼센트 이상 감소하는
자치단체의 인구 규모별 내역

유지·증가
15개 자치단체(0.8%)

30퍼센트 미만
감소 269개
자치단체
(15.0%)

50퍼센트 이상 감소
896개 자치단체
(49.8%)

30퍼센트 이상
50퍼센트 미만 감소
619개 자치단체
(34.4%)

5만 명 이상 10만 명
미만 40개 자치단체
(전체의 2.2%)

1만 명 이상
5만 명 미만
316개 자치단체
(전체의 17.6%)

1만 명 미만
523개 자치단체
(전체의 29.1%)

10만 명 이상 17개 자치단체
(전체의 0.9%)

(비고)
1. 국립 사회보장·인구문제 연구소 「일본의 지역별 장래 추계 인구(2013년 3월 추계)」와 관련 데이터를 바탕으로 작성.
2. 인구 이동이 진정되지 않는다고 가정했을 경우의 추계는 2010년부터 2015년에 걸친 인구의 사회 순증가 수(순이동률이 플러스인 항의 합계)와 사회 순감소 수(순이동률이 마이너스인 항의 합계)가 이후에도 거의 같은 수준을 유지하도록 연차별·성별·연령 계층별(85세 미만까지) 순이동률에 플러스의 순이동률과 마이너스의 순이동률별로 일정한 조정률을 곱해서 계산한 것이다.
3. 정령 지정 도시 가운데 2003년 이전에 지정된 12개 도시는 구 단위로 추계했다. 또한 후쿠시마 현의 자치단체는 포함하지 않았다.

도 왕성한 것이 지역의 지속 가능성에 영향을 끼쳤음을 보여준다.

한편 도쿄도를 비롯한 도쿄권의 경우는 역시 인구가 감소하기는 하지만 인구 유입이 있기 때문에 약 10퍼센트의 감소에 그친다는 결과가 나왔다.

한정된 지역에 사람들이 밀집한 극점 사회

이와 같은 '지방 소멸'은 어느 시점부터 단숨에 가시화될 것이며, 사태의 심각성을 깨달았을 때는 이미 늦어버렸을 가능성이 높다. 인구의 '자연적 감소'만 따진다면 인구 감소의 속도가 보통 느리게 진행되지만, 여기에 젊은층의 인구 유출에 따른 '사회적 감소'가 추가됨으로써 인구 감소에 가속도가 붙기 때문이다. 2010년부터 2014년에 걸친 '20~39세 여성 인구'의 감소에 '자연적 증감'과 '사회적 증감' 중 어느 쪽이 영향을 끼쳤는지 분석해보면, '자연적 감소'는 거의 일본 전역에서 보이는 데 비해 '사회적 증감'은 지역에 따라 편차가 컸다. 도쿄 도 23구 지역은 약 30퍼센트, 오사카 시와 나고야 시는 약 10퍼센트, 후쿠오카 시는 약 20퍼센트 등 대도시권에서는 대체로 '사회적 증가'를 보였지만 그 밖의 지방권에서는 거의 모든 시정촌에서 최대 80퍼센트 이상이라는 큰 폭의 '사회적 감소'를 보였다.

이런 모습을 보면 마치 일본 전체의 인구가 도쿄권을 비롯한 대도시권에 빨려들어가 지방이 소멸할 것만 같다. 그 결과 나타나는 것은 대도시권이라는 한정된 지역에 사람들이 밀집해 고밀도의 환경에서 생활하는 사회다. 이것을 우리는 '극점 사회'라고 이름 붙였다.

일본의 '극점 사회' 도래는 해외 선진국과 비교해도 두드러진다. 그림1-10은 제2차 세계대전 이후 선진국의 주요 도시 인구가 각국의 전체 인구에서 차지하는 비율의 추이를 나타낸 것이다. 이것을 보면 첫째, 일본에서는 도쿄권의 인구 점유율이 제2차 세계대전 이후 큰 폭으로 상승한 데 비해 다른 선진국은 그렇지 않고, 둘째, 도쿄의 인구 점유율의 수준이 다른 선진국의 주요 도시에 비해 높으며, 셋째, 도쿄의 인구 점유율은 현재도 계속 상승하고 있다는 사실을 알 수 있다. 이런 상황이 계속 진행되면 어느 순간 한 도시에 인구가 집중하는 '극점 사회'가 도래하는 것이다. 그런 점에서 보면 '극점 사회'는 다른 선진국들에서는 찾아볼 수 없는 일본 특유의 과제라고 할 수 있다.

그림1-10 선진국의 주요 도시 인구가 각국의 전체 인구에서 차지하는 비율

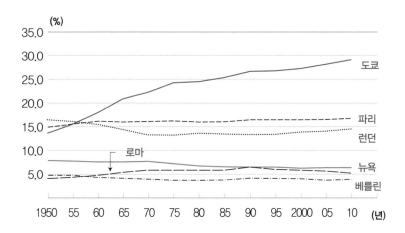

(출전) UN, World Urbanization Prospects: The 2011 Revision
　　　도쿄는 도쿄권(사이타마 현, 지바 현, 도쿄 도, 가나가와 현)의 인구

인구의 블랙홀 현상

지방이 소멸하고 3대 도시권, 특히 도쿄권만이 살아남는 '극점 사회'에 지속 가능성은 있는 것일까? 약 20년 전에 도쿄 일극 집중이 논란이 되었을 때 출퇴근의 혼잡이나 자동차로 인한 공해 등의 폐해가 지적되기는 했지만, '규모의 경제'를 통한 단일 생산물의 수확량 증가나 '범위의 경제'를 통해 여러 재화 및 서비스를 동시에 생산함으로써 비용 절감의 효과를 얻고, 나아가 '집적(集積) 경제'로서 지역 특화나 도시화에 따른 경제 효과를 얻을 수 있다는 이점이 강조되었다.

물론 대도시권이 강대해짐으로써 일본 전체가 지속적으로 발전할 수 있다면 미래는 밝다. 그러나 인구 감소가 현실화됨에 따라 그런 낙관적인 전망은 불가능해졌다. 젊은층을 지속적으로 공급해온 지방이 소멸하는 한편, 이미 이야기했듯이 인구 조밀 지역인 대도시권은 일관되게 낮은 출산율을 유지하고 있다. 특히 도쿄 도의 출산율은 2013년에 1.13으로 두드러지게 낮은 수치를 기록했다. 게다가 앞으로는 고령자 대책을 위한 비용이 급증함에 따라 육아 지원 같은 저출산 대책에 투입할 재원에도 한계가 있기 때문에 출산율의 대폭적인 상승을 기대하기는 현실적으로 무리일 것이다. 참고로 출산율이 도쿄 도 다음으로 낮은 지역은 교토 부(1.26)이며, 가장 높은 곳은 오키나와 현(1.94)이다. 대체로 대도시권보다 지방권의 출산율이 더 높다.

인구 조밀 지역에서 출산율이 낮은 현상은 싱가포르(1.20)나 홍콩(1.20)에서도 발견된다(모두 2011년 통계치). 앞에서도 이야기했듯이 대도시권으로 인구가 이동함에 따라 출산율이 저하되는 현상은 일본뿐만 아니라 많은 나라에서 보고되고 있다. 이처럼 대도시권만 생존하는 '극점 사회'는 일본 전체의 인구 감소를 더욱 가속시킬 것으로 예상된다. 이는 마치 우주 공간에서 수많은 별이 어느 한 점으로 빨려들어가는 현상과 같다고 해서 '인구의 블랙홀 현상'이라고도 부른다. 일본 전체의 출산율을 끌어올려 인구 감소에 제동을 걸기 위해서는 대도시권으로 인구가 집중되고 있는 현재의 거대한 흐름을 바꿔야 한다.

극점 사회는 경제 변동에 대한 내구력의 측면에서도 많은 문제를 야기한다. 극점 사회의 대도시에는 집적 효과를 추구하는 경제 구조가 만들어질 가능성이 높은데, 이것은 반대로 거대한 경제 변동에 약한 '단일 구조'라고 할 수 있다. 대지진 등의 대규모 재해 리스크에 대한 대응이라는 측면에서도 문제가 드러난다. 극점 사회가 안고 있는 커다란 문제 중 하나는 수도권 직하형(直下型) 지진*을 비롯해 일부 지역에서의 대규모 재해가 일본 전체를 마비시킬 수 있다는 점이다. 이런 관점에서 생각할 때 일본은 극점 사회의 도래를 막고 지방이 자립함으로써 다양성을 바탕으로 지속 가능한 사회의 실현을 지향하는 것이 중요하다.

이 장의 현상 인식을 바탕으로 다음 장에서는 구체적으로 우리가 취해야 할 대책을 생각해보려 한다. 어떻게 해야 인구 감소라는 가까운 미래의 위기를 막을 수 있을까? 안타깝지만 그 해답을 찾기 위해

---

* 간토 지역 남부, 현재의 수도권에서 역사적으로 반복되어온 매그니튜드 7급의 대규모 지진. 단층이 수직·상하로 움직이면서 발생하는 지진으로 내륙형 지진이라고도 한다. 1923년에 일어난 간토 대지진도 수도권 직하형 지진이다. ─옮긴이

우리에게 주어진 시간은 그리 많지 않다. 해답의 선택지도 제한되어 있다. 그러나 서장에서도 이야기했듯이, 근거 없는 '낙관론'으로 대응하는 것은 위험한 일이지만, 그렇다고 해서 이미 늦었다는 '비관론'에 빠지는 것도 도움이 되지 않는다.

– 일본 창성회의 인구 감소 문제 검토 분과회

제2장

지속 가능한 사회를 만들기 위한 국가 전략

지금 당장 인구의 유지 및 반전 노력을 시작해 출산율을 2.1 이상으로 회복하더라도 그 효과가 본격적으로 나타나기까지는 30~60년의 시간이 걸리며 그 사이의 인구 감소는 피할 수 없다. 이번에 세울 국가 전략에는 이런 '시간축'의 시점을 도입할 필요가 있다. 즉 현재의 인구 감소 흐름을 막고 인구의 유지 및 반전을 지향하는 동시에 지방이 지속 가능한 인구·국토 구조를 구축하는 '적극적 정책'과 인구 감소에 따른 경제·고용 규모의 축소나 사회보장 부담 증대 등의 부정적인 영향을 최소한으로 억제하는 '조정적 정책'을 동시에 병행해야 한다.

거시적 정책과 지방 분권론을 넘어서

제1장에서 예측한 극점 사회의 도래를 막고 지방이 지속 가능한 사회를 실현하려면 무엇이 필요할까? 금융 정책이나 경제 정책 같은 거시적 정책만으로는 충분치 않다. 거시적 정책의 추진은 경제력이 두드러진 도쿄권의 힘을 더욱 높여 지방과의 경제·고용 격차를 확대시키는 방향으로 작용함으로써 '지방 소멸'을 가속시킬 우려가 있다. 따라서 지금 필요한 것은 지방에 주목하는 정책을 전개하는 것이다.

다만 기존의 지방 분권론을 뛰어넘는 논의가 필요하다. 물론 현재의 인구 감소, 대도시권 집중 사태를 초래했다는 점에서 중앙 정부는 정책 실패에 대한 책임을 피할 수 없다. 그러나 이 과제를 단순히 '중앙 정부 대 지방 자치단체'의 구도로 몰아가거나 중앙 정부의 권한을 지방 자치단체에 이양한다고 해서 문제가 해결되는 것도 아니다. 고이즈미 준이치로(小泉純一郞) 정권이 '삼위일체 개혁*'을 통해 재원을 지방에 이양한 것이 자치단체의 세수 격차를 부추기는 결과를 낳았듯이, 단순히 지방에 권한을 이양하기만 해서는 대도시권으로 인구가 집중되는 현상을 막을 수 없다. 아니, 오히려 그 진행 속도를 가속화할 위험성이 있다.

지금 해결해야 할 과제는 국가와 사회의 지속 가능성을 좌우하는 '인구'이며, 국가가 경제·사회 기능을 발휘하기 위한 '자원 배치'의 기본 중 하나인 '국토 이용'이다. 이에 대한 큰 그림을 그리는 것은 바로 중앙 정부가 맡아야 할 일이며, 이것이 '국가 전략'이다.

다만 국가 전략이라고는 해도 정부가 담당해야 할 범위는 어디까지나 국가 전체에 관한 큰 그림을 그리는 것이다. 지방이 지속 가능한 경제·사회 구조를 구축해나가기 위한 구체적인 계획은 당연히 각 지방이 만들어나가야 한다.

과거 균형 발전 국가 전략의 실패

일본에서도 과거에 그런 국가 전략을 입안하는 시도가 있었다(표 2-1). 대표적인 예로 '일본 열도 개조론'이나 '전원 도시 구상'이 있는데, 이런 전략들은 지방의 인구를 유지, 증가시킬 만큼의 성과를 내지 못했다.

1972년에 다나카 가쿠에이(田中角榮) 총리가 발표한 일본 열도 개

---

* 고이즈미 정권이 작은 정부를 실현하기 위해 추진한 개혁인 '국고 보조 부담금의 폐지·축소', '세재원의 이양', '지방 교부세의 일체적 재검토'를 의미한다. ─옮긴이

표2-1 과거 일본의 국가 전략

연도	명칭	핵심
1960	소득 증대 계획	태평양 벨트 지대 구상
1962	전국 통합 개발 계획(제1차)	지역 간의 균형 있는 발전 거점 개발 방식에 따른 공업의 분산
1969	신 전국 통합 개발 계획(제2차)	풍요로운 환경의 창조 대규모 프로젝트(신칸센, 고속도로, 정보 통신 등)를 통한 개발
1972	일본 열도 개조론	공업 재배치와 교통·정보 통신 전국 네트워크
1977	제3차 전국 통합 개발 계획	인간 거주지의 종합적 환경 정비 '정주권(定住圈) 구상'
1980	전원 도시 구상 (오히라 정책 연구회)	지역의 특성을 살린 산업 육성 활력 있는 다양한 지역 사회
1987	제4차 전국 종합 개발 계획	다극 분산형 국토의 구축, 교류 네트워크 구상
1998	21세기 국토의 그랜드 디자인	다축형 국토 구상을 지향하는 장기 구상(50년 후) 실현을 위한 기초 쌓기
2005	국토 형성 계획법	국토 종합 개발법(1950)의 개정
2008	국토 형성 계획	성숙 사회에 걸맞은 국토의 질적 향상 전국 계획과 광역 지방 계획

조론은 과밀(過密)과 과소(過疎)의 폐해를 동시에 해결함으로써 아름답고 살기 좋은 국토에서 불안감 없이 풍요롭게 살 수 있는 미래 사회를 지향했다. 이를 위해 각 지역의 발전 가능성에 맞춰 지방에 공장 및 공업 시설의 배치를 유도하고, 공업 재배치를 뒷받침하기 위한 교통 네트워크와 대학의 지방 분산, 농업 생산성 향상, 토지 이용 계획의 고도화 등 태평양 벨트 지대에서 다른 지역으로 기능을 이전할 것을 제창했다.

그 후 일본에서는 공공사업의 확대와 공장의 지방 이전을 촉진하기 위한 정책이 잇따라 실행되었고, 그 결과 지방으로 소득을 이전함으로써 일시적으로 도쿄로 유입되는 인구를 억제하는 효과가 있었던 것은 사실이다. 그러나 모든 정책이 중앙 정부의 재정 지출을 통해 하드웨어를 정비하는 측면이 컸기 때문에 지방의 자율적인 고용 확대와 인구 유지로 이어지지는 못했다.

또 1980년에는 오히라 마사요시(大平正芳) 총리의 연구회가 전원 도시 국가 구상을 발표했다. 이것은 일본 국토 전역에 무수히 분포하는 크고 작은 도시와 농림어촌의 네트워크를 전체적으로 재편성함으로써 활력 넘치는 다양한 지역 사회를 되살리자는 구상으로, 이후 지방의 특장점을 활용한 산업의 육성을 지향하는 다양한 정책이 나왔다. 그러나 이 또한 지방에 따라 최소한의 성과를 올리기도 했지만 대부분은 지방의 인구를 지탱할 만큼의 고용 창출로 이어지지 못했다. 이것은 총면적이 전국의 3.6퍼센트에 불과한 도쿄권에 전국의 4분의 1이 넘는 3,500만 명에 가까운 인구가 살고 상장 기업의 약 3분의 2, 대학생의 40퍼센트 이상이 모여 있으며, 1인당 주민 소득은 전국 평균의 약 1.2배, 은행 대출 잔금은 절반 이상을 차지한다는 데이터를 봐도 알 수 있다.*

적극적 정책과 조정적 정책

그렇다면 이번의 '국가 전략'은 어떻게 구축되고 실행되어야 할까? 일본이 성장 중이던 1970년대나 1980년대와는 달리, 앞으로의 '국가

---

* 다치바나키 도시아키(橘木俊詔)·우라카와 구니오(浦川邦夫), 『일본의 지역 간 격차(日本の地域間格差)』에서 참고.

전략'이 그릇된 길로 나아간다면 일본의 미래에 되돌릴 수 없는 화근을 남길 수도 있다.

먼저 간과해서는 안 될 것이 있다. 지금 당장 '인구의 유지 및 반전' 노력을 시작해 그것이 성공(구체적으로는 출산율이 2.1 이상으로 회복)하더라도 그 효과가 본격적으로 나타나기까지는 30~60년의 시간이 걸리며 그 사이의 인구 감소는 피할 수 없다는 점이다. 이번에 세울 국가 전략에는 이런 '시간축'의 관점을 도입할 필요가 있다. 즉 현재의 인구 감소 흐름을 막고 인구의 유지 및 반전을 지향하는 동시에 지방이 지속 가능한 인구·국토 구조를 구축하는 '적극적 정책'과 인구 감소에 따른 경제·고용 규모의 축소나 사회보장 부담 증대 등의 부정적인 영향을 최소한으로 억제하는 '조정적 정책'을 동시에 병행해야 한다.

'적극적 정책'의 경우는 '사람'을 중심에 두는 정책을 전개하는 것이 중요하다. 지금까지의 지역 정책은 군이 따지자면 공공시설 같은 하드웨어적인 측면을 중시해왔다. 그러나 앞으로는 사람 자체가 정책의 축이 되어야 한다. 그 내용은 다음과 같다.

첫째, '인구의 유지 및 반전'을 지향하는 것이다. 이를 위해서는 '결혼, 임신, 출산, 육아'에 대해 일관된 지원을 실시할 필요가 있다(제4장에서 구체적으로 설명한다).

둘째, '인구의 재배치'다. 대도시권으로 인구가 유입되는 흐름을 크게 바꾸는 인구 재배치를 위한 정책을 실시한다(제3장에서 구체적으로 설명한다).

셋째, '인재의 육성'을 달성하는 것이다. 인구 감소 사회에서는 한 사람 한 사람의 '능력과 자질 향상'이 한층 중요해진다. 일본 국내의 인재를 육성하는 동시에 외국의 고도 인재(高度人材)를 확보하기 위해 적극적으로 노력해야 한다.

이런 정책이 본격적인 효과를 나타내기까지는 오랜 시간이 걸린다. 그 사이에는 인구 감소를 전제로 이에 따른 부정적인 영향을 최소화하기 위해 '조정적 정책'을 진행해야 한다. 이것은 '철수 작전'이라고도 할 수 있으므로 정책 수행에 커다란 어려움이 예상된다. 또한 '지혈 정책'으로서 더 이상 지방에서 인구, 특히 젊은이들이 유출되는 것을 막을 대책을 하루빨리 마련해야 한다. 이와 관련해서는 지방 고용을 창출하기 위한 지방 산업 육성책과 대학을 비롯한 교육기관의 지방 분산 정책을 생각해볼 수 있다(제3장에서 다루는 동시에 제6장에서 각 자치단체의 정책을 소개한다).

또 '사회보장의 효율화'도 진행해야 한다. 인구의 감소, 특히 현역 세대의 대폭적인 감소는 세금과 보험료 부담의 증대로 돌아온다. 사회보장 문제에 관해서는 다른 곳에서 많이 논의되고 있어 이 책에서는 더 깊게 들어가지 않겠지만, 사회보장을 비롯한 공적 지출의 효율화를 진행해 현역 세대의 부담 증대를 가급적 억제해야 함은 두말할 필요도 없다.

종합 전략 본부와 지역 전략 협의회의 설치

이러한 '국가 전략'의 기본 구상을 그리기 위해 정부에 '중앙 사령탑'에 해당하는 조직을 둘 필요가 있을 것이다. 또한 기본 구상에 입각해서 구체적인 계획을 작성하고 실시하기 위해 광역 블록 단위로 '지방 사령탑' 조직을 두는 것도 중요하다. 중앙 정부와 지방이 공통된 문제의식 속에서 목표를 공유하고 노력해야 한다.

지역에 따라 인구를 둘러싼 상황은 크게 다르다. 인구 감소를 멈추기 위해 출산율 향상에 주안점을 둬야 할 자치단체가 있는가 하면, 젊은 인구의 유출 방지에 힘을 쏟아야 할 자치단체도 있다. '지역의 문제는 지역에서 해결한다'는 생각을 바탕으로 각 지역이 주체적으로 실시하는 다양한 정책을 지원해나가는 것이 중요하다.

내각에 중앙 사령탑으로서 '종합 전략 본부'를 설치하고 국가적인 장기 비전이나 종합 전략을 책정한다. 한편 각 지역에는 지방 사령탑으로서 특히 대도시권 이외의 지방 도시가 참가하는 '지역 전략 협의회'를 설치하고 지역의 인구 감소 대책을 담은 '지역판 장기 비전'과 '지역판 종합 전략'을 책정해나간다. 이를 통해 각 지역의 실정을 바탕으로 설정한 그 지역의 '희망 출산율(기혼자와 미혼인 결혼 희망자가 '희망하는 자녀의 수'를 실현했을 경우의 출산율) 목표'(제4장에서 자세히 설명한다)가 포함된 '지역 인구 비전'과 함께 '젊은이에게 매력 있는 지역 거점 도시'를 중핵으로 삼는 '새로운 집적 구조'나 이를 뒷받침하는 자치단체 사이의 '지역 연계'를 구체적으로 구상할 수 있을 것으로 기대된다. 이에 대한 검토는 2020년의 도쿄 올림픽을 염두에 두고 하루 빨리 시작되어야 한다.

행정의 '수직적 구조'를 배제한 종합적 대응도 중요하다. 현재 각 정부 분야의 계획(예를 들어 광역 지방 계획인 국토 형성 계획이나 의료 계획, 개호 보험 사업 계획 등)은 '수직적'으로 책정되고 있는데, 이 때문에 지방의 장기 비전이나 종합 전략 책정 작업이 혼란에 빠져 통합적으로 대응하지 못할 우려가 있다. 정부는 이런 점도 충분히 배려해 종합 전략 본부를 중심으로 관계 성청(省庁)이 하나가 되어 지역의 사회 경제 구조 재편을 위한 정책을 지원해야 한다.

장기 비전을 바탕으로 한 종합 전략 추진

또한 인구 감소 문제에는 장기적이고 종합적인 대응이 꼭 필요하다. 그러므로 예를 들어 20년 정도 앞을 내다보는 장기 비전을 책정하고 이것을 바탕으로 육아 지원뿐만 아니라 산업·고용, 국토 형성, 주택, 지방 제도 등에 대한 종합적인 정책을 골자로 한 '종합 전략'을 추진해나갈 것이 요구된다.

정책의 구체적인 제안은 제3장 이후에서 다루기로 하고, 여기에서는 향후 20년 정도의 전략 전개를 소개하고자 한다.

제1차 종합 전략(2015~2024년)

이 시기에는 먼저 장기 비전의 책정을 서두른다. 그리고 그 장기 비전을 바탕으로 10년 뒤인 2025년을 목표 연차로 삼고 2020년 도쿄 올림픽을 중간년으로 삼는 10개년의 제1차 종합 전략을 책정해 전력으로 실행해나간다. 이 제1차 종합 전략의 기본 목표는 첫째가 국민의 희망 출산율인 출산율 1.8을 실현하는 것이며, 둘째는 도쿄 일극 집중에 제동을 거는 것이다.

제2차 종합 전략(2025~2034년)

그 후 제1차 종합 전략의 성과와 인구 동향에 입각해 전략 목표와 내용을 점검하고 재검토한 다음 그로부터 10년 뒤인 2035년을 눈앞에 둔 제2차 종합 전략을 책정한다. 이 제2차 종합 전략에서는 2035년에 출산율 2.1을 실현해 장기적으로 인구의 안정을 꾀하는 것을 기본 목표로 삼는 방향을 생각해볼 수 있다.

– 일본 창성회의 인구 감소 문제 검토 분과회

제3장

도쿄 집중 현상을 막아라

앞으로 지향해야 할 기본 방향은 '젊은이에게 매력적인 지방 중핵 도시'를 축으로 새로운 집적 구조를 구축하는 것이다. 당장은 지방의 인구 감소를 막을 수 없다. 이 어려운 조건 속에서 한정된 지역 자원을 재배치하고 지역 간의 기능 분담이나 연계를 진행해나가는 것이 중요하다. 이를 위해서는 인구 감소라는 현실을 직시하고 철저히 '선택과 집중'의 개념에 입각해 가장 효과적인 대상에 투자와 시책을 집중할 필요가 있다.

이와 같은 관점에서 먼저 지방 중핵 도시 중심의 광역 지역 블록별로 인구 감소를 막으면서 각 지역이 자신들의 다양한 힘을 최대한 쥐어짜내 독자적인 재생산 구조를 만들기 위한 방어·반전선을 구축할 수 있는 인구·국토 구조를 제안하고자 한다.

인구 이동을 막을 방어·반전선 구축

제1장에서 살펴봤듯이 일본의 인구 감소에는 인구의 사회 이동이 큰 영향을 끼치고 있다. 저출산 대책의 차원에서도 지방에서 젊은이가 대도시로 유출되는 '인적 흐름'을 바꿀 필요가 있다.

이를 위해서는 지방의 인구 유출을 멈출 '댐 기능'을 재구축해야 하며, 이와 동시에 일단 대도시로 떠난 젊은이들을 지방으로 '다시 불러들이는 기능'도 강화해야 한다. 지방의 지속 가능성은 '젊은이에게 매력적인 지역인가, 아닌가?'에 달려 있다고 할 수 있다. 요컨대 앞으로 지향해야 할 기본 방향은 '젊은이에게 매력적인 지방 중핵 도시'를 축으로 한 '새로운 집적 구조'를 구축하는 것이다.

한편 당장은 지방의 인구 감소를 막을 수 없다. 이 어려운 조건 속에서 한정된 지역 자원을 재배치하고 지역 간의 기능 분담이나 연계를 진행해나가는 것이 중요하다. 이를 위해서는 인구 감소라는 현실을 직시하고 철저히 '선택과 집중'의 개념에 입각해 가장 효과적인 대상에 투자와 시책을 집중할 필요가 있다.

이와 같은 관점에서 먼저 광역 지역 블록별로 인구 감소를 막으면서 각 지역이 자신들의 다양한 힘을 최대한 쥐어짜내 독자적인 재생산 구조를 만들기 위한 '방어(防禦)·반전선(反轉線)'을 구축할 수 있는 인구·국토 구조를 제안하고자 한다.

그림3-1을 보자. 여기에서는 각각 하부의 지역이 한 단계 위의 지역을 통괄하고 지탱하는 가지 같은 역할을 한다. 이미 제일 위에 있는 산간 주거지나 일부 촌락에서는 급격한 인구 감소 현상이 나타났다. 극점 사회는 이 커다란 삼각형의 닮은꼴이 밑으로 점점 축소되어 결국은 도쿄권만 남는 사회를 가리킨다. 그런 극점 사회가 오는 것을 막으려면 어딘가에 방어선을 그을 필요가 있다. 지금까지도 그런 노력이 없었던 것은 아니지만 대부분은 어중간했으며 생산성이 낮았다. 예를 들어 이대로는 촌락이 사라져버린다는 인식하에 각 촌락의 인프라를 충실히 함으로써 인구 감소를 억제하려 시도해왔다. 그러나 모든 촌락을 대상으로 충분한 대책을 실시할 수 있을 만큼 재정이 풍족하지 못했기 때문에 미흡한 수준의 대책을 실시할 수밖에 없었고, 결국 방어선을 구축하는 데 실패했다.

현재 실시되고 있는 지역 재생 노력의 연장선상에서 정책을 마련한다면 이러한 실패를 되풀이할 위험이 있다. 47개 도도부현이 똑같은 정책을 실시해서는 안 된다. 방어선은 규모의 이점을 낳아서 인재와 자원이 그곳에 모여들어 부가가치를 만들어나가는 '재생산 구조'를 가져야 한다. 방어하면서 반전을 꾀하기 때문에 '방어·반전선'이라 부르는 것이다. 다만 재정이나 인구 제약의 측면에서도 방어·반전선

그림3-1 방어·반전선의 구축

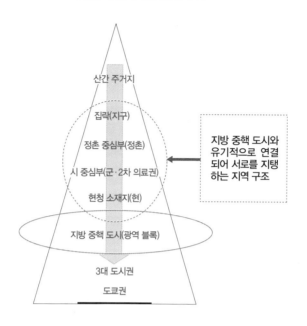

이 될 도시의 수에는 한계가 있다. 이렇게 생각하면 최후의 '보루'로서 광역 블록 단위의 '지방 중핵 도시'가 중요한 의미를 지니게 된다. 지방 중핵 도시에 지원과 정책을 집중적으로 투입하면 지방이 각자 최후의 보루가 될 거점을 설치하게 된다.

그렇다고 지방 중핵 도시가 단독 혹은 독보적인 존재가 되는 지역 구조를 지향하는 것은 아니다. 지방 중핵 도시를 거점으로 삼으면서 그곳과 인접한 각 지역의 생활 경제권이 유기적으로 연결되어 경제·사회의 측면에서 서로를 지탱하는 '유기적인 집적체' 구축을 지향해야 할 것이다.

지방 중핵 도시가 주변 지역에 끼치는 영향

지방 중핵 도시에 재생산 능력이 있으면 인재와 일자리가 모여든다. 도쿄권에 비해 주거 환경과 육아 환경도 좋으므로 젊은 세대가 정착해 출산율도 높아질 것이다. 뿐만 아니라 규모의 집적이 진행되면 그 광역 블록 전체의 비즈니스를 지탱하고 외화를 벌어들일 수 있을 만한 두뇌와 매니지먼트 능력도 기대할 수 있다. 또한 지방 중핵 도시에 일자리가 늘어나면 주변 도시에도 마찬가지로 생활 및 고용 환경이 정비되어 젊은이들이 자리를 잡고 살 수 있게 될 것이다.

한편 중산간지 등은 일정 수준의 인구 감소를 피할 수 없는데, 그래도 2차 의료권 단위(일반적으로 도도부현 내 복수의 시정촌으로 구성된다)에서는 고령자의 생활 지원과 케어 사이클*을 지탱할 수 있는 최소한의 의료·개호 자원을 투입해야 한다. 또한 전 지역의 인프라를 보완할 여유는 이제 없지만, 콤팩트 타운**으로의 변화를 꾀하면서 최소한의 생활 기반을 유지 관리할 필요가 있다.

이상과 같은 '방어선'을 구축하는 데만도 비용이 들어가므로 광역 블록에서 부가 가치 생산력을 일정 수준까지 높여야 한다. 그리고 이를 위한 열쇠가 수출이나 관광을 포함한 외화 획득 능력 향상임은 두말할 필요도 없다.

---

* 환자 한 사람이 받는 연속된 치료나 개호 등의 사이클. 다양한 보건 자원, 의료 자원, 복지 자원으로부터 그 시점의 상황에 대응한 치료를 받는 것을 의미한다. ─옮긴이
** 인근에 각종 시설과 공공시설이 갖춰져 있어서 멀리 이동하지 않아도 일상생활의 대부분을 해결할 수 있는 마을. ─옮긴이

이런 '방어·반전선'을 구축하기 위해서는 '광역 블록 행정'의 개념이 필수다. 지금까지 지방 행정 조직의 바람직한 모습을 둘러싼 논의는 주로 지방 분권이라는 좁은 틀 안에서만 진행되어왔다. 그러나 앞으로는 다르다. 일본의 인구 감소와 국력 저하에 제동을 걸고 각 지역이 재생산 구조를 되찾기 위한 '방어·반전선'의 구축을 진행하는 행정·경제 단위로서, '국가의 바람직한 모습'이라는 관점에서 논의를 진행해야 한다.

그러면 좀 더 구체적인 대책을 생각해보자.

지방 중추 거점 도시

현재 정부는 지방권에서의 인구 유출을 막기 위해 '지방 중추 거점 도시'와 인근 시정촌의 네트워크를 형성함으로써 인구 감소기의 지방 경제를 견인하는 동시에 더 높은 차원의 도시 기능의 집적을 꾀하는 구상을 내놓고 2014년 정기 국회에서 관련 법안을 입안했다. 이 책에서 이야기하는 지방 중핵 도시 구상과 정부의 지방 중추 거점 도시 개념이 완전히 똑같지는 않지만, 겹치는 부분도 많으므로 일단 지방 중추 거점 도시의 정의를 지방 중핵 도시에도 적용시켜서 설명하겠다.

정부가 말하는 지방 중추 거점 도시는 정령 지정 도시와 중핵시(인구 20만 명 이상) 가운데 주·야간의 인구 비율이 1 이상인 도시다. 전국에 모두 61개 도시가 있으며, 평균 인구는 약 45만 명이다. 참고로 주·야간 인구 비율은 쉽게 말하면 낮에 그곳에서 사는 사람과 밤에 그곳에서 사는 사람의 수를 비교한 것(주간 인구를 야간 인구로 나눈 값)으로, 출퇴근이나 통학으로 대량의 인구가 유입되는 대도시에서는 높아지며 베드타운에서는 낮아진다.

'지방 중추 거점 도시권'은 앞으로 당분간 썰물의 시기가 찾아올 지방권이 버티기 위한 닻의 역할을 하며, 나아가서는 지방에서 대도시로 향하는 '인적 흐름'을 크게 바꾸는 역할을 할 것으로 기대된다. 이런 관점에서 새로 법제화된 '연계 협약'을 통해 시정촌 간의 역할을 분담하고 네트워크를 형성한다. 특히 지역 경제 비전을 공유하고 역할을 분담하도록 각 시정촌의 의회에서 결정된 도시권에 대해서는 각 관청의 정책 자원을 연계 투입해야 한다. 구체적으로는 각 관청의 보조금과 융자금을 우선적으로 배분하거나 지방 재정 조치를 통해 안정적인 재원을 부여하는 방안을 생각할 수 있다.

또한 그런 도시권에 참여하기가 곤란한 지역의 경우는 지역 주민의 생활을 뒷받침할 기초적인 서비스를 확보하기 위해 광역 자치단체가 적극적으로 역할을 보완하고 각 지방 자치단체 사이에 광역 연계를 촉진할 필요가 있다.

집적을 통해 새로운 가치를 창조하는 콤팩트 시티

지방 중핵 도시보다 규모가 작은 자치단체의 경우는 인구 감소가 진행되는 과정에서 '콤팩트 시티'에 대한 구상을 고려하지 않을 수 없을 것이다. 다만 효율적이고 효과적으로 서비스를 제공하기 위한 '수

비적인 콤팩트'가 아니라 새로운 가치를 만들어내는 '공격적인 콤팩트'를 지향해야 한다. 요컨대 콤팩트한 거점 사이를 교통·정보 네트워크로 연결하는 지역 구조를 구축함으로써 행정, 의료·복지, 상업 같은 서비스업의 질과 효율성을 높일 필요가 있다. 이와 동시에 새로운 집적을 통해 사람, 물자, 정보가 활발히 왕래하도록 함으로써 가치 창조와 혁신으로 연결시켰으면 한다.

지방 도시의 경우는 콤팩트 시티의 형성을 목표로 시청 같은 행정 기관을 중심으로 하는 '시가지'의 기능을 재정비하고 시가지와 주변부를 연결하는 지역 공공 교통 네트워크를 정비하는 사업을 함께 추진할 것이 요구된다. 구체적으로는 의료시설을 시가지에 집약하는 동시에 그곳과 주변부를 연결하는 버스 노선을 정비하는 등 거점과 네트워크의 통합적 재편성에 관해 각 지역에서 다양한 주체가 전략을 구상해나갈 필요가 있다. 그리고 이를 위해서는 의료·복지, 쇼핑, 상업, 교통에 관한 지리 공간 정보를 최대한 공개 데이터화하고 GIS(지리 정보 시스템)상에서 '가시화'해 시뮬레이션을 해야 한다. 또한 이것이 가능하도록 차세대 국토 GIS의 강화 및 충실화를 꾀해야 한다.

한편 시가지에서 떨어진 집락 지역에서는 지역을 지키는 보루가 되는 '작은 거점'으로서 상점이나 진료소 등 일상생활에 없어서는 안 될 시설과 지역 활동을 펼칠 장소를 '걸어서 움직일 수 있는 범위'에 집약하는 동시에 이런 시설들과 주변 집락을 연결하는 디맨드 버스(기본 노선 외에도 버스 이용자의 요망에 따라 운행하는 버스) 등을 충실히 운행함으로써 인구가 감소하는 상황에서도 유지 가능한 지역 만들기를 추진한다.

또 인구 감소나 거점의 콤팩트화로 공공시설이 이동함에 따라 빈 땅이 발생할 것이 예상된다. 이런 토지를 활용해 주거 공간이나 방재 공간, 시민 텃밭 등의 농지를 융통성 있게 정비하면 좋을 것이다. '빈 집'을 활용해서 평일에는 도시에서 생활하다 주말에는 지방에서 지내는 '두 지역 주거'나 I턴* 희망자에게 주택을 제공하는 사업을 추진할 수도 있다. 빈 땅의 경우는 필요에 따라 자연으로 되돌리는 방안도 생각해볼 수 있다.

젊은이들을 불러들이는 마을을 만들자

그렇다면 지방에서 도쿄권을 중심으로 한 대도시권으로 사람들이 빠져나가는 흐름을 멈추게 하고 나아가 사람들을 다시 불러들이기 위해서는 어떻게 해야 할까?

일반적으로 사람이 지방과 대도시 사이를 이동할 기회는 대학이나 전문학교 입학, 첫 취직, 40대 무렵의 이직·재출발, 정년 이렇게 네 가지가 있다. '인적 흐름'을 바꾸기 위해서는 이런 시기를 대도시권에서 지방으로 사람을 불러들일 좋은 기회로 파악하는 동시에 이 네 시기 이외에도 사람들이 이동할 기회를 늘리고자 노력하는 것이 중요하다.

먼저, 초등·중등 교육 단계에서는 아이들의 학습 능력과 의욕에 맞춘 교육을 학원에 의지하지 않고 공립학교에서 제공하는 시스템을 만

---

* 도시에서 고향이 아닌 다른 시골로 이주하는 것.―옮긴이

듦으로써 육아 세대를 학원이 없는 지방으로 불러들이는 방법을 생각해볼 수 있다. 또 유년기나 청소년기의 교육 과정에 모내기와 벼 베기 같은 농업을 체험할 시간을 일주일 정도 마련함으로써 젊은이들이 지방의 농림어촌에 매력을 느낄 기회를 제공해보는 것도 유용할 것이다.

다음으로 대학·대학원 교육 단계에서는 인터넷을 활용한 'E에듀케이션'을 통해 지방 대학에서 도쿄권의 대학과 동등한 학위를 받을 수 있는 시스템을 실현한다. 또 대학이나 연구 기관을 지방으로 유치하는 한편 현재의 지방 대학의 기능을 강화할 필요도 있다. 가령 지방 중핵 도시를 지탱하는 지방 대학을 강화하기 위해 지방의 국립대학과 공립대학의 합병을 포함한 재편 강화를 추진하고 지방 대학이 핵심이 되는 연구 조직이나 산업을 육성하는 것은 유능한 젊은이를 끌어모으는 데 효과적인 방법으로 생각된다. 이를 위해 지방 자치단체나 지역 경제계가 지방 대학에 원만한 투자를 진행할 수 있도록 제도를 정비해야 한다.

현재 젊은이들이 대도시로 유입되는 가장 큰 이유를 꼽자면, 지방에는 젊은이들에게 매력적인 고용 기회가 적다는 점이다. 예전에는 대도시의 대학에 진학하더라도 지방의 기업이나 자치단체에 취직하는 'U턴' 또는 'J턴'을 선택하는 젊은이가 많았다. 그러나 최근에는 지방으로 돌아오지 않는 젊은이(특히 여성)가 늘고 있다. 젊은이의 지방 기업 취직을 지원하는 한 가지 방안으로 지방 기업에 취직한 젊은이에게 고용 보험에서 5년 동안 100만 엔의 소득 지원을 실시하는 것은 어떨까? 또 대도시로 떠나지 않고 권역 내에 머문 젊은이에 대해서는 인재 육성을 위해 해당 지역 자치단체가 적극적으로 지원하는 동시에 권역 내에서 다른 업종 간 교류를 위한 공동체 형성을 추진해야 한다. 가령 지방의 중소기업에 취직한 젊은이에게 다른 회사와의 '합동 입사식'이나 '합동 연수'의 기회를 제공하거나 권역 내의 대학(원)에서 공부할 기회를 제공하고 지원하는 방안을 생각해볼 수 있다. 이러한 정책들은 지방에 살면 인간관계가 좁아지지 않을까 걱정하는 젊은이들에게 매력적으로 느껴질 수도 있을 것이다. 또 육아 세대를 위해서 지방 도시의 인근에 직장과 주거지가 가까운 직주근접형(職住近接形) '보육 서비스 부가 주택'을 정비함으로써 육아 세대가 안심하고 살 수 있도록 보장해주는 대책도 효과적일 것이다.

중노년의 지방 이주를 지원한다

40대 무렵에 이직·재출발을 위해 지방 이주를 생각하는 사람이 늘고 있다. 이런 '지방 이주 관심층'은 이주지의 자세한 정보를 원하므로 이런 수요에 부응해 '전국 이사 지도' 같은 형태로 정보를 제공할 필요가 있다. 또 총무성의 '지역 활성 협력대'나 농림수산성의 '신(新) 시골에서 일하는 사람들'처럼 도시 주민의 지방 이주를 지원하는 정책은 착실히 실적을 올리고 있다. 정년 퇴직자가 농촌으로 이주해 농업에 종사하는 '정년 귀농'을 지원하는 정책도 유용하다.

도쿄권에서 지방으로 중노년층의 이주를 한층 활발히 진행시키기 위해서는 지방 이주 관심층에게 그들이 장기적으로 이주를 생각하는 지역에 대해 구체적으로 알게 하고 그 지역과 유대를 강화할 기회를 제공할 필요가 있다. 이를 위해서는 '고향 납세*' 정책이 제대로 정착되어야 한다. 도쿄권 거주자에게 특정 지역을 알리고 그 지역을 지원하는 구체적인 행동을 유도하는 데 이보다 좋은 방법은 없다. 도쿄권에서 고향 납세 제도에 대한 홍보를 지금보다 더 강력하게 전개하고, 특정 자치단체에 지속적으로 고향 납세를 한 사람에게는 그 지역을 지탱해줄 미래의 이주 후보자로서 상세한 지역 정보를 제공해야 한다. 또 이주를 할 때는 집이 커다란 문제가 되므로 도쿄권의 집을 팔고 지방권의 집을 취득한 사람에 대해 세제상 우대 조치를 강구하는 것도 한 가지 방법이다.

이미 이야기했듯이 도쿄권을 비롯한 대도시는 앞으로 급속히 고령화가 진행되어 의료나 개호 서비스가 압도적으로 부족해질 우려가 높다. 따라서 그런 대도시들의 의료·개호 서비스 기반을 정비하는 것은 당연한 일이지만, 이와 동시에 도시에 사는 고령자가 지방으로 이주를 선택하는 경우도 증가할 것으로 예상된다. 이런 경향은 지방의 고용 기회 증가에도 효과적이므로 적극 촉진시켜야 한다. 그리고 고령자 이주를 지원하는 방안으로 고령자와 자치단체를 연결해주거나, 고령자가 거주하던 단독 주택을 젊은층에게 빌려주는 시스템을 정비하거나, 개호보호법의 '주소지 특례**'를 확충해 고령자를 받아들이는 자

---

* 응원하고 싶은 지방 자치단체에 돈을 기부하면 그 기부금을 전액 또는 일부 세액 공제해주는 제도. 일본에서는 2008년 4월부터 시행하고 있다. ─ 옮긴이
** 피보험자가 주소지 이외의 지역에 위치한 개호 보험 시설 등에 입소했을 경우 그 피보험자가 입소 전에 살았던 기존의 지자체가 계속 복지 서비스 비용을 부담하게 하는 특례 조치. ─ 옮긴이

치단체의 비용 부담을 줄여주는 방안 등을 생각할 수 있다.

고령자를 받아들이는 지방 자치단체에서는 고령자가 안심하고 살수 있도록 의료와 개호를 포함해 필요한 서비스를 언제라도 받을 수있는 환경을 조성할 필요가 있다. 구체적으로는 고령자가 병원 등의의료시설이 충분한 시가지에 살도록 유도하기 위해 주택을 젊은층에게 매각하고 이사할 경우 혜택을 주는 방안을 검토해볼 만하다. 또 도시 중심부 상업 시설의 용적률과 건폐율에 대한 규제를 완화하고 기존 건물을 개호 시설, 보육원 등으로 활용할 경우 그 요건을 완화함으로써 시가지의 개호 체계를 정비해나가야 한다.

또한 앞으로는 혼자 사는 고령자가 급증할 것이므로 이들을 위한이동(디맨드 버스 등), 쇼핑, 관찰, 눈 치우기 등의 서비스를 확보할 필요가 있다. 이때는 민간 인프라(편의점, 주택업자 등)의 활용도 염두에 둬야할 것이다.

지역 경제를 지탱하는 기반 조성

이제 지역 경제에 관해 생각해보도록 하자.

인구 감소를 비롯한 일본 국내외의 경제 환경 변화에 따라 일본 국내의 경제 구조는 크게 세계 경제권과 지역 경제권으로 분화되고 이둘이 공존하는 방향으로 변화하지 않을까 전망된다. 여기서 세계 경제권은 세계적인 경쟁에 노출되어 거점 배치, 투자 행동, 인원 채용 등을 세계적인 관점에서 생각해야 하는 사업자가 속한 경제권을 의미하고, 지역 경제권은 기본적으로 지역 고객의 수요에 부응한 네트워크 서비스를 제공해야 하는 사업자가 속한 경제권을 의미한다. 특히 인구 감소가 진행되는 가운데 지방의 대부분은 '지방 경제권'을 형성해 나갈 것으로 보인다.

중심적인 사업자로는 의료·복지, 버스, 수도, 교육 등을 생각할 수 있다. 이런 지역 산업이 안정적으로 유지되고 성장할 수 있느냐는 민과 관이 각자의 사업체에 걸맞은 경영과 재정 시스템을 바탕으로 효율적으로 사업을 재편, 운영할 수 있느냐에 달려 있다.

이들 지역 경제권의 중심 산업 중 대부분은 인구 감소로 마이너스 성장을 하게 될 것으로 예상되는데, 한편으로 '의료·복지 분야'에는 가능성이 있다. 물론 제1장에서 이야기했듯이 이대로 가면 도쿄권에 수요가 집중되는 결과를 맞이하겠지만 지방 중핵 도시라는 '방어·반전선'이 형성된다면 그곳에 수요가 생길 것이다. 아울러 의료·복지 분야는 지방 자치단체의 재정에도 커다란 영향을 끼친다. 따라서 의료·복지 분야의 행방은 지역 경제에 중대한 영향을 끼칠 가능성이 높다.

다만 지방도 수비적인 자세만으로는 충분하지 않다. 지역 내 자원을 활용해 지역 외 시장으로 진출하고자 하는 기업을 육성해야 한다. 그리고 이를 위해서는 다른 지역과는 차별화된 요소를 활용하는 것이 중요하다. 예를 들어 지역 고유의 브랜드로 승부할 수 있는 지역 자원 산업인 농림수산물이나 가공품, 패션, 관광 등의 분야는 상당한 잠재력을 가지고 있다고 생각된다.

기술 인재의 재배치

지역 경제를 재구축하기 위해서는 경영·조직 매니지먼트를 담당할 인재나 시장 경쟁에서 승리하기 위해 필요한 기술을 갖춘 인재를 지방으로 재배치하는 정책이 반드시 필요하다. 세계적인 경쟁에 노출되어 있는 도쿄 같은 대도시의 기업에는 이런 '기술 인재'가 많다. 관리직 수준에서 100만 명가량으로 추산되는 이런 기술 인재들이 그들의 역량을 지역 경제의 부흥에 활용할 수 있도록 지방에 재배치해 '지(知)의 편중'을 해소하는 것이 중요하다.

구체적으로 도쿄에서 활약한 중노년층과 지방 자치단체를 연결해 주는 시스템을 설치하는 방법이 효과적일 것이다. 가령 지역 블록별로 이주를 희망하는 기술 인재의 목록을 작성해 소개하는 시스템이다. 또 도시에 사는 사람에 대해서는 45세 무렵을 이주·이직의 적정 연령으로 제시하고 제2의 커리어를 시도할 만한 기회를 지속적으로 제공하는 방법도 고려해볼 수 있다. 구체적으로는 지방 기업의 이직 세미나와 자치단체의 이주 유치회의를 개최하거나 지방 유학의 기회를 제공한다. 아울러 수도권의 중노년 세대는 대부분 집을 보유하고 있어 이주에 걸림돌이 되는 경우가 많으므로 주택의 매각을 지원하는 시스템도 검토해야 한다. 또한 일정 연령 이상의 공무원에게는 지방 기업이나 기관으로 전근 혹은 이직해 지방에서 활약할 기회를 주는 정책부터 시작하는 것도 한 가지 방법이다.

지역 금융의 재구축

지역 경제를 지탱하는 지역 금융에 대해서도 재구축이 필요하다.

아베노믹스*를 통한 대대적인 금융 완화를 배경으로 은행 대출이 증가 추세에 있기는 하지만 예금 증가 속도가 대출을 웃돌고 있어 은행 예대율(예금에 대한 대출의 비율)의 저하에 제동을 걸지는 못하는 실정이다. 특히 지방은 이런 경향이 더욱 심각해서, 지방 은행과 신용 금고의 예대율은 2002년 59퍼센트였던 것이 2012년에는 48퍼센트까지 낮아졌다. 예대율이 저하된 만큼의 돈은 국채 구입 등에 사용되었으며, 지역 경제의 자금 순환이 원활하지 않은 실정이다.

지역 금융의 자금 운용처가 국채 구입에 편중되는 동시에 보증 비율이 높은 '공적 신용 보증'이 붙은 대출에 대한 의존도도 높아지고 있다. 요컨대 자금의 흐름이 안전 자산에 과도하게 집중된 결과, 여신(與信)에 대해 리스크와 리턴을 판별하는 지역 금융 기관의 '감별 기능'이 약화되고 있다는 구조적인 문제가 발생하는 것이다.

지역 금융이 지역 경제에서 맡고 있는 역할은 크게 두 가지로 정리할 수 있다. 첫째는 지역 경제 성장을 담당하는 '글로벌 니치 톱 그룹(좁은 분야에서 세계적인 점유율을 획득하고 있는 기업)'이나 벤처 기업에 대한 자금 제공이다. 이것을 실현하기 위해서는 지역 금융 기관이 감별 능력을 갖춰야 한다. 중앙의 금융 기관에서 이곳으로 기술 인재를 보내는 시스템이 필요할 것이다. 둘째는 급격한 인구 감소에 직면해 특히 의료와 개호 등의 분야에서 사업체를 재편하는 '지역 경제권'의 역군들에 대한 적극적인 재정 지원이다. 지역 금융 기관은 인구 감소가 진

---

* 제2차 아베 정권이 디플레이션 경제에서 벗어나기 위해 실시하고 있는 금융 완화 등의 경제 정책. - 옮긴이

행되는 상황에서 지역 경제 전체의 경영을 책임지는 주요 일꾼임을 자각하고 그 역할을 재구축할 필요가 있다.

우리가 그다지 주목하지 못하는 사실 중 하나는, 앞으로 고령자의 자산이 상속을 통해 지역에서 대도시에 거주하는 자녀들에게로 유출되는 경향이 더욱 강해질 것이라는 점이다. 지역 펀드의 창설 등 지역의 금융 기능을 유지하기 위한 노력이 필요한 대목이다.

농림수산업의 재생

지방에서는 농림수산업이 지역 산업의 기둥 중 하나이므로 재건을 꾀할 필요가 있다. 농업 종사자의 수는 장기간에 걸쳐 계속 감소하고 있으며 고령화도 꾸준히 진행되어왔다. 그러나 최근 신규로 농업을 선택하는 사람들을 지원하는 정책 시행으로 젊은이가 농업에 종사하는 사례가 조금씩 증가하는 상황은 주목할 만하다. 프랑스에서는 '청년 취농 보조금'이라는 제도를 통해 젊은 농업인 증가에 성과를 올리고 있다. 따라서 일본에서도 도시에 사는 젊은이가 농림수산업 분야에 취업할 수 있도록 지원해나가는 것이 중요하다. 특히 신규 취농자는 초기에 농업 소득이 낮아 생활을 유지하기가 어려우므로 취농 직후의 지원이 매우 중요하다. 또 도시에서 생계가 곤란한 상황에 빠진 젊은이가 농림산어촌의 농업 법인에서 일한다면 농림수산업의 일꾼을 확보하는 차원뿐만 아니라 젊은이의 자립 지원이라는 측면에서도 의미가 크다. 그런 젊은이에게 취농을 지원하는 동시에 지역 사회와 교류할 수 있는 장을 마련해주는 것도 중요하다.

농산품의 부가가치를 높이기 위해서는 '제6차 산업화(농산품의 가공·

판매까지 일괄적으로 실시하는 것. 제1차 산업, 제2차 산업, 제3차 산업의 1, 2, 3을 더하면 6이 되기 때문에 제6차 산업이라고 부른다)'와 '농상공 연계', '농관(광) 연계', '의복(지)식농 연계' 등 타 분야와 연계를 추진해나가는 것이 중요하다. 이를 위해 '제6차 산업 펀드'를 본격적으로 전개하고, 그밖에 이런 사업을 시작하고 운영할 수 있는 기술 인재의 양성과 확보에도 힘써야 한다.

외국에서 일식에 대한 관심이 높기에 농림수산업은 수출이 기대되는 분야다. 이를 위해서 쿨재팬 기구*를 통해 지역 특산물의 해외 판매와 브랜드 전략의 추진을 꾀하는 동시에 농림수산물의 수출 절차 간소화에도 나서야 한다.

또 세계의 삼림이 감소하는 가운데 일본에서는 제2차 세계대전 후 꾸준히 심어온 삼림 자원이 사용 가능한 시기가 되었다. 삼림 자원을 사용하는 것은 삼림의 관리로도 이어지므로 국토 보전의 의미에서도 큰 효과가 있다. 그러므로 주택이나 공공 건축물에 대한 지역 목재의 이용을 추진하고, 중·고층 빌딩의 건축에도 사용할 수 있는 목재인 일본재 CLT(Cross Laminated Timber: 직교 적층 목재)의 이용을 확대하며, 목재 수출을 촉진하기 위해 노력해야 한다. 또한 목질 바이오매스의 에너지 이용을 추진하는 등 나무의 다양한 부위를 빠짐없이 활용함으로써 지역 자원에 입각한, 산촌 지역에 고용을 낳는 정책을 추진해나갈 필요가 있다.

---

* 주식회사 해외 수요 개척 지원 기구. 일본의 특색을 살린 매력적인 상품·서비스의 해외 진출을 추진, 지원하기 위해 2013년에 설립된 민관 펀드. – 옮긴이

도쿄권은 올림픽을 기점으로 국제 도시로

지금까지 지방이 지향해야 할 바람직한 모습을 제안했는데, 마지막으로 대도시인 도쿄에 관해 언급하겠다. 도쿄권은 지금까지 국내의 인재와 자원을 지속적으로 흡수하며 일본의 성장 엔진이 되어왔다. 그러나 제1장에서 설명했듯이 도쿄권은 장래에 초고령 사회가 될 우려가 높으며, 무엇보다 출산율 저하로 일본의 재생산 구조를 파괴하는 원흉이 되어버렸다. 더 이상 지방의 젊은이들을 빨아들이기만 하는 '블랙홀'이 되어서는 안 된다. 이미 이야기했듯이, 이대로 내버려두면 상당수의 젊은이가 도쿄권으로 계속 유입될 것이다. 그러나 수도권 직하형 지진의 가능성이 높다고 지적되는 현재, '재해 리스크'의 측면에서도 도쿄 집중에 제동을 걸 필요가 있다.

도쿄권은 세계 유수의 국제도시로서 지방 중핵 도시와 보완적인 관계를 구축해나가는 방향으로 나아가야 한다. 자세한 내용은 저출산 대책에 관해 논하는 제4장에서 이야기하겠지만, 일본은 노동력을 보완하는 관점에서 외국인 유치를 추진할 필요가 있다. 다만 단순 노동력이 아니라 고도의 기술을 가진 인재에 주안점을 둬야 한다. 도쿄권은 유능한 외국의 인재와 자원을 대담하게 유치해 세계적 다양성을 적극적으로 받아들여야 한다.

지방과 도쿄권의 관계를 생각할 때 2020년의 도쿄 올림픽과 패럴림픽(장애인 올림픽) 개최는 커다란 의미를 지닌다. 분명히 올림픽은 도쿄권 집중을 더욱 강화하는 방향으로 작용할 가능성이 높다. 그러나 올림픽 개최를 기화로 지방을 포함한 국토 전체의 재구축을 염두에 둔 정책을 전개할 수 있다면 오히려 '도쿄 일극 집중'에 제동을 걸 기회가 될 수도 있다.

좀 더 자세한 내용은 앞으로 더욱 연구가 진행되어야 하겠지만, 여기에서 한 가지 아이디어를 제안하고 싶다. 도쿄 올림픽을 고령화 문제에 직면한 유럽이나 아시아 국가들에 고령화뿐만 아니라 인구 감소 문제에도 적극 나서고 있는 일본의 선진적인 노력을 보여줄 귀중한 기회로 활용하자는 아이디어다.

지금부터 시작한다면 2020년까지는 의료 복지 시설, 버스 터미널 같은 교통 시설, 공적 부동산(Public Real Estate: PRE), 다양한 주거 수요에 맞춘 주택 등을 종합적으로 재구축해 자동차 없이도 고령자가 기본적인 생활을 영위할 수 있고 육아에도 유리한 친환경적이며 미래 지향적인 도시 모델을 제시할 수 있을 것이다. 이런 노력을 각 지역에서 무엇보다 먼저 착수해 성공 사례를 만들어낼 수 있다면 도쿄 올림픽 개최 후인 2020년대에는 전국에서 인구 감소에 맞춘 도시 모델의 도입을 진행할 수도 있을 것이다.

2020년대는 지방의 공공시설 외에 병원이나 버스 등의 지역 자원이 교체 시기를 맞이하는 지역도 많으므로 지방에 새로운 집적 구조의 구축을 꾀하기에도 좋은 기회라고 할 수 있다. 또한 이것은 도쿄 올림픽 후의 경기 하락에 대한 대책이나 건설 투자의 평준화에도 기여할 것이다.

— 일본 창성회의 인구 감소 문제 검토 분과회

제4장

희망 출산율을 실현하자

결혼해서 자녀를 갖고 싶어하는 수많은 젊은이들이 사회 경제적인 이유로 그 바람을 이루지 못한 결과 만혼화나 미혼화가 진행되고 있다. 결혼한 부부라고 해서 자신들의 바람을 이루고 있는 것도 아니다. 일본의 부부가 희망하는 자녀수는 평균 2.42명이지만 현재의 수치는 1.78에 머무르고 있다. 둘째 아이의 출산에 영향을 끼치는 요인으로는 경제적 요인 외에 육아와 취업의 양립이 어려운 점이나 남편의 육아 참여가 부족한 점 같은 육아 지원 서비스 부족과 근무 방식에 관련된 문제가 있다. 또 셋째 이후의 출산율은 육아와 교육에 동반되는 비용에 크게 좌우되고 있다.

희망 출산율은 1.8

이 장에서는 저출산을 멈추기 위한 전략에 관해 논하고자 한다. 이는 도쿄권의 인구 유입을 멈추는 것과 동시에 이루어져야 할 과제다.

먼저, 저출산을 멈추기 위한 기본 목표로 '국민이 희망하는 출산율(희망 출산율) 실현'을 내걸고 싶다. 이 목표를 이루기 위해 자녀를 낳고 싶은 사람의 희망을 저해하는 요인을 제거하는 데 힘쓴다. 다만 '희망 출산율'은 어디까지나 정책이 적절한지 아닌지를 판단하는 '평가 지표'로 활용해야 하며 이것을 국민에게 강요하는 일이 없어야 함은 군이 말할 필요도 없을 것이다.

현 시점의 '희망 출산율'은 1.8 정도로 상정할 수 있다. 이것은 2010년 출산 동향 기본 조사 결과 부부가 '이상적으로 생각하는 자녀 수'가 평균 2.42명, '예정 자녀수'는 평균 2.07명이라는 점, 독신 여성의 결혼 희망률이 89.4퍼센트, '(결혼했을 경우의) 희망 자녀수'가 2.12명인 점을 감안해 그림4-1의 방식으로 산출한 값이다. 최근 들어 부부가 '이상적으로 생각하는 자녀수'는 2.4~2.6명 정도, '예정 자녀수'는 2.1~2.2명 정도로 어느 정도 안정된 추이를 보여왔다. 한편 실제 부부의 완결 출생아 수(결혼해서 15~19년이 지난 부부의 평균 출생 자녀수를 가리키며, 실제로 부부가 낳은 자녀수의 평균이라고 할 수 있다)는 2005년 조사까지 2명을 조금 웃도는 수준이었지만, 2010년 조사에서는 1.96명에 그쳤다. 이런 현상을 감안해 여기에서는 '예정 자녀수'를 산출에 사용했다.

현재 일본에서 가장 출생률이 높은 곳인 오키나와의 경우 2013년에 1.94였으며, OECD(국제협력개발기구) 가맹국의 약 절반은 출산율이 1.8이 넘는다. 또 스웨덴은 1999년부터 2010년까지 11년 동안 출산율이 1.50에서 1.98로 약 0.5퍼센트 포인트나 상승했다. 이러한 점을 감안하면 1.8이라는 기본 목표는 어렵기는 하지만 그렇다고 실현 불가능한 수치도 아니다.

또한 대책이 효과를 나타내 출산율이 상승했을 경우, 기본 목표를 재설정해야 한다. 그때의 목표치로는 장래에 인구를 안정적으로 유지할 수 있는 수준인 '인구 치환 수준(출산율 2.1)'을 생각할 수 있다. 출산율 2.1은 부부의 평균 '이상적인 자녀수'가 2.42명임을 고려하면 장기적으로 목표로 삼을 만한 수준이다.

그림4-1 희망 출산율의 산출식

희망 출산율 = [(기혼자 비율×부부의 예정 자녀수)+(미혼자 비율×미혼자 결혼 희망 비율×미혼자의 희망 자녀수)]×이별 등 효과

1.8 ≒ [(34%×2.07명)+(66%×89%×2.12명)]×0.938]

출산율 향상으로 나라 전체가 젊어진다

표4-1은 다양한 출산율을 전제로 한 인구의 초장기(超長期) 추계 결과다. 만약 2025년에 출산율 1.8이 실현되고 나아가 2035년에 출산율 2.1이 되었을 경우(사례B), 일본의 총인구는 약 9,500만 명의 수준에서 안정된다. 한편 출산율 1.8의 실현이 5년 늦어지고 출산율 2.1을 실현하기까지 그로부터 20년이 걸릴 경우(사례E)는 안정 인구가 약 9,000만 명이 되어 사례B보다 500만 명 정도 감소하게 된다. 목표 달성 시기가 미래의 안정 인구의 규모에 커다란 영향을 끼침을 알 수 있다(그림4-2). 참고로, 최근의 동향이 이대로 계속된다고 가정한 사례(중위 가정)에서는 2090년의 인구가 5,720만 명이 되며, 게다가 그 후에도 계속 감소하게 된다.

표4-1 인구의 초장기 추계 결과

	전제(출산율)	2090년의 인구	2010~2090년	고령화 비율
사례A	2025년 1.8	8,101만 명(안정되지 않음)	▲4,705만 명	31.5%(2095년)
사례B	2025년 1.8 → 2035년 2.1	9,466만 명(안정)	▲3,340만 명	26.7%(2095년)
사례C	2025년 1.8 → 2040년 2.1	9,371만 명(안정)	▲3,435만 명	26.7%(2100년)
사례D	2025년 1.8 → 2050년 2.1	9,200만 명(안정)	▲3,606만 명	26.7%(2105년)
사례E	2030년 1.8 → 2050년 2.1	8,945만 명(안정)	▲3,861만 명	26.7%(2110년)
중위 가정	합계 특수 출산율 = 1.35	5,720만 명(안정되지 않음)	▲7,086만 명	41.2%(2100년)

출산율의 향상은 인구의 안정화 외에 고령화 비율의 저하를 가져온다. 기존의 중위 설정으로는 고령자 비율이 2090년에 41.2퍼센트까지 상승하지만, 출산율 2.1이 달성되면 2090년에는 나라 전체가 다

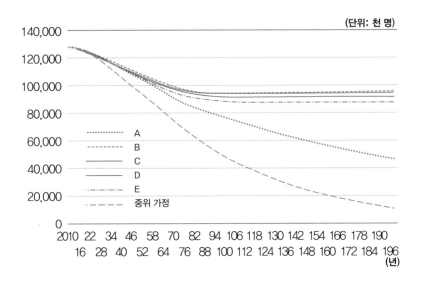

그림4-2 초장기 인구 추계

(단위: 천 명)

A
B
C
D
E
중위 가정

시 젊어지는 시기를 맞이하고 고령화 비율도 26.7퍼센트까지 떨어진다(그림4-3).

그 열쇠를 쥐고 있는 것은 '20대 여성의 결혼·출산 동향'이다. 희망 출산율인 1.8은 20대 후반의 출산율(여기에서는 연령 계층별 조출생률*)이 네덜란드나 덴마크 수준이 되면 가능해진다. 일본은 유배우율(배우자가 있는 비율, 즉 결혼한 비율)과 출산율의 상관관계가 높으므로(즉, 결혼을 하지 않고 아이만 가지는 사람이 적으므로) 20대 후반 여성의 유배우율(현재약 40퍼센트)이 60퍼센트 정도로 상승하고 30대 이후의 유배우율에도 그런 경향이 반영된다면 실현 가능할 것으로 생각된다.

---

* 粗出生率: 인구 1,000명당 연간 출생아 수. – 옮긴이

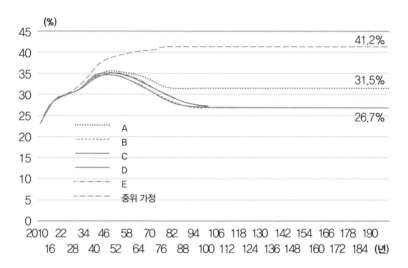

그림4-3 고령화 비율의 추이

출산율 2.1은 20대 전반 이후의 출산율(앞과 동일)이 미국이나 프랑스 수준이 되면 가능하다. 일본의 20대 전반 여성의 유배우율(현재 8퍼센트)이 25퍼센트 정도, 20대 후반이 60퍼센트까지 상승하고 이후의 유배우율에도 반영된다면 실현할 수 있다.

청년층을 위한 결혼 육아 연수입 500만 엔 모델

왜 일본에서는 20~30대 전반의 출산율이 낮은 것일까? 많은 남녀가 결혼해서 자녀를 갖고 싶어하지만 사회 경제적인 이유에서 그 바람을 이루지 못한 결과 만혼화(晚婚化)나 미혼화가 진행되고 있기 때문이다. 또한 결혼한 부부라고 해서 자신들의 바람을 이루고 있는 것도 아니다. 부부의 이상 자녀수는 평균 2.42명이지만 현재의 수치는 1.78에 머무르고 있다. 둘째 아이의 출산에 영향을 끼치는 요인으로는 경제적 요인 외에 육아와 취업의 양립이 어려운 점이나 남편의 육아 참여가 부족한 점 같은 육아 지원 서비스 부족과 근무 방식과 관련된 문제가 있다. 또 셋째 이후의 출산율은 육아와 교육에 들어가는 비용에 크게 좌우되고 있다. 프랑스의 출산율이 높은 이유로 육아휴직이나 노동 시간 단축 같은 유연한 근무 방식이 가능하다는 점과 다양한 보육 서비스의 보급을 들 수 있다. 일본도 프랑스의 정책을 배워야 할 것이다.

희망 출산율을 실현하기 위해서는 먼저 젊은 세대가 자신들의 바람대로 결혼해서 아이를 낳고 키울 수 있는 경제적 기반을 갖출 필요가 있다. 20대에 독신이라면 300만 엔 이상, 30대 후반이라면 부부가 합쳐서 500만 엔 이상의 연수입이 '안정적'으로 확보될 것을 목표로 삼는 '청년층을 위한 결혼 육아 연수입 500만 엔 모델'을 만들고 목표 연차(예를 들어 2025년)까지 실현되도록 노력해야 한다. 이를 위해서는 비정규직 같은 결혼하기 어려운 환경에 놓여 있는 젊은 세대의 고용 안정성을 목표로 한 시책을 추진해야 한다.

현재 젊은층일수록 비정규직의 비율이 높아지고 있다. 20~30대 비정규직 남성의 미혼율은 같은 세대의 정규직 남성에 비해 두 배 이상 높다. 노·사·정의 논의를 통해 비정규직의 커리어 향상과 처우 개선에 힘써야 한다. 예를 들어 일부에서 도입이 추진되고 있는 '한정 정사원*'을 비롯해 다양한 형태의 정규직 고용의 실현과 보급을 촉진해야 한다. 또 대졸 신입사원 일괄 채용을 재검토하고 커리어 상승으로 이어지는 외부 노동시장도 정비해야 한다.

이 책에서 사회보장 제도에 관해 자세히 다루지는 않지만, 젊은이가 결혼할 수 있을 만큼의 경제적 기반을 제공하려면 파트타이머 같은 단기 노동자를 대상으로 건강 보험·후생 연금을 비롯한 사회보험의 적용을 확대하는 것 또한 중요하다.

결혼·임신·출산 지원

결혼해서 아이를 낳고 양육하는 과정에 존재하는 장애물과 그 대책을 순서대로 살펴보자. 최근의 인구 동향을 살펴보면, 젊은 여성이 도시로 모여든 결과 도시에는 여성이 남성보다 많은 반면 지방에는 남성이 많아져 각각 남녀 비율의 균형이 깨져버렸다. 기업의 경우도 직종이나 직장에 따라 남녀의 성비가 한쪽으로 치우친 곳이 많다. 이런 상황을 고려하면 남녀에게 '만남과 결혼'의 기회를 제공하는 것은 매우 의미 있는 일이라고 할 수 있다. 이미 지방 자치단체에서는 자체적으로 젊은 남녀들에게 만남의 기회를 제공하려 애쓰고 있으며 일정한 실효를 거뒀다. 지방 자치단체를 비롯한 공공 기관은 이런 노력을 한층 적극적으로 전개해야 한다.

한편 일본에서는 결혼 연령의 상승에 따라 출산 연령의 상승도 급

---

*　무기 계약직이면서 계약을 통해 업무 내용이나 시간, 근무지 등을 한정하는 고용 방식. ─옮긴이

속히 진행되고 있다. 물론 몇 살에 아이를 가질 것이냐의 판단은 개인의 자유에 속하지만, 출산 연령이 높아지는 경향은 의학적으로 우려할 만한 상황인 것이 사실이다. 젊은 남녀를 비롯해 대상자의 연령에 맞춰 임신과 출산에 관한 정보를 제공하고 그에 관한 지식을 계몽·보급하며 학교 교육을 충실히 하는 것은 매우 중요한 과제다.

일본의 남녀는 세계적으로 봤을 때 임신과 출산에 관한 지식 수준이 낮은 편이다. 남성이든 여성이든 나이가 들수록 아이를 만드는 신체적 능력이 약해지며 임신 중이나 분만 시의 리스크와 출생 시의 리스크가 증가한다는 사실을 일찍부터 정확히 인식해야 한다. 이것은 결혼, 임신, 출산, 육아 등 자신의 인생 계획을 짤 때 매우 중요한 지식이다. 또 출산 직후(산후 3~4개월)는 산모에게 물심양면의 지원이 반드시 필요한 시기인데, 일본은 이런 지원이 부족해 산모가 육아에 불안감을 느끼거나 고립되는 상황도 나타나고 있다. 근처에 친족 등 육아를 지원해줄 사람이 없더라도 안심하고 자녀를 키울 수 있는 '산후 케어' 시스템을 정비할 필요가 있다.

핀란드에는 임신에서 출산, 육아까지 지속적인 상담은 물론이고 필요한 지원을 해주는 '네오볼라(Neuvola, 무료 산부인과 클리닉)'라는 시설이 지역 곳곳에 설치되어 있다. 한편 일본은 행정 창구나 지원 체계가 유기적이지 못하고 제각각이며 각 서비스 사이의 정보 연계도 충분치 않다. 산모가 임신 초기부터 가까운 시설을 찾아가 상담을 받을 수 있으며 안심하고 아이를 낳아 키울 수 있는(직업에 대한 지원도 검토 대상이 된다) 빈틈없는 원스톱 상담 지원 시설을 정비해야 한다.

또한 임신을 원하는 사람을 지원하는 차원에서 불임 치료를 비롯한 생식보조의료도 지원해야 한다. 이 경우는 안전성과 효과를 감안하면서 의료기술의 발전에 맞춰 규칙을 구축해나갈 것이 요구된다.

육아 지원

산모가 무사히 출산을 마친 뒤에도 과제는 산적해 있다. 바로 육아 문제다. 도시를 중심으로 여전히 '대기 아동*'의 문제가 있으며, 이것을 최대한 빠른 시일 안에 해결해야 한다. 지방 자치단체는 주식회사를 포함한 다양한 사업자의 참가를 추진하는 동시에 보육교사의 확충에도 신경을 써야 한다.

자신이 사는 지역과 가까운 곳에서 보육시설을 이용할 수 있도록 '육아 시설'을 정비해야 한다. 예를 들어 도쿄 도 신주쿠 구에 이미 실시하고 있듯이 일정 규모 이상의 아파트에 보육시설의 병설을 의무화하거나 방과후 아동 대책으로 초등학교의 빈 교실을 활용하는 등의 정책을 진행하면 좋을 것이다.

특히 '0세아 교육'에 관해서는 종합적인 관점에서 재검토를 실시해야 할 시기가 아닐까 싶다. 현재는 대도시의 경우 1세 이후에 보육시설 입소가 어려울까 봐 어쩔 수 없이 0세부터 보육시설 입소를 신청하는 사례를 볼 수 있다. 스웨덴 등과 같이 육아휴직을 철저히 하면서 0세아일 때는 가정에서 키우고 1세아 이후에는 보육원에 맡길 수 있

---

* 보육시설이 모자라 입소하지 못하고 대기하는 아동을 가리키는 말. - 옮긴이

는 시스템을 지향하는 것도 한 가지 방안이라고 할 수 있다. 이 방침은 대기 아동 문제를 해결하는 데도 기여할 것으로 기대된다. 이 경우 어디까지나 육아휴직의 확산과 부족한 보육 서비스의 정비가 선행되어야 함은 말할 필요도 없다. 또 경제적인 이유에서 0세아 보육을 선택할 수밖에 없는 경우도 있음을 충분히 인식해야 한다.

셋째아 이상을 가지느냐 가지지 않느냐는 육아와 교육에 들어가는 비용에 크게 좌우된다. 그러므로 보육이나 유아 교육 서비스를 원칙적으로 둘째아는 반액 부담, 셋째아 이후는 무상으로 하는 식의 경제적 지원책을 마련하는 것이 중요하다. 또 자녀가 많은 세대에게 혜택이 돌아가도록 세금과 사회보험의 제도적 조치도 검토해야 한다.

대도시권은 세 자녀 이상의 다자녀 세대를 위한 주택 수가 적고 주거 환경도 다자녀 출산을 선택하기 어려운 상황이다. 공공 주택이나 도시재생기구* 주택에 다자녀 세대를 위한 주택을 확보하는 등 다자녀 세대의 주거 지원을 검토해야 한다.

한부모 가정에 대한 지원도 긴급한 과제다. 한부모가 되었어도 육아를 계속할 수 있도록, 또 원한다면 다시 결혼해서 아이를 가지는 데 도전할 수 있도록 지원을 강화할 필요가 있다. 지역에서 한부모 가정의 요구에 부응해 상담에서부터 각종 지원(취직, 생활, 육아, 교육, 경제적 지원 등)까지 포괄적으로 제공할 수 있는 체제를 구축하는 것이 중요하다. 또 모자(母子) 가정을 대상으로 실시되고 있는 다양한 지원을 필요

---

* UR(Urban Renaissance): 대도시와 지방 중심 도시의 시가지 정비와 임대 주택 공급 지원 등을 주된 목적으로 하는 국토교통부 소관의 독립 행정 법인. ─옮긴이

에 따라 부자(父子) 가정으로까지 확대해야 할 것이다.

마지막으로 불임 치료를 받아도 아이를 가지지 못할 경우 '양자 입양'은 좋은 선택이 될 수 있다. '아이의 행복과 최선의 이익'을 고려할 때 이는 양육을 지원하는 방법 중 하나다. 일본의 경우 민간 양자 입양 기관과 관련된 규정이 제대로 정비되어 있지 않다. 하루 빨리 규정을 정비할 필요가 있다.

육아휴직 활성화와 경력 단절 극복 지원

지금까지 이야기한 지원 방안은 매우 중요하지만, 이와 동시에 빼놓을 수 없는 것이 기업의 근무 방식 개혁이다. 여성의 육아휴직 이용률은 상승하고 있지만 여전히 해결해야 할 과제가 산적해 있다. 애초에 첫째를 출산했을 때의 여성 퇴직률이 약 60퍼센트에 이르는 상황이다. 일을 계속하는 여성의 경우도 '20대의 육아휴직'은 어렵다고 알려져 있어서 20대에 결혼하더라도 바로 출산하지 않고 30대가 되어야 비로소 출산하는 경우가 많다. 그 배경에는 '일정 기간 이상 일하지 않으면 육아휴직을 신청하기가 부담스럽다'는 직장 분위기 문제와 육아휴직 제도의 휴직 급여 수준이 낮은 탓에 모아놓은 돈이 적은 20대에는 섣불리 아이를 가지기가 어렵다는 문제가 자리하고 있다.

또한 남성의 육아휴직 이용률도 여전히 낮은 수준이다. 이미 일부 기업에서 시도되고 있긴 하지만, 원칙적으로 모든 남성이 육아휴직을 이용할 수 있도록 조치할 필요가 있다. '엄마 아빠 육아휴직 플러스'(부모가 모두 육아휴직을 할 경우 육아휴직의 대상이 되는 자녀의 연령을 1세 미만에서 1세 2개월 미만으로 연장시켜주는 제도)의 확충 등 제도적인 측면뿐만 아니라 기업과 남성을 대상으로 한 홍보도 강화해야 한다.

육아휴직 시기를 앞당기고 남성의 육아휴직 사용을 촉진하기 위해서는 현재 급여의 50퍼센트인 육아휴직 급여를 인상하는 방법이 효과적이다. 이미 일정 기간(육아휴직 후 6개월)에 한해 67퍼센트까지 인상하는 법 개정이 실시되었지만, 앞으로는 전체 기간의 급여 수준을 67퍼센트로 인상하고 나아가서는 80퍼센트 정도까지 끌어올려서 임금 수준이 낮은 20대도 육아휴직을 신청하기 쉬운 환경을 만들어야 한다.

또 육아휴직이 끝난 뒤에 원만하게 직장에 복귀하거나 재취업을 할 수 있도록 경력 공백을 해소하기 위한 능력 개발 지원책을 실시해야 한다. 그 방안으로 재택 교육이나 탁아 서비스를 제공하는 훈련을 충실히 갖출 필요가 있다. 육아휴직 제도는 출산·육아 후에 같은 기업으로 복귀하는 것이 조건인데, 동일 기업으로 복귀하는 경우뿐만 아니라 일단 퇴직해서 출산·육아를 마친 뒤에 다른 기업으로 취직하는 경우에도 경제적으로 지원해주는 방안을 검토해야 한다. 그리고 출산·육아를 위한 퇴직으로 공백이 생긴 여성을 고용하는 데 리스크를 느끼는 중소기업을 대상으로 정부가 일정 기간 동안 일을 시켜보고 판단할 수 있도록 인턴십 제도를 제공하는 방법도 생각해볼 수 있다.

또한 부부가 함께 육아에 참여할 수 있는 환경을 만든다는 관점에서 기업은 직원을 전근시킬 때 육아를 고려사항에 넣는 태도를 갖출 필요가 있다.

장시간 노동 문화를 바꾸는 것이 급선무

남녀 사이에 차이가 있는 문제는 육아휴직만이 아니다. 서양에 비해 일본에서는 육아나 집안일에 대한 남편의 참여율이 매우 저조한 편이다. 남편이 육아에 참여하는 시간이 적은 부부는 둘째를 낳는 비율이 낮다는 조사 결과도 있다. 육아는 남녀가 책임을 공유하고 함께 참여해야 한다. 특히 남성이 강한 책임감을 갖고 육아와 집안일에 주체적으로 참여할 것이 요구된다.

이를 위해서는 일본의 장시간 노동 문화를 개선하는 것이 중요한 과제로 떠오른다. 외국에 비해 일본은 '노동 시간의 상한선'이나 '할증 임금', '근무 시간 인터벌 규제' 등의 수준이 낮은 것이 현실이다. 일부 대기업은 이미 야근 금지와 아침 근무 제도를 시행하고 있는데, 먼저 사원의 노동 시간 단축을 촉구하는 취지에서 현재 심야로 한정되어 있는 '시간 외 할증률 50퍼센트'를 모든 시간대로 확대하는 방안을 검토해야 한다.

여성의 근무 방식에도 다양화가 요구된다. 많이 일하고 많이 받는 방식뿐만 아니라 수입은 많지 않지만 근무 시간이 안정적이고 전근도 없는 방식을 선택할 수 있게 하는 등 근무 방식의 다양화를 추진하는 것이다. 이런 근무 여건이 조성되면 자신의 인생 계획을 바탕으로 결혼과 육아를 선택할 수 있게 된다. 물론 이것은 남성에게도 해당되는 이야기다.

한편 기업의 임원을 지향하는 종합직* 여성의 경우는 육아휴직이나 근무 시간 단축 같은 '일을 줄여주는 정책'보다 '시간 제약에 따른 불리함을 해소해주는 정책'이 출산·육아에 따른 기회비용의 손실을 줄여서 출산율을 향상시킬 수 있다. 이를 위해서는 시간 외 근무에 대한 임금 할증이라는 '시간 기반'의 노동 관리에서 '성과 기반'의 노동 관리로 전환하는 동시에 IT 활용을 통해 재택근무 등 시간과 장소를 자유롭게 선택할 수 있는 유연한 근무 방식을 추진할 필요가 있다.

기업의 자세 변화를 촉진하는 정책

이상과 같이 기업은 젊은이의 결혼, 출산, 육아에 커다란 영향을 끼치고 있다. 따라서 기업, 특히 기업 총수가 어떤 자세로 임하느냐가 중요한 열쇠가 된다. 이렇게 볼 때 이 사안에 대해 선진적으로 시도하고 있는 기업을 적극적으로 소개하고 그 시도를 폭넓게 전개해나가는 '선두 주자 방식'이 효과적일 것이라고 생각한다.

남녀 직원의 육아 휴직을 장려하고 근무시간 조정, 재택근무 등 육아 지원책을 실시하는 기업을 인증하는 '구루민', '플래티넘 구루민' 제도나 여성 고용 실적이 우수한 상장 기업을 선정해 발표하는 '나데시코 종목' 제도 등이 이미 실시되고 있지만, 이런 정책을 더욱 충실히 보강해야 한다. 예를 들어 '기업별 출산율'이나 육아휴직 취득 상황 등을 공표함으로써 실적을 올리고 있는 기업의 사회적 평가를 높이는

---

* 総合職: 기업에서 기획이나 종합적인 관리 업무를 수행하여 향후 관리자나 임원으로 승진하는 길이 열린 직종. ─옮긴이

방안을 생각해볼 수 있다. '기업별 출산율'의 공표는 이미 일부 기업과 현에서 실시하고 있어 주목된다. 또 기업이 '육아 지원'뿐만 아니라 '결혼·출산 지원'까지 염두에 두도록 촉구하는 방안도 생각해볼 수 있다.

그 밖에도 자녀를 많이 둔 직원이 있는 기업을 대상으로 의료보험의 후기 고령자(75세 이상) 지원금이나 개호 보험의 2호 피보험자 보험료 부담분을 경감하는 등 사회 보험료 부담을 줄여주는 조치를 검토하는 것도 한 가지 방법일 것이다.

일과 사생활의 균형

중소기업이나 비정규직 종업원은 업무와 육아 등 가정생활의 양립을 꾀하는 '일과 사생활의 균형'을 실현하는 데 어려움을 겪고 있다. 육아휴직(1년 또는 1년 반)이나 근무시간 단축(3년)의 이용을 촉진하기 위해서는 제도를 철저히 주지시킬 필요가 있다. 하지만 중소기업이나 소규모 기업의 경우 사원의 육아휴직이나 근무시간 단축에 따른 부담을 느낄 수도 있으므로 이런 부담을 줄일 수 있도록 중소기업에 보조금을 지원하는 정책도 고려해볼 만하다. 종업원이 일과 사생활의 균형을 찾을 수 있도록 지원하는 데 들어가는 비용에 대해서는 고용보험 재원으로 충당하는 방안을 생각해볼 수 있다.

그리고 '일과 사생활의 균형'이라는 개념을 더욱 발전시킨 '일과 사생활 매니지먼트'라는 개념을 중시해야 한다. 이 개념은 일과 사생활을 '제로섬'의 관계로 파악하고 어느 한쪽을 희생하는 식의 수동적인 발상이 아니라, 일과 사생활의 상승효과를 통해 몸과 마음 모두가 풍요로운 인생을 보내자는 생각이다. 이미 일부 기업에서는 이런 개념을 추진하고 있는데, 직원 한 사람 한 사람이 자신의 일과 사생활 양쪽의 질을 높이기 위해 주체적으로 노력하는 움직임으로서 중요한 의미를 갖는다.

노동 인구 감소의 대안은 여성 인재 활용

'여성의 힘'을 얼마나 최대한으로 활용할 수 있느냐는 일본 경제에 중대한 의미를 지닌다. 이미 1995년을 기점으로 생산 연령 인구가 감소하기 시작한 가운데 여성은 '최대의 잠재력'이기 때문이다.

2013년 6월에 아베 정권이 책정한 '일본 재흥 전략'에서는 저출산·고령화로 노동 인구가 감소하는 가운데 새로운 성장 분야를 지탱할 인재를 확보하기 위해서도 여성이 능력을 발휘하고 활약하는 사회를 만들어나가야 한다는 기본 방침을 명확히 했다. 이 방침은 2014년 6월에 책정된 개정판 일본 재흥 전략에서도 변함없이 유지되었다. 이 기본 방침에 따라 '일본 재흥 전략'에서 내건 목표인 '2020년까지 25~44세의 여성 취업률을 73퍼센트로 높이기(2013년에는 69.5퍼센트)'에 온힘을 쏟을 것이 요구된다. "쉬운 것부터 시작하라."라는 말처럼 정부는 솔선해서 여성 공무원 채용에 힘을 쏟아야 할 것이다.

이런 목표를 실현하기 위해서는 첫째, 여성의 활약을 촉진하고 일과 육아의 양립을 지원하는 기업에 대한 인센티브 부여, 둘째, 여성의 인생 단계에 맞춘 활동 지원, 셋째, 남녀 모두가 일과 육아를 양립할 수 있는 환경 정비라는 세 개의 기둥을 중심으로 접근할 필요가 있으며, 지금까지 다룬 수많은 정책이 이 목표의 실현에 기여할 것이다.

또 세금 제도에서 배우자 공제를 받을 수 있는 수입의 한도액(이른바 '103만 엔의 벽')이나 사회보험 제도에서 피부양자로 취급되는 수입의 한도액('130만 엔의 벽'), 연금 제도의 제3호 피보험자* 제도는 여성의 취로 선택에 커다란 영향을 끼친다. 이들 제도에 관해서는 일하는 방식을 선택하는 데 중립적으로 작용하는 세금 및 사회보험 제도를 구축한다는 관점에서 재검토해야 한다.

여성 지도자 육성

'일본 재흥 전략'에서는 지도적 지위를 차지하는 여성의 비율을 2020년까지 적어도 30퍼센트 정도로 높인다는 목표를 내걸었다 (2013년에는 7.5퍼센트). 정부는 솔선해서 여성의 등용에 힘써야 한다.

민간 기업도 마찬가지다. 먼저 모든 상장 기업이 임원 가운데 적어도 한 명은 여성을 등용하도록 노력해야 한다. 또한 경제계가 자주적으로 여성 등용에 관한 수치상의 목표를 설정하고 진척 상황(등용 실

---

* 국민연금 가입자 중 후생 연금, 공제 조합에 가입한 제2호 피보험자의 부양을 받는 20세 이상 60세 미만의 배우자를 가리킨다. ─옮긴이

적)을 공표하도록 유도하거나 임원급의 '쿼터제(4분의 1은 반드시 여성을 등용하도록 하는 제도)'를 도입하는 방안도 검토해야 한다.

이미 많은 기업에서 여성의 활약을 추진하는 정책을 실시하고 있지만, 이러한 움직임이 광범위하게 공유되고 있다고는 보기 어렵다. 기업에서 여성의 활약상을 '가시화'하기 위해 임원·관리직의 여성 고용 상황을 유가 증권 보고서에 기재하도록 의무화하면 어떨까? 또 정부는 좋은 사례를 소개하거나 보조금을 주는 식으로 모범 기업을 지원해야 한다.

나아가 진로 선택부터 취직, 결혼·출산·육아, 그 후의 취업, 이직·재취직에 이르는 인생 단계에 맞춰 여성 지원을 추진해야 한다. 이때 여성에게 친근한 '롤모델(커리어 형성의 목표가 되는 사원)'이나 '멘토(여성 사원의 상담에 응해주고 도와주는 사원)'의 존재가 있으면 효과적일 것이다. 정부와 기업, 업계 단체는 롤모델이나 멘토 제도를 보급하고, 교육 훈련 기회를 확충하기 위해 노력해야 한다.

마지막으로, 농업 분야에서 여성의 역할을 지적하고 싶다. 농업 취업 인구의 약 50퍼센트는 여성이며, 사실 매우 중요한 역할을 담당하고 있다. 2013년에 시작된 농림수산성의 '농업 여성 프로젝트'의 경우, 발족 5개월 만에 100명이 넘는 여성 농업인이 참여해 여성 특유의 지혜와 감성을 바탕으로 활동을 펼치고 있으며 기업과 손 잡고 상품 개발에도 도전하고 있다. 여성 농업 경영자가 경영 능력을 높여 농업·농촌의 변혁을 담당하도록 적극적으로 지원할 것이 요구된다. 또 지역 농산물을 활용한 특산 가공품 만들기와 직판장을 통한 판매 등 농업 관련 분야에서 창업하는 여성도 매년 증가하고 있다. 이런 사업을 경영하는 데 고도화와 안정화를 지원하는 것도 중요하다.

한편 여성 농업인이 안고 있는 생활상의 문제로는 30~40대의 경우 농업과 육아·집안일의 양립, 50대의 경우 농업과 개호의 양립이 있다. 따라서 지역은 이에 대해 충실히 지원해줄 것이 요구된다. 앞으로 여성이 농업 경영과 농촌에 변혁을 가져올 차세대 리더로서 활약할 수 있는 환경을 마련해야 한다.

고령자의 정의를 재검토하자

지금까지 저출산 대책을 논하면서 주로 젊은 세대에 초점을 맞춰왔다. 그러나 인구 감소 사회에서는 저출산의 마이너스를 메울 고령자의 새로운 역할이 기대된다. 단카이 세대(제1차 베이비붐 세대)가 그 막내들까지 65세에 도달한 지금, 생산 연령 인구(15~64세)의 감소는 계속될 것이다. 그러나 현재 '고령자 = 보살핌을 받는 사람'으로 여겨지고 있는 65세 이상의 사람들이 '보살피는 사람'이 된다면 양상은 크게 달라진다.

사회보장 제도에서 일률적으로 '65세 이상'을 '고령자'로 분류하고 '보살핌을 받는 사람'의 위치를 차지하고 있는 현 상황을 재검토해야 한다. 의료보험 제도에서는 이런저런 반발도 있었지만 '75세 이상'의 '후기 고령자'를 별도로 취급하는 제도가 정착되었다. 65세 이상이 고령자라는 기준은 이미 바뀌고 있다. 연금 지급 개시 연령도 현재 65세로 높아졌지만 이것을 더욱 높이는 등, 사회보장 제도 전체에서 '고령자'라는 정의에 대해 재검토에 나서야 한다.

의욕과 능력이 있는 고령자가 나이에 상관없이 일할 수 있는 '평생 현역 사회'의 실현을 위해 고령자에게 적합한 다양하고 유연한 업무 방식을 마련할 필요가 있다. 고령자의 계속적인 고용이나 재취업에 대한 지원을 강화하는 한편, 지역의 수요에 맞춰 고령자가 활약할 수 있는 일자리를 창출하고 정년 퇴직자가 농촌으로 이주해 농업에 종사하는 '정년 귀농'을 추진하는 등 종합적인 정책을 추진해나가야 한다.

2025년에는 표준적인 회사원의 은퇴 연령이 65세가 되는데, 은퇴 연령을 더 연장하기 위한 노력도 빼놓을 수 없다. 아울러 고령자의 다양한 수요에 대응하는 차원에서 연금을 일찍 받거나 늦게 받을 수 있는 제도나 재직 노령 연금 제도를 재검토할 필요가 있다.

고령자 지원 대책 재검토

젊은층 지원과 육아 지원에 대해서도 고령자에게 기대하는 역할이 크다. 젊은층을 지원하는 새로운 정책을 실시하는 데 들어가는 비용은 손자·손녀 세대에 대한 조부모의 지원이라는 차원에서 고령자 세대가 다음 세대를 지원하는 방향으로 이루어져야 한다. 지금까지 일본의 세금 제도나 사회보장 제도가 고령자에게 편중되는 경향을 보였던 것이 사실이다. 젊은 세대에 비해 고령자 세대가 많은 금융 자산을 가지고 있다는 점을 감안해 공적 연금 등의 공제를 비롯해 고령자를 우대하는 제도를 재검토할 것이 요구된다. 물론 고령자 개개인의 부담 능력이나 자산에는 큰 격차가 있다. 연령에 따라 일률적으로 대응하는 것이 아니라 능력에 맞게 부담을 지우는 것이 중요하다.

현재 존재하는 사회보장 제도에서 비용을 갹출한다면 저항이 거셀 것은 상상하기 어렵지 않다. 그러나 육아는 결코 한 가정에서 떠맡아야 하는 사안이 아니다. 전 사회가 함께 책임져야 할 부분이다. 100년 뒤의 자손에게 풍요로운 나라를 물려주기 위해서도 현행 제도를 재검토하려는 노력을 기울여야 함은 말할 필요도 없다.

또 오랫동안 논의가 진행되고 있는 '말기 의료'의 바람직한 모습에 대해서도 진지하게 논의해야 할 시기가 왔다고 생각한다. 예를 들어 프랑스에서는 경구 섭취가 곤란해진 고령자에 대한 위관 영양법 같은 치료적 대처가 최근 들어 크게 변하고 있으며, 일본의 학회에서도 같은 주제가 논의되고 있다. 말기 의료에 거액의 세금이 사용되는 것이 과연 바람직한 일인지 다시 한 번 고민해봐야할 시점이다.

해외의 '고도 인재'를 받아들이자

저출산과 인구 감소 문제를 논의할 때 반드시 함께 거론되는 것이 이민자의 수용이다. 그러나 이미 이야기했듯이, 외국에서 대규모 이민자를 받아들이는 것은 인구 감소의 현실적인 대책이 될 수 없다고 생각한다. 먼저 출산율을 개선하지 않는 한 인구 감소의 속도를 늦출 수는 없다. 부족한 출산율을 메우려면 일본을 다민족 국가로 만들 만큼의 대규모 이민이 필요한데, 이것이 국민적인 합의를 얻을 수 있으리라고는 도저히 생각되지 않는다.

다만 설령 앞으로 출산율이 향상되더라도 수십 년 동안은 생산 연령 인구의 감소를 피할 수 없다. 국제화와 생산성 향상을 꾀하기 위해서도 고도의 기술이나 노하우를 가진 '고도 인재'는 적극적으로 받아들여야 한다. 2012년부터 '고도 인재 포인트 제도'가 도입되었는데, 요건이 지나치게 까다롭다는 이유로 성과가 지지부진하다. 대상자를 확대해 고도 인재를 받아들이기 쉽도록 제도를 재검토할 필요가 있다. 아울러 앞으로 심각한 인재 부족이 예상되는 개호 종사자나 건설 노동자 등의 기능 실습 제도도 확충해야 할 것이다. 또한 '고도 인재'가 될 자질을 갖춘, 일본에 관심이 있는 우수한 외국인 유학생을 2020년까지 30만 명(2012년 현재 14만 명)으로 늘린다는 '일본 재흥 전략'의 계획도 착실히 실현해야 한다.

아울러 당연한 말이지만, 해외의 '고도 인재'를 일본 국내의 사정이나 시점으로만 바라보면 판단을 그르칠 수 있다. 그들이 일본에 오는 이유는 일본에서 교육을 받거나 일하는 것이 자신의 능력과 자질을 향상하거나 경제 기반을 다지는 데 유리하기 때문이다. '윈-윈' 관계를 구축할 수 있도록 항상 세계적 관점에서 생각해야 할 것이다.

－일본 창성회의 인구 감소 문제 검토 분과회

제5장

미래 일본의 축소판
홋카이도의 지역 전략

홋카이도의 전체 지역에서 삿포로권으로 인구가 유입되는 한편, 삿포로권에서 도쿄가 위치한 간토권으로 많은 인구가 유출되고 있다. 특히 남녀에 따라 인구 유출입 상황이 크게 다르다는 점에 유의할 필요가 있다. 여성은 20~24세에 홋카이도 각 지역에서 유입되는 인구가 많으며 유출은 그다지 많지 않다. 남성의 경우는 특히 20~24세에 홋카이도 밖으로 전출하는 경우가 많다.

그 결과 삿포로 시는 여성 비율이 유독 높으며 특히 젊은층의 불균형이 현저하다. 삿포로 시의 25~29세 남녀 성비는 최근 0.9 전후까지 떨어졌다. 삿포로 시의 2011년 출산율은 1.09로, 도쿄 도(1.06)에 이어 전국에서 두 번째로 낮다. 그 원인으로는 결혼·출산 환경이 나쁘다는 점을 들 수 있는데, 젊은 여성이 남성보다 10% 정도 많은 성비 불균형도 출산율 저하의 한 원인으로 생각된다. 출산율이 낮은 삿포로 시에 홋카이도 내의 젊은 여성들이 계속 유입된 것이 홋카이도 전체의 인구 감소를 가속화했다.

인구 감소 사회인 일본의 축소판 홋카이도

인구 급감에 제동을 걸고 지역의 지속 가능성을 높이려면 무엇이 필요할까? 인구 급감의 요인은 한 가지가 아니므로 지역에 따라 실행되어야 할 정책이나 대책도 각각 다를 것이다. 이 장에서는 '인구 감소 사회 일본'의 축소판이라고도 할 수 있는 홋카이도를 구체적인 모델로 삼아 인구 감소 대책을 위한 '지역 전략'의 구축 과정을 검토해 보려 한다.

국립 사회보장·인구문제 연구소(사인연)의 장래 추계에 따르면 2010년의 총인구를 100이라고 했을 때 2040년의 전국 총인구는 83.8이 될 것으로 예측된다. 그런데 홋카이도의 경우는 전체가 76.1, 삿포로 대도시권(총무성의 설정 기준에 따른 8시 3정 1촌. 이하 삿포로권)을 제외하면 67.7이 될 것으로 예측되고 있다. 이것은 전국의 도도부현 중에서 가장 감소율이 높은 아키타 현(64.4)과 거의 같은 수준이다.

요컨대 홋카이도는 전국 평균보다도 빠른 속도로 인구가 급감한다는 뜻이다.

또한 홋카이도의 총인구에 대한 삿포로권 인구의 비율은 2010년 현재 34.8퍼센트인데, 2040년에는 40.9퍼센트로 6.1퍼센트 포인트나 상승할 것으로 예측된다. 한편 같은 기간에 전국의 총인구에 대한 도쿄권 인구의 비율은 27.8퍼센트에서 30.1퍼센트로 2.3퍼센트 포인트 상승한다는 예측이 나왔다. 요컨대 삿포로권의 집중도는 도쿄권 이상으로 심해지리라고 예상된다.

홋카이도는 2040년에 '극점 사회'가 도래한다는 점에서도 일본의 축소판이며, 미래 일본 사회의 모델이라고 할 수 있다.

그림5-1 홋카이도 약도

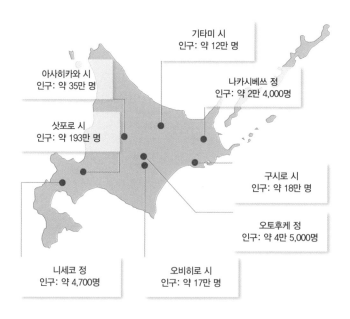

(비고) 2014년 3월말 '주민 기본 대장'을 바탕으로 작성. 이 장에 등장하는 주요 도시를 표기했다.

인구를 '전체적'으로 분석한다

인구 감소 대책을 위한 '지역 전략'은 어떻게 검토되어야 할까? 홋카이도 종합연구조사회에서는 다음의 3단계에 걸친 검토 과정을 진행하기로 했다.

1단계는 지역의 인구를 '전체적'으로 분석하는 것이다. 2단계는 지역의 인구를 '중층적'으로 분석하는 것이다. 이와 같은 인구 분석을 거쳐 3단계는 '지역 전략'을 입안하는 것이다. 지역 전략의 개념은 제3장과 제4장에서 제시한 구상을 참고한다. 지역 전략의 첫 번째 기본 목표는 '지역 인구 비전'의 책정이고, 두 번째 기본 목표는 '새로운 지역 집적 구조' 구상의 책정이다.

먼저, 첫 번째 과정으로 인구의 '전체적'인 분석을 실시한다. 전체적인 분석이란 과거의 인구 동태 추이, 현재 상황, 미래의 모습을 시간 순서에 따라 파악하는 것이다. 홋카이도의 총인구는 현재 약 544만 명(2014년 3월, '주민 기본 대장')이며, 지금까지 몇 차례의 인구 변동기를 경험했다(그림5-2). 제2차 세계대전 이후 인구가 급증했지만, 1970년대의 고도 경제 성장기와 1980년대 후반에서 1990년대 전반의 이른바 버블 경제기에 인구가 감소했다. 그 원인은 각각의 시기에 다른 지역(특히 도쿄권)으로 대규모 인구 유출이 있었기 때문이다. 다만 이런 변동기가 있긴 했어도 인구는 대체로 순조롭게 증가해왔다. 총인구는 1990년대 후반부터 일정 수준을 유지하는 '고원 상태'의 시기를 맞이했고, 1998년에는 가장 많은 약 569만 명에 이르렀다.

지역의 인구 증감은 인구 이동이라는 '사회적 증감'과 출생·사망이라는 '자연적 증감'의 두 가지 요소에 의해 결정된다. 일반적으로 사회적 증감은 시기에 따라 변동을 반복할 가능성이 높은 이른바 '단기적 변동 요소'이며, 자연적 증감은 어느 정도의 기간에 걸쳐 일정한 방향으로 변화하는 '장기적 변동 요소'의 성격을 띤다고 할 수 있다. 지역의 인구 변동을 이해하기 위해서는 먼저 이 두 가지 요소가 인구 증감에 어느 정도 영향을 끼치고 있는지 분석해야 한다.

사회적 증감과 자연적 증감이 홋카이도의 총인구에 어떤 영향을 끼쳐왔는지 되돌아보자. 그림5-2의 전입 수에서 전출 수를 뺀 값이 사회적 증감을 나타내는데, 1996년에만 전입 수가 전출 수를 잠깐 웃돌았을 뿐 1960년 이후 일관되게 전출 초과, 즉 사회적 감소가 계속되고 있다. 특히 과거 세 차례, 구체적으로는 1970년, 1987년, 2008년을 정점으로 한 몇 년 사이의 전출 초과 규모가 컸다. 한편 출생 수와 사망 수를 살펴보면 출생 수는 감소하고 사망 수는 증가한 결과 2003년을 기점으로 출생 수가 사망 수를 밑도는 자연적 감소로 돌아섰다.

인구 전출이 컸던 과거 세 차례의 시기에는 출생 수가 사망 수를 웃돌았지만 그 이상으로 인구 유출이 컸던 탓에 총인구가 감소했다. 게다가 2003년 이후 자연적 감소의 시대로 돌입함에 따라 지금까지 자연적 증가에 감춰져 있던 인구 유출에 따른 사회적 감소가 표면화되는 동시에 인구 감소가 급격히 그리고 지속적으로 진행되고 있는 것이다. 그 결과 앞에서 이야기했듯이 2040년에는 현재의 약 4분의 3 규모로까지 인구가 급감할 것으로 예상되고 있다.

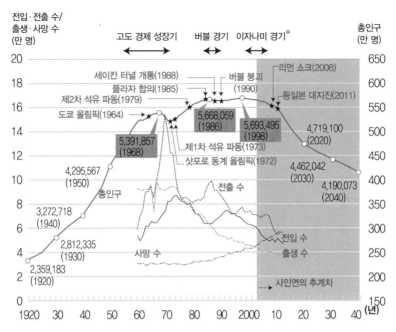

그림5-2 홋카이도의 총인구와 전입·전출 수, 출생·사망 수의 추이

(비고)
1. 국세 조사, 주민 기본 대장, 〈홋카이도 보건 통계 연보〉(홋카이도 보건 복지부)를 바탕으로 작성.
2. 총인구의 경우, 1950년까지는 국세 조사, 1955년부터는 주민 기본 대장의 데이터.
3. 총인구는 각 연도 3월 31일의 수치. 인구 동태는 각 연도 1월 1일~12월 13일의 수치.
4. 출생·사망 수는 〈홋카이도 보건 통계 연보〉(홋카이도 보건 복지부)를 바탕으로 작성.

인구를 '중층적'으로 분석한다

두 번째 과정은 홋카이도의 인구를 '중층적'으로 분석하는 것이다.

---

* 이자나미 경기는 2002년 2월부터 2009년 3월까지 86개월에 걸친 장기간의 호경기를
   가리킨다. – 옮긴이

중층적인 분석이란 기초 자치단체(시정촌) 단위부터 시작해 지역의 거점 도시와 주변 시정촌으로 구성되는 지역권, 그리고 그 지역에 큰 영향을 끼치는 대도시권(3대 도시권 외에 삿포로 시, 센다이 시, 후쿠오카 시 등도 해당)으로 분석 대상을 확대해나가는 것이다.

시구정촌 인구 구조 분석

표5-1은 홋카이도에 있는 모든 시구정촌(원래의 계산에서는 삿포로 시를 구 단위로 추계해 전부 188개 시구정촌이었음)의 2040년 인구 구조를 추계한 결과에서 일부 시정촌의 자료를 실은 것이다. 이 표를 바탕으로 개별 시정촌의 상황을 살펴보면 지역에 따라 인구를 둘러싼 양상이 크게 다름을 알 수 있다.

먼저 (B)'인구 감소 단계(정의는 제1장을 참조)'를 살펴보면, 삿포로권이나 지역의 거점 도시가 '제1단계'인 데 비해 많은 중소 규모의 시정촌은 이미 '제2단계' 혹은 '제3단계'까지 진행되었음을 알 수 있다. 앞으로는 고령자를 포함해 인구가 급격히 감소하는 매우 심각한 사태에 직면할 것임을 예상할 수 있다. 또 (C)의 인구 이동이 진정되지 않을 경우의 '20~39세 여성 증감률' 항목을 살펴보면, 대부분의 시정촌에서 '인구 재생산력'의 중심인 '젊은 여성'이 대폭 감소할 것으로 예상되고 있다. 젊은 여성이 50퍼센트 이상 감소하는 지역을 '소멸 가능성'이 높은 지역으로 본다면 홋카이도의 시정촌 중 약 78퍼센트가 이에 해당할 것으로 계산된다. 이런 사태가 일어난 이유는 '사회적 증감'의 중심이 '젊은층'이었기 때문이다. 지방에서 대도시권으로의 인구 유출이 장래에 아이를 낳을 젊은층이라는 '인구 재생산력' 자체를 대

표5-1 훗카이도 주요 시정촌의 인구 구조 추계

(A) 2010년 국세 조사에 따른 총인구.
(B) 2010~2040년의 인구 감소 진행 상황을 연령 구조별로 분석했다. 제1장의 그림1-2와 그림1-3 참조.
(C) 국립 사회보장·인구문제 연구소의 추계를 바탕으로 '인구 이동이 진정되지 않는다'고 가정한 추계 결과. 제1장의 그림 1-9와 같은 추계 방법이다.
(D) 상기의 장래 추계 결과에 입각해 출산율 향상의 '자연적 증감 효과'가 장래 인구에 끼칠 영향을 5단계로 평가해 표시했다.
(E) 인구 이동이라는 '사회적 증감 효과'가 장래 인구에 끼칠 영향을 5단계로 평가해 표시했다.

▲는 마이너스

시구정촌	(A) 총인구 (2010년, 명)	(B) 인구 감소 단계의 구분	(C) 인구 이동이 진정되지 않을 경우의 장래 인구 증감률 (2040년 시점, 2010년 대비 증감률, %)[경우a]		(D) 자연적 증감의 영향도	(E) 사회적 증감의 영향도
			총인구	20~39세 여성		
삿포로 시	1,913,546	제1단계	▲7.6	▲38.5	4	1
아사히카와 시	347,099	제1단계	▲30.4	▲53.0	3	2
하코다테 시	279,127	제2단계	▲42.2	▲60.6	4	3
구시로 시	181,127	제1단계	▲41.4	▲59.5	3	3
도마코마이 시	173,315	제1단계	▲18.8	▲41.0	3	2
오비히로 시	168,056	제1단계	▲25.2	▲49.8	3	2
오타루 시	131,927	제3단계	▲49.4	▲66.0	4	3
기타미 시	125,687	제1단계	▲31.6	▲56.2	3	2
이와미자와 시	90,145	제1단계	▲36.6	▲54.8	4	2
오토후케 정	45,083	제1단계	0.7	▲17.3	2	1
왓카나이 시	39,595	제1단계	▲40.3	▲52.9	3	3
네무로 시	29,198	제2단계	▲46.2	▲58.2	3	4
신히다카 정	25,419	제2단계	▲44.6	▲58.6	3	4
루모이 시	24,457	제2단계	▲53.2	▲69.2	3	5
나카시베쓰 정	23,976	제1단계	▲14.7	▲36.3	2	2
세타나 정	9,590	제3단계	▲59.1	▲75.8	3	5
이마카네 정	6,186	제3단계	▲37.3	▲42.9	3	2
시베쓰 정	5,646	제1단계	▲46.2	▲65.8	3	4
사마니 정	5,114	제3단계	▲54.8	▲76.2	3	5
니세코 정	4,823	제1단계	▲9.8	▲38.4	3	1
시카베 정	4,767	제1단계	▲23.8	▲46.2	3	1
신시노쓰 촌	3,515	제3단계	▲41.8	▲61.6	3	3
소베쓰 정	3,232	제3단계	▲54.0	▲76.2	3	4
리쿠베쓰 정	2,650	제3단계	▲58.6	▲72.8	2	5
쓰루이 촌	2,627	제1단계	▲25.2	▲46.0	2	2
호쿠류 정	2,193	제3단계	▲50.3	▲62.0	3	3
나카톤베쓰 정	1,974	제3단계	▲61.3	▲74.2	2	5
쇼산베쓰 촌	1,369	제3단계	▲56.1	▲65.3	2	4
니시오콧페 촌	1,135	제3단계	▲36.1	▲55.9	3	2
가모에나이 촌	1,122	제3단계	▲53.2	▲69.2	2	3
오토이넷푸 촌	995	제3단계	▲66.8	▲72.3	5	5

※ 본문에 게재된 시정촌 및 각 종합진흥국·진흥국의 2010년 시점 최다 인구 시정촌과 최소 인구 시정촌을 발췌해 게재.

폭 유출시켜 지역의 출생 수에 막대한 영향을 끼친 것이다.

이와 같은 인구 감소를 가져온 구조적 요인은 '(D) 자연적 증감의 영향도'와 '(E) 사회적 증감의 영향도'에 나타난 추산 결과에서 추측할 수 있다. (D) 자연적 증감의 영향도는 '2030년까지 합계 특수 출산율이 인구 치환 수준인 2.1로 회복된다'고 가정했을 때 사인연의 준거 추계(대략적으로 말하면, 이동률이 장래에 축소된다고 가정)와 비교해 추계 인구가 어느 정도 증가할지를 계산하고 그 증가율에 따라 1부터 5까지를 단계화한 것이다. 1은 영향도가 적음(즉 합계 특수 출산율이 2.1로 회복되어도 인구 증가에 끼치는 영향이 상대적으로 적은 것으로 추계됨)을 의미하며, 5는 그 영향도가 상대적으로 큼을 의미한다. 요컨대 (D)가 클수록 출산율 향상이라는 '저출산 대책'이 효과적이다.

한편 (E) 사회적 증감의 영향도는 '2030년까지 출산율이 2.1로 회복되고 나아가 인구 이동의 유출과 유입이 균형을 이룰 경우'를 추계해 '2030년까지 출산율이 2.1로 회복될 경우'와 비교한 결과를 1부터 5로 단계화한 것이다. 출산율이 2.1까지 회복됨에 따른 영향을 배제하고 인구 이동의 영향에 주목한 지표라고 할 수 있다. 1은 가장 영향이 적음을, 5는 가장 영향이 큼을 의미한다. 요컨대 (E)가 클수록 인구 유출을 막는 지역 구조 대책이 효과적이다. 인구 10만 명 이하의 시정촌을 살펴보면 사회적 증감의 영향도가 큰(4 또는 5) 곳이 86곳(약 51퍼센트)인 데 비해 자연적 증감의 영향도가 큰 곳은 17곳(10퍼센트)에 불과하다. 이것을 보면 많은 중소 규모 시정촌의 경우 인구 유출이 인구 감소의 더 큰 요인임을 알 수 있다.

일본의 인구 감소 대책은 지금까지 저출산 대책에 주안점을 뒀으며, 사회적 증감은 경제 고용 상황이 변하면 진정될 것으로 생각해왔다. 그러나 이제는 사회적 증감도 염두에 두고 저출산 대책뿐만 아니라 지역에서 젊은이를 비롯해 인구가 유출되는 흐름에 제동을 거는 지역 구조 대책을 마련할 필요성이 높아지고 있다.

　지역권의 분석 – 인구 유출을 막는 댐 기능의 현황

　다음으로 지역 거점 도시의 상황을 살펴보자. '인구 감소 단계'는 대략 '제1단계'로, 출산율이 전체적으로 낮아서 '자연적 증감'의 측면에서는 대동소이한 상황이다. 한편 '사회적 증감'의 측면은 지역 거점 도시와 그 주변 지역으로 구성되는 지역권에 따라 사정이 다르다. 가령 인구 유출이 큰('사회적 증감의 영향도'가 높은) 지역 거점 도시로는 구시로 시와 하코다테 시 등이 있으며, 반대로 유출입의 차이가 적은('사회적 증감의 영향도'가 낮은) 지역 거점 도시로는 오비히로 시가 있다.

　이것은 '지역권'이 인구 유출을 막는(혹은 인구를 다시 불러들이는) '댐 기능'을 해왔는지 여부를 나타낸다. 홋카이도 종합연구조사회에서는 지역권의 댐 기능 실태를 좀 더 정확히 파악하기 위해 상세한 주민 기본 대장 데이터를 얻을 수 있었던 아사히카와 시와 구시로 시, 오비히로 시, 기타미 시, 삿포로 시를 대상으로 2013년 1년 동안의 인구 이동을 성별, 연령대별, 지역별로 분석했다.

　그림5-3과 그림5-4(119쪽)는 다른 지역에서 각 도시로 유입된 인구와 각 도시에서 다른 지역으로 유출된 인구의 차를 남녀별로 그래프에 나타낸 것이다. 검은색 동그라미는 그 총계를 나타내는데, 0보다 위에 있으면 해당 도시가 '유입 초과'임을 뜻하고 0보다 아래에 있으

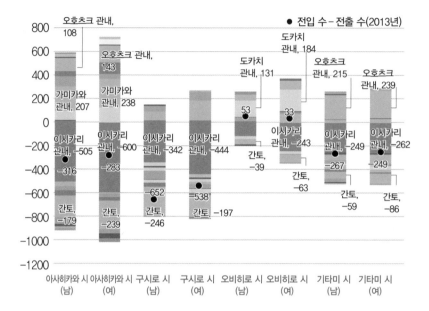

그림5-3 아사히카와 시, 구시로 시, 오비히로 시, 기타미 시의 (전입 수−전출 수)

면 '유출 초과'임을 의미한다. 참고로 그래프의 '오호츠크 관내'는 기타미권을 포함하는 오호츠크 종합진흥국 내의 시정촌, '가미카와 관내'는 아사히카와권을 포함하는 가미카와 종합진흥국의 시정촌, '도카치 관내'는 오비히로권을 포함하는 도카치 종합진흥국의 시정촌, '이시카리 관내'는 삿포로 대도시권을 포함하는 이시카리 진흥국 내의 시정촌을 가리킨다.

이상의 자료를 바탕으로 각각의 지역권을 댐 기능이 낮은 순서대로 나열하면 다음과 같은 네 종류로 분류할 수 있다. 이 네 종류 가운데 전형적인 지역권이라고 할 수 있는 것은 유형1~3 세 가지다.

유형1 주변 지역에서 거점 도시로 유입되는 인구가 적으며, 거점 도시에서 다른 지역으로 유출되는 인구가 많아 거점 도시가 '큰 폭의 유출 초과' 상태인 지역(구시로권)

유형2 주변 지역에서 거점 도시로 유입되는 인구가 있지만 거점 도시에서 다른 지역으로 유출되는 인구가 더 많아 거점 도시가 '유출 초과' 상태인 지역(아사히카와권, 기타미권)

유형3 주변 지역에서 거점 도시로 유입되는 인구와 거점 도시에서 다른 지역으로 유출되는 인구가 모두 적어 거점 도시가 '유입 초과' 상태인 지역(오비히로권)

유형4 주변 지역에서 거점 도시로 유입되는 인구와 거점 도시에서 다른 지역으로 유출되는 인구가 모두 많아 거점 도시가 '큰 폭의 유입 초과' 상태인 지역(삿포로권)

구시로권 – 주력 산업의 쇠퇴가 인구 감소로 직결되다

유형1인 구시로권의 경우는 지역 전체가 인구의 댐 기능을 상실하고 있음을 엿볼 수 있다. 삿포로권과 간토권에 거의 같은 규모의 인구가 유출되고 있다는 점이 특징으로, 구시로권에서는 구시로 시와 주변 정촌 모두 인구가 직접 삿포로권이나 간토권(주로 도쿄권)으로 유출되고 있다.

이런 상황의 배경에는 구시로 시의 산업 구조가 급격히 변화했다는 점이 자리하고 있다. 과거에 구시로 항은 전국에서 모여든 북양 어선의 선단으로 북적였고 어업 종사자를 상대하는 장사도 성행했다. 그러나 200해리 규제를 비롯한 각종 규제로 1990년대 전반부터 어획

량이 급감했고, 그 후 종이 펄프 공장의 축소와 태평양 탄광의 폐쇄 등 주력 산업 구조의 격변을 경험하게 되었다. 이러한 주력 산업의 쇠퇴는 지역 은행의 쇠퇴와 백화점 폐점이라는 파급 효과를 불러왔고, 시민 생활에도 영향을 끼쳤다. 구시로 시는 주력 산업의 쇠퇴가 인구 감소로 직결된 지방 도시 중 하나라고 할 수 있다.

아사히카와권 – 젊은이의 유출과 고령자의 유입

유형2의 거점 도시는 주변 정촌과의 관계만을 보면 유입되는 인구를 받아들이는 댐 기능을 어느 정도 하고 있지만 다른 지역으로 유출되는 인구도 많기 때문에 사람을 모아서 방출하는 '방수로'와 같은 기능을 하고 있다고 말할 수 있다. 2013년의 연령대별 인구 이동을 살펴보면 남성은 15~19세, 여성은 20~24세에서 전출 수가 많은데, 각각 고등학교를 졸업하고 취직할 때, 대학에 입학할 때, 전문대학·전문학교·대학을 졸업할 때 아사히카와를 떠난 뒤에 다시 그 지역으로 돌아오지 않는 상황을 엿볼 수 있다.

아사히카와 시는 홋카이도 제2의 도시이며 홋카이도 북부의 행정 중심지다. 주변 정촌은 논농사를 중심으로 하는 농업 지대인 동시에 가구 제조로도 유명해서, 도·소매, 의료·개호 시설이 집중되어 지역 기업 외에 지점·지사가 번화가의 고용을 지탱해왔다. 그러나 최근 들어 지역 기업의 쇠퇴와 지점·지사의 철수 등으로 젊은층이 삿포로권이나 간토권으로 계속 유출되고 있다. 또 한편으로는 인근 정촌에서 고령자의 전입이 늘고 있다. 2013년 1년 동안 주변 정촌에서 전입한 65세 이상의 인구는 약 1,300명에 이른다. 젊은층의 유출이 계속되는 가운데 인구 구조의 왜곡이 확대될 우려가 있다.

이와 같이 젊은이들이 다른 지역으로 유출되는 한편 고령자가 거점 도시로 유입되는 상황은 전국적으로 봐도 현청 소재지를 비롯한 지역의 중핵적 도시에 공통되는 문제다. 그런 점에서 아사히카와 시는 인구 문제로 고심하는 지방 도시의 전형적인 예라고 할 수 있다.

기타미권 – 인구 유출의 가속과 주변 인구의 고갈

기타미 시는 제재업을 중심으로 발전해 주변 정촌으로부터 이농자의 전입을 받아들여왔다. 또 학원 도시의 형성을 지향해 기타미 공업 대학과 일본 적십자 홋카이도 간호 대학을 보유했으며 다수의 교직원과 학생이 거주하고 있다. 그러나 2013년의 인구 이동 상황을 보면 20~24세의 전출이 많은데, 이를 통해 기타미 지역의 대학이나 전문 학교에 다녔더라도 졸업 후에 지역을 떠나고 있음을 짐작할 수 있다. 대학은 젊은이를 도시로 불러들이는 기능을 하지만, 문제는 졸업 후의 정착률이다. 일자리가 없으면 유출 인구가 늘어날 뿐이므로 댐 기능에 기여하지 못한다(물론 대학은 고등 교육 기관, 연구 기관으로서 지역에 공헌하는 역할을 한다).

최근에는 우유 공장의 폐쇄와 기타미 영림국(營林局) 재편에 따른 분국의 축소 정리, 백화점 폐점 등이 이어졌고, 2007년에는 그때까지 기타미 시에 있었던 홋카이도 학원 기타미 대학이 폐교함에 따라 거리의 활기가 조금씩 사라지고 있다.

고속도로가 정비되어 삿포로나 아사히카와의 교통 접근성이 좋아진 점도 인구 유출과 관련이 있는 것으로 생각된다. 또 주변 정촌의 인구가 큰 폭으로 감소해 앞으로는 기타미 시에 인구를 공급하지 못할 것으로 예상되기 때문에 사태의 추이에 따라서는 일방적으로 인구 유출이 계속되는 유형1로 이행할 가능성도 높다.

오비히로권 – 농업을 기반으로 하는 안정적인 구조

유형3인 오비히로권은 지역 전체의 인구 이동이 적다는 점에서 오비히로 시와 주변 정촌을 포함한 오비히로권 전체가 '댐 기능'을 발휘하고 있다고 말할 수 있다. 오비히로 시는 밭농사와 낙농업이 활발한 도카치 지방의 중심지로서 식품 제조업과 농기구 제조업 등 농업 관련 제조업의 저변이 넓기 때문에 충분한 일자리를 제공하고 있다. 여성 농업인의 활동도 활발해 가공 생산을 비롯한 창업이 성행하고 있다. 또한 세대당 농업 산출액도 높아서 이것이 오비히로의 상업을 지탱하고 있다.

그러나 오비히로권도 어려운 과제를 안고 있다. 농가의 현저한 고령화로 농가 인구의 감소가 진행되고 있는 점이다. 또 새로운 과제로서 부모의 개호가 여성 농업인에게 커다란 부담이 되고 있다.

농가는 기본적으로 가족 경영일 경우가 많기 때문에 여성의 일손이 매우 중요하다. 오비히로 시는 다른 도시에 비해 인구 유출이 적지만 삿포로 시로 유출되는 여성의 비율은 높아지고 있다. 여성의 동향이 오비히로권의 미래를 결정하는 열쇠가 된다고도 할 수 있다.

삿포로 대도시권의 분석

마지막으로 '삿포로권'을 살펴보자. 삿포로권은 도쿄권과의 관계에

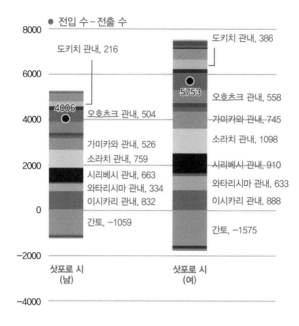

그림5-4 삿포로 시의 (전입 수 – 전출 수) / 2013년

● 전입 수 – 전출 수

도키치 관내, 216

도키치 관내, 386

5753

오호츠크 관내, 558

4006

오호츠크 관내, 504

가미카와 관내, 745

가미카와 관내, 526

소라치 관내, 1098

소라치 관내, 759

시리베시 관내, 910

시리베시 관내, 663

와타리시마 관내, 334

와타리시마 관내, 633

이시카리 관내, 832

이시카리 관내, 888

간토, -1059

간토, -1575

삿포로 시
(남)

삿포로 시
(여)

서 볼 때는 '지역권'이지만, 홋카이도 내에서는 다른 지역에서 인구 유입이 진행되는 '대도시권'이기도 하다. 그림5-4를 보면 홋카이도의 전체 지역에서 인구가 유입되는 한편, 간토권을 중심으로 많은 인구가 유출되고 있음을 알 수 있다. 유출입 상황을 보면 전체적으로는 '유입 초과'이므로 어느 정도 댐 기능을 하고 있다고 말할 수 있다.

그러나 남녀에 따라 인구 유출입 상황이 크게 다르다는 점에 유의할 필요가 있다. 여성의 경우는 20~24세에 홋카이도 내의 각 지역에서 유입되는 인구가 많으며 유출은 그다지 많지 않다. 한편 남성의 경우는 유입 수와 유출 수 모두 많으며, 특히 20~24세에 홋카이도 밖으

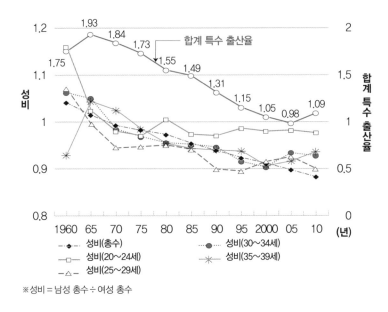

그림5-5 삿포로 시의 성비와 합계 특수 출산율의 추이

성비

합계 특수 출산율

합계 특수 출산율

1.75
1.93
1.84
1.73
1.55
1.49
1.31
1.15
1.05
0.98
1.09

1960 65 70 75 80 85 90 95 2000 05 10 (년)

- ◆- 성비(총수)
- □- 성비(20~34세)
- △- 성비(25~29세)
- ● 성비(30~34세)
- ✳ 성비(35~39세)

※성비＝남성 총수÷여성 총수

로의 전출 초과가 많다. 이런 측면에서 보면 삿포로 시는 여성에 대해서는 댐 기능을, 남성에 대해서는 방수로의 기능을 한다고 말할 수 있을 것이다.

남녀의 유출입이 이렇게 차이가 나는 상황은 삿포로 시내의 여성 비율이 높은 원인 중 하나가 되고 있다. 전국 그리고 정령 지정 도시의 여성 비율을 살펴봐도 삿포로 시는 53.1퍼센트로 가장 높으며, 특히 젊은층의 불균형이 현저하다. 그림5-5는 삿포로 시의 남녀 성비(남성수/여성수)와 출산율의 추이를 나타낸 것이다. 25~29세의 성비는 과거에 1.0 이상이었지만 매년 조금씩 낮아져, 최근에는 0.9 전후까지 떨어졌다. 젊은 여성의 유입이 계속되는 가운데 젊은층에서는 여

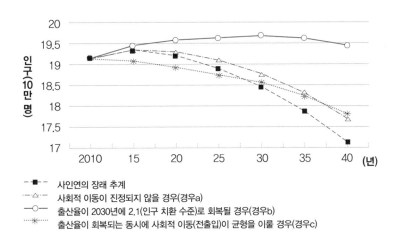

그림5-6 삿포로의 인구 추계

인구(10만 명)

20
19.5
19
18.5
18
17.5
17

2010   15   20   25   30   35   40   (년)

- ■- 사인연의 장래 추계
- △- 사회적 이동이 진정되지 않을 경우(경우a)
- ○- 출산율이 2030년에 2.1(인구 치환 수준)로 회복될 경우(경우b)
- *- 출산율이 회복되는 동시에 사회적 이동(전출입)이 균형을 이룰 경우(경우c)

성이 남성에 비해 10퍼센트 정도 많아지는 현상이 나타난 것이다.

삿포로 시의 2011년 출산율은 1.09로, 도도부현과 정령 지정 도시 중에서는 도쿄 도(1.06)에 이어 두 번째로 낮다. 구 단위로 살펴보면 주오 구가 0.90으로 1 미만을 기록했다. 그 원인으로는 결혼·출산 환경이 나쁘다는 점을 들 수 있는데, 젊은 여성이 상대적으로 많은 상황도 출산율 저하의 한 원인으로 생각된다. 어쨌든 출산율이 낮은 삿포로 시에 홋카이도 내의 젊은 여성들이 계속 유입된 것이 홋카이도 전체의 인구 감소를 가속시키는 방향으로 작용했다고 할 수 있다.

그림5-6은 표5-1(111쪽)에 제시한 데이터에 '사인연의 장래 추계'와 '2030년까지 출산율이 2.1로 회복될 경우', '2030년까지 출산율이 2.1로 회복되고 나아가 인구 이동의 전출과 전입이 균형을 이룰 경우' 세 가지를 더한 네 가지 경우에 대해 삿포로 시의 2040년까지의 인구

를 독자적으로 추계한 것이다. 사인연의 추계에서는 2010년에 약 191만 명이었던 삿포로 시의 총인구가 2040년에는 약 171만 명으로 감소한다. 한편, 만약 2030년에 출산율이 2.1로 회복되는 '경우b'에는 2040년에 195만 명으로 오히려 인구가 증가할 것으로 추계된다. 이 경우는 홋카이도 내 각지에서 삿포로 시로 인구가 계속 유입될 것을 전제로 했으므로 이른바 '삿포로 일극 집중'의 추계이기는 하지만, '출산율 향상'이 삿포로 시의 장래 인구에 끼치는 영향이 얼마나 큰지 보여준다고 할 수 있다.

삿포로 시가 안고 있는 과제는 '저출산'만이 아니다. 2040년까지 삿포로 시는 급속히 '고령화'될 것이다. 사인연의 추계에 따르면 2040년에는 65세 이상의 고령 인구가 2010년의 1.74배로 급증한다. 특히 의료와 개호에 대한 수요가 높은 75세 이상은 2.23배로 도쿄나 오사카보다 더 빠르게 증가할 것으로 예상되고 있다. 이것은 삿포로 시 거주자의 고령화와 함께 홋카이도 내 각지에서 고령자의 유입이 계속되기 때문이다.

삿포로 시는 1972년의 동계 올림픽 개최를 계기로 기반 정비가 진행되었고, 이에 따라 인구 증가가 계속되어왔다. 1970년대 후반부터 1980년대에 걸쳐 형성된 기타히로시마 시와 에베쓰 시, 이시카리 시의 거대 주택 단지에 당시 30~40대를 세대주로 하는 가족이 대량으로 이주하면서 도시권이 확대되었다. 그리고 그로부터 40여 년이 지난 현재, 단지의 급격한 노령화와 함께 삿포로 중심부로 이주하는 사람도 늘어났다.

그림5-7은 삿포로 시와 주변 시정촌 사이의 인구 유출입을 나타낸

그림5-7 삿포로 대도시권의 (전입 수 - 전출 수) / 2000~2013년

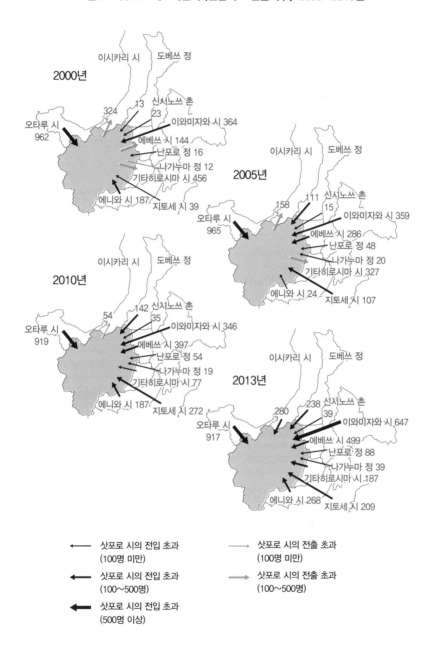

것이다. 2000년부터 2005년까지 30~40대가 기타히로시마 시와 에베쓰 시, 이시카리 시로 이동해 삿포로 시에서의 전출이 초과 상태였지만, 2013년까지는 세 도시에 대해 모두 전입 초과로 돌아섰다. 전입의 대부분은 20대이지만, 60세 이상도 전입 초과로 돌아섰다는 점이 주목된다. 넓은 단독 주택을 찾아서 전출한 세대의 자녀 세대가 다시 삿포로로 전입하기 시작했고, 이와 동시에 고령이 된 연령층이 넓은 주택의 유지와 제설 작업에 어려움을 겪게 되자 중심부로 회귀하는 모습을 엿볼 수 있다.

　'지역권'의 인구 구조와 인구 동태의 기능을 정확히 파악하기 위해서는 '연령대별 인구 유출·유입 구조'를 파악하고 해당 지역에 사는 주민의 '라이프 코스'에 대응한 인구 이동(육아, 입학, 취업, 결혼, 개호 등의 요인에 따른 이동) 실태를 살펴볼 필요가 있다. 이런 점을 생각할 때, '총인구'나 '주야간 인구 비율' 같은 한 가지 시점의 지표만으로는 지역 거점 도시의 기능을 충분히 평가할 수 없다는 데 유의할 필요가 있다.

첫 번째 기본 목표 - '지역 인구 비전'의 책정

　지역의 인구 구조를 분석한 결과에 입각해 장래의 인구 구조를 전망한 '인구 감소 대책'을 검토한다.

　첫 번째 기본 목표는 '지역 인구 비전'의 책정이다(그림5-8). 이 비전의 목표 연도는 10년 뒤인 2025년으로 정하고 5년 후에 재검토를 하며, 다음 비전은 2030년을 목표로 삼는다. 출산율 회복이 인구 규모

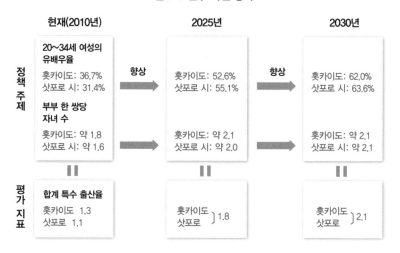

그림5-8 인구 비전 정리

	현재(2010년)		2025년		2030년

정책 주제

20~34세 여성의 유배우율
홋카이도: 36.7%
삿포로 시: 31.4%

향상 →

홋카이도: 52.6%
삿포로 시: 55.1%

향상 →

홋카이도: 62.0%
삿포로 시: 63.6%

부부 한 쌍당 자녀 수
홋카이도: 약 1.8
삿포로 시: 약 1.6

홋카이도: 약 2.1
삿포로 시: 약 2.0

홋카이도: 약 2.1
삿포로 시: 약 2.1

평가 지표

합계 특수 출산율
홋카이도 1.3
삿포로 1.1

홋카이도
삿포로] 1.8

홋카이도
삿포로] 2.1

(주) 부부 한 쌍당 자녀 수는 홋카이도와 삿포로 시의 각 연차의 합계 특수 출산율을 해당 연차의 45~49세 여성의 유배우율로 나눠서 기계적으로 계산한 수치다.

에 효과를 나타내려면 20~30년이 걸림을 염두에 둘 필요가 있다.

(1) 출산율 목표 정하기

먼저 지역의 '출산율 목표'를 설정한다. 이를 위해서는 홋카이도민의 의식 조사를 통해 '희망 자녀 수'를 바탕으로 한 '희망 출산율'을 파악하고 이것을 사용한다.

제4장에서 제시한 '희망 출산율'의 개념을 참고로 홋카이도 전체와 삿포로 시의 '희망 출산율'을 산출한 결과, 양쪽 모두 제4장에서 얻은 전국의 수치와 거의 같은 약 1.8이 나왔다. 따라서 출산율 목표를 2025년까지 1.8(희망 출산율)로 잡고, 나아가 인구의 안정적 유지를 위해 2030년에 2.1(인구 치환 수준)을 달성한다는 목표를 설정한다.

(2) 목표 실현의 열쇠는 젊은이의 유배우율 향상

출산율의 향상을 위한 포인트는 '20~34세 여성의 유배우율 향상'과 '부부의 자녀 수 향상'이다(34세까지 유배우 상태라면 35세 이상의 출산에 반영되므로, 여기에서는 유배우율의 목표를 34세까지로 설정한다). 앞에서 언급한 '출산율 목표'를 실현하기 위해 필요한 유배우율과 자녀의 수에 대해 간단히 추계한 바에 따르면, 홋카이도 전체에서는 '20~34세 여성의 유배우율'이 현재의 36.5퍼센트에서 52.6퍼센트로 향상될 때 2025년에 출산율 1.8이 달성된다는 결과가 나왔다. 이것은 어디까지나 결혼이나 출산을 희망하면서도 이루지 못하고 있는 요인을 제거하기 위한 시책을 마련해 홋카이도민이 희망대로 결혼과 출산을 할 수 있는 환경을 실현할 때 달성 가능한 숫자다. 홋카이도 전체에서는 젊은이의 유배우율이 약 16퍼센트 포인트, 삿포로 시에서는 약 23퍼센트 포인트 상승하면 출산율 1.8이 실현될 것으로 예측된다. 이것을 보면 '20~34세 여성의 유배우율'을 높이는 효과가 얼마나 큰지 알 수 있다.

아울러 출산율 2.1을 실현하기 위해서는 결혼한 '부부의 출산 수'를 증가시키는 것도 중요하다. 그러려면 육아 지원과 다자녀 세대에 대한 지원이 확보되어야 한다. 또한 결혼 연령이 낮아질수록 '부부의 출산 수'도 증가하는 경향이 강하므로 '20~34세 여성의 유배우율'의 향상은 부부의 출산 수 증가에도 긍정적 영향을 끼치게 된다.

(3) 젊은이의 유배우율을 높이는 시책 총동원

이와 같은 분석 결과에 입각해 결혼, 육아, 주거, 교육, 산업·고용,

거리 조성 등 관련 분야의 시책을 검토할 필요가 있다. 특히 홋카이도는 앞에서도 말했듯이 '젊은이의 유배우율 향상'에 효과가 있는 시책을 총동원해야 한다.

홋카이도로 이주한 사람들의 이야기를 들어보면, 이주를 결정한 이유로 육아 환경과 생활 환경이 좋다는 점을 꼽은 사람이 많다. 수도권에 비해 자연 환경이 풍부하고 살기 좋다는 평가다. 그러나 이주를 하고 싶어도 실현하지 못하는 사람이 많은 것도 사실이다. 그 원인으로 지방에는 젊은이가 일할 곳이 없다는 점을 들 수 있다. 젊은이의 고용 문제는 유배우율을 떨어트리는 커다란 요인이기도 하다. 홋카이도에 젊은이(삿포로 시는 특히 젊은 남성)를 위한 일자리를 만드는 것이 무엇보다 중요하다.

두 번째 기본 목표 – '새로운 지역 집적 구조'의 구축

'두 번째 기본 목표'는 '새로운 지역 집적 구조'를 구축하는 것이다. 구체적인 구상을 책정하기 위해서는 이미 소개한 각 지역의 인구 구조 분석 결과 등을 바탕으로 인구 유출에 제동을 거는 데 효과적인 방안을 다양한 각도에서 검토하는 작업이 필요하다. 이 장에서는 제3장과 제4장의 취지에 입각해 검토 작업을 할 때 중시해야 할 주요 포인트를 몇 가지 제시하고자 한다.

첫째, 새로운 지역 집적 구조는 지역 거점 도시를 중핵으로 한 '콤팩트한 거점'과 '네트워크'를 통해 형성될 것이 기대되고 있는데, 이때의 관건은 '젊은이에게 매력적인가?'이다.

둘째, 인구 감소를 염두에 둔 '선택과 집중'이다. 앞으로 지방에서는 인구 감소를 피할 수 없으므로 투자와 정책을 집중적으로 실시하는 것이 중요하다.

셋째, 지방 자치단체와의 '지역 연계'다. 구체적인 시책으로는 새로 법제화되는 지방 자치단체 간의 '연계 협약'을 통해 지역의 기초 자치단체 사이에 역할을 분담하고 네트워크를 형성할 것이 요구된다. 이 것이 어려운 지역에서는 광역 자치단체가 보완적 역할을 담당한다.

또 인구 유출에 제동을 걸 뿐만 아니라 '지역으로 사람들을 불러들이려는 노력'을 적극적으로 진행하고, 나아가 이런 시책의 진척 상황과 성과를 검토, 관리하는 것이 중요하다.

인구 감소율이 낮은 세 지역이 보여주는 '지역의 힘'

홋카이도의 정촌 중에도 인구 감소율이 낮아 지속 가능성이 높은 지역이 있다. 예를 들면 니세코 정, 나카시베쓰 정, 오토후케 정이다.

니세코 정은 1955년에 인구가 정점에 이르렀다가 1980년대에 약 절반 수준으로 줄어든 뒤로 감소세가 멈췄으며, 최근 들어 아주 소폭이지만 증가세로 돌아섰다. 이것은 다른 지역에서 육아 세대인 30대부터 은퇴 세대인 60대까지 폭넓은 연령층의 이주자가 유입된 결과다. 니세코 정은 스키 리조트가 있는 마을로 외국인 관광객이 증가했는데, 특징적인 사실은 숙박일수가 길고(외국인 관광객은 평균 14일 이상)

외국인 주민 등록도 늘어났다는 점이다. 이런 상황에서 새로운 비즈니스의 가능성을 발견해 창업 기회와 일자리가 만들어진 것이 이주자 증가의 한 가지 요인으로 생각된다.

나카시베쓰 정은 대규모 낙농 지대의 중심지로 발전해 대규모 상업 시설이 진출함에 따라 주변 지역에서 인구의 유입이 계속되고 있다. 고령화율은 20퍼센트 정도로 낮고, 생산 연령 인구도 증가하고 있다. 제조업이 유지되고 일자리가 확보되어 있기 때문에 다른 지역으로 전출되는 인구도 적은 것으로 진단된다.

오토후케 정은 오비히로 시와 인접한 베드타운으로, 최근 들어 30~40대와 그 자녀 세대인 0~19세 인구가 증가하고 있다. 또 단순히 베드타운이기만 하다면 언젠가 자녀 세대가 입학이나 취직을 위해 마을을 떠날 시기가 찾아오겠지만, 이곳은 농업과 식품 제조업이 뿌리를 내려 일자리가 부족하지 않기 때문에 다른 지역에서의 지속적인 유입을 기대할 수 있다는 점이 특징이라고 할 수 있다. 이와 같은 '지역의 힘'을 가진 구체적인 사례도 참고하면서 각 지역의 구조 개혁을 진행해나가는 것이 중요하다.

총인구를 유지하기 위해

앞에서 언급한 출산율 목표가 실현되어 가령 홋카이도의 출산율이 2025년에 1.8, 2030년에 2.1이 되고 아울러 인구 이동이 균형을 이룰 경우를 상상해보자.

인구 이동의 균형을 위한 시책으로는 예를 들어 일단 진학이나 취직을 위해 지역을 떠났지만 다시 돌아오고 싶어하는 젊은이를 지역의 기업이 받아들이기, 중노년의 지방 이주와 고령자의 거주지 이전 촉진, 창업 지원과 본사 기능의 이전 촉진, 지방 경제의 구축 등에 필요한 인재의 지방 재배치 추진 등을 생각할 수 있다.

이렇게 해서 추계한 각 시정촌의 총인구를 모두 더한 결과 홋카이도의 총인구는 2040년에 약 473만 명이 된다. 이는 사인연의 추계인 419만 명보다 54만 명이 많은 수치이며, 2010년 현재보다 78만 명 감소한 수준에서 억제할 수 있게 된다. 이것은 어디까지나 각종 시책을 실현했을 때 가능한 수치이며, 실현 과정에는 여러 가지 어려움이 따를지도 모른다. 그러나 정책을 총동원한다면 결코 실현 불가능한 목표는 아니다.

이번에 홋카이도를 모델로 실시한 지역 전략과 같은 검토가 전국에서 진행되기를 기대한다. 인구 감소 대책은 빠를수록 효과가 크다.

— 이가라시 지카코(五十嵐智嘉子), 홋카이도 종합연구조사회 이사장

제6장

지역이 살아나기 위한 여섯 가지 모델

일본 전국에서 젊은 여성 인구가 감소하고 있는 것이 인구 감소의 원인으로 지적되고 있는데, 전체의 흐름과는 반대로 젊은 여성이 늘어나거나 감소세가 완만한 시구정촌이 있다. 이 장에서는 2010년부터 2040년에 걸친 인구 추계에서 젊은 여성 인구의 증가율이 상위를 차지한 시구정촌에 주목해, 주로 산업, 소득, 재정의 측면에서 유형화함으로써 인구 감소 대책의 바람직한 방향을 모색해보고자 한다.

젊은 여성 인구 증가율 상위 20위까지의 시구정촌을 살펴보면 산업 개발형, 산업 유치형, 베드타운형, 공공재 주도형, 학원 도시형, 콤팩트 시티형의 여섯 가지 모델로 분류할 수 있다.

젊은 여성 인구 증가율 상위 20개 지역

지금까지 설명했듯이 일본 전국에서 젊은 여성 인구가 감소하고 있는 것이 미래의 인구 감소의 원인으로 지적되고 있는데, 전체의 흐름과는 반대로 젊은 여성이 늘어나거나 감소세가 완만한 시구정촌이 있다. 이 장에서는 한 가지 시도로서 2010년부터 2040년에 걸쳐 젊은 여성 인구의 증가율이 상위를 차지한 시구정촌(추계)에 주목해, 주로 산업, 소득, 재정의 측면에서 유형화함으로써 인구 감소 대책의 바람직한 방향을 모색해보고자 한다.

표6-1은 젊은 여성 인구 증가율 상위 20위까지의 시구정촌이다. 이것을 보면 산업 개발형, 산업 유치형, 베드타운형, 공공재 주도형, 학원 도시형, 콤팩트 시티형의 여섯 가지 모델로 분류할 수 있다.

표6-1 2040년 젊은 여성 인구 변화율 상위 도시와 그 요인

No	도도부현	시구정촌	인구 이동이 진정되지 않을 경우				
			2010년 총인구	2010년 20~39세 여성	2040년 총인구	2040년 20~39세 여성	젊은 여성 인구 변화율 (2010→2040)
1	이시카와 현	가와키타 정	6,147	864	7,906	1,001	15.8%
2	아키타 현	오가타 촌	3,218	311	2,868	358	15.2%
3	가나가와 현	요코하마 시 쓰즈키 구	201,271	27,357	270,271	31,020	13.4%
4	후쿠오카 현	가스야 정	41,997	6,977	57,173	7,766	11.3%
5	미야기 현	도미야 정	47,042	6,441	61,273	6,978	8.3%
6	도야마 현	후나하시 촌	2,967	378	3,361	406	7.5%
7	돗토리 현	히에즈 촌	3,339	422	3,657	450	6.8%
8	후쿠오카 현	시메 정	43,564	6,378	51,398	6,684	4.8%
9	오사카 부	다지리 정	8,085	1,108	8,531	1,150	3.8%
10	교토 부	기즈가와 시	69,761	9,539	84,958	9,896	3.7%
11	군마 현	요시오카 정	19,801	2,598	24,199	2,648	1.9%
12	아이치 현	닛신 시	84,237	11,842	103,147	12,056	1.8%
13	사이타마 현	요시카와 시	65,298	8,815	76,443	8,961	1.7%
14	아이치 현	고타 정	37,930	5,446	43,520	5,538	1.3%
15	사이타마 현	나메리카와 정	17,323	2,371	21,445	2,391	0.8%
16	아이치 현	미요시 시	60,098	7,941	67,808	7,907	−0.4%
17	히로시마 현	히로시마 시 아사미아미 구	233,733	34,226	275,118	33,622	−1.8%
18	나라 현	가시바 시	75,227	10,175	83,551	9,992	−1.8%
19	아이치 현	다카하마 시	44,027	5,807	50,353	5,669	−2.4%
20	사가 현	도스 시	69,074	9,406	77,944	9,180	−2.4%

산업 유치형

공장이나 대규모 상업 시설 등을 유치함(혹은 원래 위치하고 있음)에 따라 재정 기반의 안정화를 꾀하고 주거 환경을 정비해 인구 유입을 실

No	사인연 젊은 여성 인구 변화율 (2010→2040)	유형	특징
1	10.9%	산업 유치형	가나자와 시, 고마쓰 시로 출퇴근 가능 재팬디스플레이가 입지해 재정적으로도 안정
2	8.0%	산업 개발형	독자적으로 농업의 산업화에 성공 1인당 주민세액도 현 내 2위인 아키타 시를 크게 웃돈다
3	1.1%	베드타운형	요코하마 시 중심부로의 접근성이 좋으며, 택지 개발도 왕성
4	−0.3%	베드타운형	후쿠오카 시와 인접
5	6.0%	베드타운형	센다이 시와 인접
6	7.9%	베드타운형	도야마 시와 인접
7	−2.4%	산업 유치형	요나고시와 인접. 오지(王子) 제지, 이온 등이 입지해 재정적으로도 안정
8	−4.5%	베드타운형	후쿠오카 시와 인접
9	−4.7%	공공재 주도형	간사이국제공항이 입지해 재정적으로 안정
10	−3.2%	공공재 주도형	간사이 문화 학술 연구 도시로서 성공
11	−4.0%	베드타운형	마에바시 시, 시부카와 시와 각각 인접. 다카사키 시로의 접근성도 좋다.
12	−7.8%	학원 도시형	수많은 대학이 입지했을 뿐만 아니라 나고야 시, 도요타 시와 인접
13	−7.7%	베드타운형	대규모 택지 개발이 활발
14	−8.9%	산업 유치형	중부(中部) 공업 단지 등 자동차 관련 산업이 번성
15	−7.9%	베드타운형	도쿄의 베드타운으로서 택지 개발이 활발
16	−6.6%	산업 유치형	자동차 관련 기업이 다수 입지
17	−9.1%	베드타운형	신교통 시스템의 기여로 주택 증가
18	−7.1%	베드타운형	오사카 근교의 고급 주택지
19	−8.6%	산업 유치형	자동차 관련 기업이 다수 입지. 요업도 번성 노인 개호 복지 시설의 정비도 진행 중
20	−8.7%	산업 유치형	규슈 최대의 교통 요지 시가 물류 거점 전략을 추진해 기업의 진출이 활발

현시키고 있는 모델을 산업 유치형이라고 부른다. 전부터 존재하던 모델이지만, 기업의 실적이나 경영에 크게 좌우된다는 리스크가 있다. 글로벌 경쟁이 격화되는 가운데 기업과 자치단체, 주민의 긴밀한

커뮤니케이션을 통한 단결된 노력이 중요하다.

이시카와 현 가와키타 정은 젊은 여성 인구 변화율이 15.8퍼센트 증가(추계, 이하 동일)로, 이번에 집계 대상이 된 1,799개 시구정촌(후쿠시마 현은 제외) 가운데 가장 증가율이 높은 자치단체다. 참고로 증가율이 두 자릿수에 이른 자치단체는 대규모 농업으로 인구가 안정되고 있는 아키타 현의 오가타 촌, 수도권이면서도 개발이 진행 중인 요코하마 시 쓰즈키 구, 후쿠오카 시와 인접해 예전부터 베드타운으로서 인기가 높은 후쿠오카 현 가스야 정, 그리고 가와키타 정까지 모두 네 곳밖에 없다.

2014년 7월 현재 인구가 6,282명인 이 마을은 육아 환경을 열심히 정비하고 있는 것으로 유명하다. 히다 아쓰코(樋田敦子) 씨의 르포 「풍부한 육아 지원이 젊은 부부를 불러들였다!」(《주오코론(中央公論)》 2014년 7월호)에 따르면 1970년의 정제(町制) 실행을 계기로 적극적인 기업 유치에 나선 결과 마쓰시타 전기 산업(현 재팬디스플레이)의 공장 등이 진출했고, 이에 따른 고정 자산세의 증수(增收)를 바탕으로 복지 정책을 진행했다고 한다. 르포에서 예로 든 것은 자녀가 0세라도 소득에 상관없이 매달 2만 엔만 내면 되는 보육료와 18세까지 의료비가 무료인 제도다. 또한 가나자와 시나 고마쓰 시 같은 지방 중핵 도시가 출퇴근권인 베드타운의 성격도 있기 때문에 육아를 위해 이주하는 젊은 부부가 적지 않다.

육아 환경의 정비를 부정하는 자치단체는 없겠지만, 정비에 특히 힘을 쏟는 자세와 그것을 뒷받침하는 재원을 겸비한 자치단체는 많지 않다. 가와키타 정의 예는 지금까지 중시되어온 하드웨어적인 측면뿐

만 아니라 소프트웨어적인 측면도 중시하는 마을 조성 및 인구 유지
책으로서 주목된다.

또 돗토리 현의 히에즈 촌은 요나고 시와 인접한 작은 자치단체이
면서 오지 제지와 산인 지방 최대 규모의 상업 시설이 입지함에 따라
안정된 재정 기반을 구축하고 있다(주민 한 사람당 시정촌민 세액은 2012년
에 6만 4,478엔으로 돗토리 현 내 1위였다. 참고로 2위인 요나고 시는 5만 5,944엔
이다). 젊은 여성 인구 변화율은 6.8퍼센트 증가로 전국 7위다.

베드타운형

대도시나 지방 중핵 도시의 근교에 위치한 점을 활용해 주거 환경
정비를 중점적으로 진행함으로써 정주(定住) 인구를 늘리는 모델이 베
드타운형이다. 상위 20개 시구정촌 가운데 가장 많은 모델인데, 지방
중핵 도시의 주변 도시일 경우는 앞으로도 인구를 유지하기 위해 해
당 지역권이 하나가 되어 노력하는 것이 중요하다. 지방 중핵 도시가
몰락할 경우 베드타운도 당연히 영향을 받기 때문이다. 또 아무래도
동일 연령층의 전입자가 다수를 차지하기 때문에 고령화가 단번에 진
행되는 리스크가 있다는 점도 우려된다.

후쿠오카 현 가스야 정은 인접한 후쿠오카 시의 베드타운으로서 인
구가 지속적으로 증가하고 있다. 후쿠오카 공항과도 가깝고 교통이
편리해 오래 전부터 주택지로서 인기가 높다. 젊은 여성 인구 변화율
은 11.3퍼센트 증가로 전국 4위다.

군마 현 요시오카 정은 다카사키 시, 마에바시 시, 시부카와 시의 중
심지까지 자동차로 20분 거리에 위치한 베드타운으로서 인구가 증가

하고 있다. 젊은 여성 인구 변화율은 1.9퍼센트 증가로 전국 11위다.

그 밖의 시정촌도 대체로 비슷한 경향을 띠고 있다.

학원 도시형

대학이나 고등 전문학교, 공설·사설 연구 기관을 집적시킴으로써 젊은 인구의 지속적인 유입을 실현하고 지역 경제를 지속시키는 모델이 학원 도시형이다. 유럽과 미국에서는 유명한 대학의 대부분이 지방에 있으며, 학생이 모여들어 '대학 도시'가 성립된 경우가 많다. 미래 일본의 구조를 생각할 때 중요한 모델이다.

아이치 현 닛신 시는 나고야 시, 도요타 시와 인접한 베드타운인 동시에 나고야 상과 대학, 아이치 학원 대학, 나고야 학예 대학, 나고야 외국어 대학, 스기야마 여학원 대학 같은 많은 대학이 위치한 '전원 학원 도시'로서 높은 인구 증가율을 보이고 있다. 젊은 여성 인구 변화율은 1.8퍼센트 증가로 전국 12위다.

콤팩트 시티형

젊은 여성 인구 증가율 상위권 도시에는 들어 있지 않지만 언급하고 싶은 모델이 있다. 장래의 인구 감소를 내다보고 기존 거리의 기능을 중심지에 집약함으로써 지역 경제권의 효율화를 지향하는 콤팩트 시티형이라는 모델이다. 이 모델의 경우 집적화에 따른 도시 기능의 향상을 이 지역만의 장점으로 연결시킬 수 있느냐가 관건이다.

가가와 현 다카마쓰 시 마루가메 정은 중심부의 토지 소유자가 중심이 되어 거리 조성을 위한 민관 합작 회사를 설립하고 상점가 노변의 건물을 지속적으로 재개발하고 있다. 토지 소유권을 변경하지 않고 장기적으로 토지를 임대하는 방식의 정기 차지권(借地權)을 설정한 다음 그곳에 재개발 건물을 건설하고 그것을 거리 조성 회사가 운영한다. 이런 사업 기획으로 상점가 전체의 '점포 구성'을 조정해 활기를 창출해내고 있다. 다카마쓰 시의 젊은 여성 인구 변화율은 40.5퍼센트 감소로 추계되고 있지만(247쪽), 사회 이동(유출)은 적을 것으로 전망되기에 앞으로 주목해야 할 자치단체다.

또 미야기 현 오나가와 정은 동일본 대지진의 부흥 계획을 세울 때 학교 등의 거점 시설을 집중 배치함으로써 동선을 집약하고 주변부의 주택 단지도 귀환을 희망하는 사람의 수에 맞춰 유연하게 규모를 축소한다는 구상을 하고 있다. 젊은 여성 인구 변화율은 59퍼센트 감소지만(217쪽), 사회 이동(유출)은 비교적 적을 것으로 전망된다.

공공재 주도형

국가 프로젝트 수준의 대규모 시설의 입지를 계기로 지역의 모습을 바꾸고 재정 기반을 안정시킴으로써 인구 감소를 막는 모델이다. 다만 정부의 재정 상황을 감안하면 앞으로는 기존과 같은 개발을 진행하기 어려울 것으로 예상된다. 국내의 자금에만 의지하지 말고 국제적인 프로젝트를 유치하는 등의 '진화'가 요구되는 모델이다.

교토 부 기즈가와 시는 1994년에 문을 연 간사이 문화 학술 연구 도시의 한 구석에 위치한 도시로서, '연구 도시 개발'을 바탕으로 성장하고 있는 대표적인 지역이다. 여기에 교토 시와 오사카 시의 베드타운 기능이 상승효과를 일으켜 인구가 증가하고 있다. 젊은 여성 인구 변화율은 3.7퍼센트 증가로 전국 10위다. 같은 성격의 연구 도시로는 이바라키 현 쓰쿠바 시가 있다. 이쪽은 젊은 여성 인구 변화율이 15.1 퍼센트 감소지만, 사회적 이동은 유입 초과다.

전국 9위의 증가율인 오사카 부 다지리 정은 마을 면적의 3분의 2 를 차지하는 간사이국제공항의 영향으로 재정이 풍부한 자치단체다. 2012년의 지방세 총액을 인구로 나눈 1인당 금액이 46만 1,204엔으로, 오사카 부 내 2위인 오사카 시의 23만 5,409엔을 크게 웃돈다. 젊은 여성 인구 변화율은 3.8퍼센트 증가로 추계되고 있다.

열쇠를 쥐고 있는 산업 개발형

마지막으로 소개할 모델은 지역의 특징적인 자원을 활용해 산업 진흥을 이룸으로써 고용 확대와 주민 정착을 실현하고 있는 '산업 개발형' 모델이다. '자립형'이라고도 할 수 있으며, 모든 자치단체가 지향해야 할 모델 중 하나이기에 여기서 자세히 다루려 한다.

아키타 현 오가타 촌(농업)

산업 개발형의 대표적인 예인 아키타 현 오가타 촌은 농업의 산업화에 성공했다. 젊은 여성 인구 변화율은 15.2퍼센트로 전국 2위이며, 이번 추계에서는 아키타 현에서 유일하게 '소멸 가능성 도시'에 해당하지 않았다.

오가타 촌은 1950년대에 비와코 호수 다음으로 큰 호수였던 하치로가타 호수를 간척해 인공적으로 만든 새로운 자치단체다. 이곳의 특징은 거대한 농업 규모이며, 이 점을 활용해 독자적으로 농업의 산업화에 성공한 것이다. 이곳의 농가 한 세대당 농지 면적은 전국 평균의 11배에 이른다. 1964년에 불과 6세대 14명이었던 인구는 2014년 7월 현재 1,091세대 3,286명에 이른다. 전국의 많은 농가에 가장 큰 고민거리인 후계자 문제에서도 자유롭다.

실제로 아키타 현의 2011년 시정촌민 경제 계산 연보에 따르면 오가타 촌의 1인당 촌민 소득은 약 341만 6,000엔으로 현 내 1위다. 이것은 현의 평균치인 약 231만 9,000엔의 1.5배에 육박하는 액수다. 참고로 아키타 시의 1인당 소득은 약 278만 5,000엔이다. 또 2012년의 1인당 시정촌민 세액은 8만 9,083엔으로, 이 또한 현 내 2위이며 현청 소재지인 아키타 시의 5만 9,242엔을 크게 웃돈다. 농업의 대규모화, 산업화가 진행되고 인구도 안정적인 오가타 촌은 농촌부에서 젊은이가 유출되는 현상에 제동을 건 매우 중요한 사례다.

후쿠이 현 사바에 시(중소 제조업)

안타깝게도 산업 개발형 가운데 상위 20위에 들어간 시구정촌은 오가타 촌이 유일하다. 그러나 전국에는 주목할 만한 자치단체도 많다. 그런 곳들을 살펴보자.

후쿠이 현 사바에 시는 후쿠이 현 레이호쿠 지방의 중앙부에 위치한 도시다. 이번 추계에서는 젊은 여성 인구 변화율이 27.1퍼센트 감소로 추계되었지만, 후쿠이 현 내의 17개 자치단체 가운데 절반 이상인 9개 자치단체가 감소율 50퍼센트 이상의 '소멸 가능성 도시(이 가운데 4개 자치단체는 2040년의 추계 총인구 1만 명 미만)'라는 점을 감안하면 인구 유출을 일정 수준 억제했다고 할 수 있다.

사바에 시의 인구는 2014년 7월 현재 6만 8,892명이다. 증가율이 둔화되고는 있지만 확인 가능한 가장 오래된 시기인 1956년부터 장기간에 걸쳐 거의 증가 추세에 있으며, 인구 증가율은 후쿠이 현 내 1위다. 공식 사이트에 따르면 사바에 시는 안경 관련 산업이 번성한 것으로 알려져 있다. 메이지 시대 후반부터 시작된 이 산업은 1980년대에 세계 최초로 티타늄을 사용한 안경 프레임 제조에 성공함으로써 세계 시장에서 두각을 나타냈다. 안경 프레임의 국내 시장 점유율은 96퍼센트, 세계적으로도 20퍼센트를 차지하고 있으며, 지금은 높은 브랜드 파워를 가진 이탈리아, 저비용으로 승부하는 중국과 함께 세계 3대 생산지로 꼽히고 있다. 또 최근에는 안경 제조를 통해 키운 제조 기술을 활용해 정밀 기기나 의료 분야 등의 타 업종으로도 진출하고 있다.

이렇게 보면 사바에 시의 안경 산업은 언뜻 호조인 것처럼 생각되지만, 나카무라 게이스케(中村圭介)의 「안경과 희망 — 사바에의 도전」*에 따르면 다른 산업과 마찬가지로 중국의 대두로 어려움을 겪고 있다. 최근 20년 사이에 사바에 시에서 안경 생산에 관여하는 사업소는 40퍼센트, 관련 산업 종사자는 30퍼센트, 출하액은 30퍼센트가 감소했다. 이 점만을 보면 안경 산지로서의 사바에 시는 확실히 축소되고

---

* 도쿄대학 사회과학연구소·겐다 유지(玄田有史) 편저, 『희망학 내일의 저편에 — 희망의 후쿠이, 후쿠이의 희망(希望学 あしたの向こうに: 希望の福井福井の希望)』에 수록.

있다. 그러나 한편으로 한 사업소당 출하액은 최근 20년 동안 약 1억 1,000만 엔에서 1억 2,000만 엔 사이를 기록하고 있으며, 2008년에는 1억 4,000만 엔으로 과거 최고치를 기록했다고 한다. 사바에 시에는 세계화의 거센 파도에 끊임없이 맞서는 도전 정신이 왕성한 기업 경영자가 많은 것으로 알려져 있다. 이들이 사바에 시의 독자적인 산업을 지탱하며 인구 유출을 억제하고 있다고 할 수 있다.

또 사바에 시는 3대가 함께 사는 세대의 비율이 높기 때문에 맞벌이를 하더라도 육아가 용이하다고 한다. 게다가 인근의 후쿠이 시나 에치젠 시의 베드타운 기능도 겸비하고 있다.

홋카이도 니세코 정(관광)

제5장에서 잠시 언급한 홋카이도 니세코 정은 '니세코 샤코탄 오타루 해안 국정 공원'의 한 구석을 차지하고 있는 마을이다. 1955년에 8,435명이었던 인구는 이후 지속적으로 감소했는데, 1980년대에 4,500명 전후로 증감을 거듭하다 소폭 증가세로 돌아서 2014년 6월 현재 4,835명이 되었다. 이번 추계에서는 젊은 여성 인구 변화율이 38.4퍼센트 감소로 나왔지만(214쪽), 188개 시구정촌 가운데 '소멸 가능성 도시'가 149개나 되는 홋카이도에서는 감소율이 낮은 편에 속하며 젊은 여성의 유출도 적다.

니세코 정은 원래 이웃 마을인 굿찬 정과 함께 스키장을 주요 산업으로 삼는 관광지로 지명도가 높았다. 그러다 2000년대 이후 세계 유수의 파우더 스노(보송보송한 눈)로 인기를 모아 외국인 관광객이 모여들기 시작했다. 먼저 오스트레일리아에서 스키 관광객과 투자가들이 찾아왔고, 한국과 중국, 대만, 홍콩 등 아시아 각국의 관광객도 늘어났다. 그리고 지금은 스키 시즌인 겨울뿐만 아니라 래프팅과 카누 같은 여름 관광 산업도 활발해져 1년 내내 세계적인 휴양지로 변모했다.

외국인 관광객의 움직임을 민감하게 파악한 자치단체나 지역 상공회의 적극적인 자세도 물론 주목해야 할 대상이지만, 니세코 정에서 특히 주목해야 할 부분은 리더의 존재다. 관광청의 웹사이트 '관광 카리스마 일람'에 따르면 오스트레일리아 사람인 로스 핀들레이(Ross Findlay) 씨는 1990년에 일본을 처음 찾아왔다가 니세코 지역의 자연에 매료되어 1992년에 이웃 마을인 굿찬 정으로 이주했다. 그리고 1995년에 니세코 어드벤처 센터(NAC)를 설립해 겨울 스키뿐만 아니라 래프팅을 비롯한 여름 스포츠의 사업화에도 성공했다. 현재 NAC는 연간 3만 명의 관광객을 유치하며 니세코 정의 관광객 증가에 크게 공헌하고 있다. 핀들레이 씨는 젊은이가 동경하는 라이프스타일과 고용 기회를 동시에 제공하는 아웃도어 사업을 통해 젊은이의 정착을 유도함으로써 지역의 활성화를 이끌어낼 수 있다는 생각을 가지고 있다. 처음에 세 명으로 시작한 NAC의 직원 수도 현재는 80명에 이른다.

니세코 정과 같이 외부의 눈을 통해 지역의 매력이 부각되는 경우는 결코 드물지 않다. 전국의 자치단체에 관광은 커다란 잠재력을 지닌 산업이다. 필요한 것은 많은 사람을 받아들이기 위한 열의와 유연한 사고다.

오카야마 현 마니와 시(임업)

오카야마 현 마니와 시는 돗토리 현과 인접한 주코쿠 산지에 있는 시다. 헤이세이 대합병으로 2005년 3월말에 기존의 5정 4촌이 합병해 마니와 시가 되었다. 마니와 시의 인구는 합병 전인 1970년에 구 자치단체들의 인구 합계가 6만 2,608명을 기록한 이후 줄곧 감소해, 2014년에는 4만 8,765명이 되었다. 그리고 이번 추계에서는 젊은 여성 인구 변화율이 52.1퍼센트 감소(245쪽)로, '소멸 가능성 도시'가 되었다.

그러나 마니와 시는 베스트셀러가 된 모타니 고스케(藻谷浩介)·NHK 히로시마 취재반의 『산골 자본주의 – 일본 경제는 '안심의 원리'에 따라 움직인다(里山資本主義 – 日本経済は「安心の原理」で動く)』에 소개되면서 일약 유명해졌듯이 주목할 만한 시도를 하고 있다. 이 책에 따르면 마니와 시는 에너지 혁명의 최첨단에 서 있다. 그 내용은 '목질 바이오매스 발전(發電)'으로, 마니와 시의 주요 산업인 임업, 제재업에서 발생하는 '나뭇조각'을 연료로 사용해 전기를 만든다. 마니와 시는 '바이오매스 타운 마니와'가 되었고, 2010년에는 바이오매스 관련 연구·인재 육성을 위한 거점도 설립했다. 다른 산간 지역에서도 참고할 만한 시도라고 할 수 있다.

－사와다 준이치(澤田潤一), 다카야마 게이스케(高山圭介)

결국 도쿄도 축소되고, 일본은 파멸한다

모타니 고스케(藻谷浩介)
일본 종합연구소 주석 연구원

마스다 히로야(增田寬也)
일본 창성회의 좌장

JR 동일본과 도요타만이 알고 있다

모타니 ┊ 2004년이었던 것으로 기억하는데, 어느 경제학자가 정부의 심의회에서 "생산성이 높은 도쿄에 젊은이들을 집중시키지 않으면 일본의 경제 성장은 없다."라고 발언한 것을 직접 듣고 큰 충격을 받았습니다. '이런 소리를 하는 사람이 정책에 관여한다면 일본은 끝장이야.'라는 생각이 들었지요. 그로부터 벌써 10년이 지났습니다만, 여전히 마스다 씨께서 인구 문제에 관해 제언을 하고 소리 높여 경고해야 할 만큼 진보가 없었다는 데 경악할 따름입니다.

마스다 ┊ 2013년 3월에 국립 사회보장·인구문제 연구소(사인연)에서 '일본의 지역별 장래 추계 인구'를 발표했습니다. 이것을 읽어보면 일본의 인구 감소가 본격화되어 점점 빠른 속도로 진행되고 있음이 명백한데, 그럼에도 사람들의 인식은 '음, 저출산과 고령화가 여전히 계속되고 있구나.' 하는 정도에 그치고 있지요. 지방 정치에 몸담고 있어 인구 감소의 무서움을 뼈저리게 실감하고 있는 저는 이런 상황에 커다란 위기감을 느꼈습니다. 그래서 사인연의 보고에 지방에서 대도시권으로의 인구 이동 상황을 추가해 이대로 가면 가까운 미래에 일본에서 얼마나 무서운 일이 일어날지를 알기 쉽게 제시하고자 한 것이 보고서(《주오코론》 2013년 12월호 게재)를 작성하게 된 동기입니다.

모타니 ┊ 저출산이 진행될 뿐만 아니라 고령자도 줄어들고, 그 결과 일본의 거리가 지방의 작은 자치단체부터 차례차례 사라져간다는 얘기죠.

마스다 ┊ 적어도 정치 지도자는 그런 사실을 인식해야 하는데, 제대로 된 분석조차 없는 것이 현실입니다.

모타니 ┊ 저는 강연회에서 행정 담당자에게는 "납세자가 줄어듭니다.", 기업에게는 "고객이 사라집니다.", 정치가에게는 "유권자가 전부 노인이 되어도 괜찮겠습니까?"라고 말합니다. 전부 이미 일어나기 시작한 일인데, 다들 사태의 심각성을 깨닫지 못하고 있습니다.

가령 도쿄권의 생산 연령 인구(15~64세)는 2000년부터 감소하고 있습니다. 그런데 "이미 10여 년 전부터 도쿄의 현역 세대가 줄어들고 있습니다."라고 말하면 다들 깜짝 놀라지요. 다만 제가 갔던 기업 중에서 JR 동일본과 도요타는 '이변'을 깨닫고 있었습니다. 철도 회사는 정기권의 매출 추이를 통해, 도요타는 독자적인 판매망을 통해 그 사실을 안 것이지요.

마스다 ┊ 거꾸로 말하면 대부분의 기업은 그런 조사조차 하고 있지 않다는 뜻이군요. 어째서 사인연의 예측이 정책이나 기업 활동에 활용되지 않는지 의문입니다. 이건 자신들의 사활이 걸린 문제인데 말입니다.

모타니 ㅣ 그런 의미에서 보더라도 지금 이 시점에 마스다 씨께서 이 보고서를 발표한 것은 매우 의의가 크다고 생각합니다.

출산율이 높아져도 수십 년간 아이들의 수는 계속 감소한다

마스다 ㅣ 인구 문제를 이야기할 때 일본에서는 출산율만 문제시합니다. 이 점도 이야기하고 싶었던 포인트 중 하나입니다. 출산율이 낮으니 올려야 한다는 것은 물론 맞는 말입니다만, 출산율에만 주목하면 엄청난 착각을 하게 됩니다. 일본의 합계 특수 출산율은 2005년에 1.26까지 떨어졌지만 그 후 반전해서 2012년에는 1.41이 되었지요. 이대로 가면 결국 2 이상으로까지 회복되어서 프랑스처럼 인구가 증가할 것이라고 말하는 사람이 있습니다.

모타니 ㅣ 네? 그런 이야기를 하는 사람까지 있습니까!?

마스다 ㅣ 안타깝지만 그런 시나리오는 불가능합니다. 정작 중요한 출산 적령기의 여성의 수가 급속히 줄어들고 있으니까요. 지방에 가면 저는 "1970년 정도부터 지금까지 이 지역의 20대, 30대 여성 인구의 추이를 조사해주십시오."라고 부탁합니다. 여러 가지 지표가 있지만, 이것이 가장 생생한 현실을 이해할 수 있게 해주지요.

모타니 ㅣ 저도 2007년에 출판한 『실측! 일본의 지역력(実測!ニッポンの地域力)』에서 "출산율은 앞으로도 상승하겠지만 출산 자체는 줄어든다."라고 썼습니다. 문제는 어디까지나 아이들의 수입니다. 여기에는 두 가지 독립변수가 있는데, 하나는 말씀하신 대로 출산 적령기 여성의

절대수이고, 다른 하나는 출산율입니다. 변수 중 하나에만 집착해서 일희일비하는 것만큼 어리석은 일은 없지요. 초등학생도 알 수 있는 논리라고 생각하는데, 어째서인지 도쿄대학을 나온 엘리트들은 이걸 깨닫지 못하고 있습니다.

여담이지만, 요즘 언론에서는 아베노믹스 효과로 소비가 매우 활발해지고 있다고 열심히 보도하고 있지 않습니까? 그런데 경제 산업성이 발표한 소매업 판매액 통계, 다시 말해 일본에서 얼마만큼 물건이 팔렸느냐를 나타낸 수치를 살펴보면 2013년 1~8월의 누계가 전년 동기에 비해 0.1퍼센트 감소했습니다. 소비재의 10퍼센트 정도를 차지하는 연료 가격이 명백히 인상되었는데도 말이지요. 어디에서 뽑아왔는지 알 수 없는 '성장률'을 내세워서 "일본 경제가 호전됐다!"라고 외치고 있지만, 하나를 보면 열을 안다고, 실상과는 거리가 먼 데이터를 바탕으로 정책이 결정되고 있습니다.

마스다 ㅣ 원점으로 돌아가서 출산 적령기 여성의 절대수와 출산율 양쪽을 분석해 각각의 대책을 마련하는 작업이 필요합니다. 다만 설령 2030년까지 출산율을 2.1로 회복시키는 데 성공하더라도 인구 감소가 멈추는 것은 60년 뒤입니다. 그런 시간 감각도 반드시 공유했으면 합니다.

고령자마저 줄어들어 벼랑 끝에 몰리는 지방

모타니 ㅣ 보고서에도 나와 있듯이 지역마다 인구 감소에 시간차가 있어서, 지방의 대부분은 대도시권에 비해 30년 내지 50년이나 빠르게 인구 감소가 진행되고 있습니다.

마스다 ┃ 어떤 의미에서는 '저출산·고령화'라는 말에 가려져 있었는데, 아까 말씀하셨듯이 지방에서는 이미 저출산과 동시에 고령 인구의 감소도 시작되었습니다. 여기에서도 '고령화율'이 아니라 절대수의 감소가 큰 문제가 됩니다. 지방에서는 의료와 개호 등 고령자를 뒷받침하는 산업의 비율이 높은데, 이것이 공동화(空洞化)되어가고 있지요.

모타니 ┃ 소비에 관해 살펴봐도 사실 지방에서 가장 큰 현금 흐름은 연금이니까 고령 인구가 줄면 그 영향이 막대합니다.

마스다 ┃ 맞습니다. 지방의 중간 규모 도시를 생각하면, 지방 경제를 돌리는 세 축은 연금과 공공사업, 그 밖의 '독자적인' 산업입니다. 이 세 가지가 각각 3분의 1의 비중을 차지하지요.

모타니 ┃ 당연한 말이지만, 연금 수입은 65세 이상의 절대 인구와 비례합니다. 일본 전체를 보면 그 연령층은 앞으로 10년 뒤에 30퍼센트 증가하면서 정점을 찍게 됩니다만…….

마스다 ┃ 중산간 지역은 이미 감소 단계에 접어들었습니다.

모타니 ┃ 그렇게 되면 고령자의 연금으로 버티던 편의점이 망하고, 주유소가 망하게 됩니다. 지방 도시에서 강연할 때면 저는 "앞으로 연금 수입도 줄어들 것이기 때문에 여러분은 위기 상황에 처하게 됩니다." 라고 이야기합니다. 이 현실을 문자화한 것도 아마 이번 보고서가 처음일 겁니다.

마스다 ┃ 의료·개호 관련 산업은 지방의 젊은이들을 고용하는 역할을 했습니다. 이것이 쇠퇴한다는 것은 그들이 일할 곳이 사라진다는 것을 의미합니다. 그러면 자연스럽게 일자리를 찾아서 대도시로, 도쿄로 떠나게 되겠지요. 젊은이가 사라지면 자녀의 수는 계속 감소합니다. 이렇게 해서 시골의 마을들은 사라져가겠지요. 이것은 결코 과장된 이야기가 아닙니다.

도쿄는 인구의 블랙홀

모타니 | 그렇다면 도쿄는 그런 젊은이들을 수용할 능력이 있을까요? 그 답은 '아니요'입니다. 지금도 젊은이들을 저임금으로 고용해 '쓰고 버리는' 곳이 도쿄라는 도시입니다. 그런 곳에 일자리를 원하는 지방 사람들이 대거 유입된다면 어떻게 될까요? 그런 곳에 젊은이들이 모여들면 저출산이 더욱 심각해질 것은 불 보듯 뻔합니다. 집값은 비싸고, 지원이나 원조는 부족합니다. 도쿄 등의 대도시는 지방에 비해 자녀를 키우기가 훨씬 어려운 환경이거든요.

마스다 | 아까 2012년의 출산율이 1.41이라고 말씀드렸는데, 도쿄의 출산율은 1.09입니다. 47개 도도부현 가운데 독보적인 꼴찌라는 사실이 그것을 여실히 말해주지요.

모타니 | 출산율 데이터는 그런 식으로 사용해야 합니다(웃음). 출산율 1.09라는 것은 부부 두 사람이 대략 자녀 한 명을 낳는다는 의미이지요. 이것이 3대 동안 계속된다면 어떻게 될까요? 0.5의 세제곱은 0.125니까, 도쿄에 100명의 젊은이가 모였다면 증손의 대에는 12, 13명이 된다는 계산이 나옵니다. 다만 이런 이야기를 엘리트 관료나

경제학자에게 하면 그들은 "그렇게는 되지 않습니다."라고 말합니다.

마스다 | 뭐라고 반론을 하던가요?

모타니 | 시골에서 도쿄로 상경하는 사람들이 있으니 괜찮다더군요. 앞에서도 이야기한 지방의 실태를 알면 그런 '인재 풀'도 조만간 고갈될 것임을 명백히 알 수 있는데 말입니다.

실제로 도쿄의 인구는 정점을 찍은 상태입니다. 사인연의 데이터에 따르면 2000년부터 10년 사이에 도쿄와 지바, 사이타마, 가나가와의 인구는 220만 명 늘어났습니다. 그런데 2010년부터 2020년까지는 7만 명밖에 늘어나지 않을 것으로 예상되고 있습니다. 게다가 이건 총인구니까, 생산 연령 인구는 아까도 언급했듯이 이미 상당히 비극적인 수준이라고 할 수 있지요. 그리고 방금 2000년부터 10년 사이에 220만 명이 늘어났다고 말씀드렸는데, 같은 시기에 65세 이상은 250만 명 늘어났습니다. 요컨대 65세 미만은 30만 명이 줄어들었습니다.

마스다 | 앞으로는 더욱 심각한 상황이 되겠군요.

모타니 | 2030년부터 2040년에 걸쳐 수도권의 생산 연령 인구는 14퍼센트 감소할 것으로 예측되고 있습니다. 전국 평균인 15퍼센트 감소와 거의 차이가 없어지는 것이지요.

마스다 | 원래 시골에서 자녀를 키워야 할 사람들을 빨아들여서 지방을 소멸시킬 뿐만 아니라 모여든 사람들이 아이를 낳지 못하게 해 결과적으로 나라 전체의 인구를 감소시킨다……. 저는 이것을 '인구의 블랙홀 현상'이라고 명명했습니다.

모타니 | 참으로 절묘한 표현인 것이, 도쿄는 '인간을 소비하는 도시'입

니다. 그런 곳에 젊은이들을 더 모으라는 것은 일본이라는 나라를 소멸시키려는 음모지요(웃음).

죽을힘을 다해 철수 작전을 펼쳐라

마스다 ː 일본은 다른 정책도 마찬가지입니다만, 가령 이 문제의 경우 인구 증가를 전제로 한 가지 정책 구조를 완성하면 절대 그것을 바꾸려 하지 않습니다. 그것은 정부든 관청이든 민간 기업이든 마찬가지입니다. 과거의 성공 체험이 각인된 사람들이 윗자리를 차지하고 있어서인지도 모르겠습니다.

모타니 ː 이 문제에 대해 많은 사람들과 토론하면서, 리더들이 하나같이 매사를 옳은가 그른가의 관점이 아니라 주변이 어떻게 움직이고 있는가의 관점에서 생각하는 '입시 엘리트'들임을 통감했습니다. 그들이야말로 모든 악의 근원입니다.

조금 이야기가 샛길로 빠집니다만, 급격한 인구 감소는 일본 고유의 문제가 아니라 아시아 각국의 공통된 위기입니다. 요전에 미국에 갔을 때 그런 이야기를 했습니다.

마스다 ː 반응은 어땠습니까? 이해가 빠르지 않던가요?

모타니 ː 말씀하신 대로입니다. 초보수파인 헤리티지 재단부터 민주당 계열인 카네기 재단까지 두루 찾아다니며 의견을 교환했는데, 다들 "그건 분명히 문제"라고 하더군요.

마스다 ː 외국에서는 인구 문제에 대한 위기의식이 높습니다. 정치가를 비롯해 많은 사람들이 인구론을 제대로 공부하지요.

모타니 ｜ 경제학을 가르칠 때 제일 먼저 인구에 대해 가르치니까요. 그러니까 출산율이라든가 실업률 같은 것에 무작정 집착하지도 않습니다. 거시경제학은 기본적으로 비율이 아니라 절대수라는 것이 일본을 제외한 세계의 공통된 인식입니다.

마스다 ｜ 이제부터라도 사람들의 생각이 바뀌기를 바라는 수밖에 없습니다. 일본의 인구 감소가 지금까지 이야기한 메커니즘으로 가속되고 있는 이상, 인구의 도쿄 일극 집중을 막고 지방이 자립하는 사회를 건설해나가는 것이 구체적인 대책 중 하나가 되겠지요.

하지만 그렇게 말하면 도쿄의 기능을 어떻게 지방으로 퍼트리느냐는 쪽으로 이야기가 전개되는데, 저는 그와는 다른 논의를 해야 한다고 생각합니다.

모타니 ｜ 그래서 '방어·반전선'의 구축을 제창하시는 것이군요.

마스다 ｜ 개요는 보고서에 나와 있습니다만, 한마디로 말하면 산간 지역을 포함한 모든 지역의 인구 감소를 억제하려고 에너지를 쏟아붓지 말고 지방 중핵 도시에 자원을 집중해서 그곳을 최후의 보루로 삼고 재생을 꾀하자는 것입니다. 군이 도쿄로 떠날 필요가 없는 젊은이들을 지방에 남게 한다는 구상이지요.

모타니 ｜ 지방에 따라서는 인구가 절반이 되고 3분의 1이 될지도 모르지만 그 이상은 유출되지 않도록 방어선을 긋는다는 의미이군요. 지금보다 훨씬 축소되기는 하겠지만 소멸만은 막는다는 얘기인데, 참으로 현실적인 처방전이라고 생각합니다.

마스다 ｜ 참고로 이런 방향의 발상이 지금까지 전혀 없었느냐 하면 그렇지는 않습니다. 가령 제가 총무 장관이었을 때 모타니 씨께서도 심의회 멤버로 참여하셨던 '정주 자립권 구상'이 있습니다. 도시가 기능을 분담하고 광역 연계를 통해 하나의 경제권, 생활권을 구축해 자립한다는 구상이었지요.

사실 후쿠다 야스오(福田康夫) 당시 총리는 '연고지인 군마에서 젊은 이들이 도쿄로 빠져나가고 있다. 이를 막을 방법이 없을까?'라는 문제의식을 갖고 있었습니다. 후쿠다 씨는 이것을 인구 유출을 막는 '댐 기능'이라고 말했는데, 이 문제에 관해 사태의 본질을 제대로 이해하고 있었던 셈이지요.

모타니 ㅣ 지금 하신 말씀에 조금 덧붙이자면, 군마 현에는 다카사키와 마에바시라는 거의 같은 규모의 두 도시가 있어서, 둘을 합치면 인구 100만 명에 가까운 도시권이 됩니다. 그런데 안타깝게도 두 도시가 완전히 나뉘어 있지요. 그 결과 50+50이 아니라 30+30으로 도시 기능이 상쇄되어버렸습니다. 한편 이웃의 도치기 현에 있는 우쓰노미야 시는 인구가 50만 명을 조금 넘는 정도이지만, 다카사키 시나 마에바시 시보다 훨씬 도시 집적이 잘 되어 있고 시가지 규모도 큽니다. 어엿한 중핵 도시로서의 역할을 담당하고 있지요.

마스다 ㅣ '방어선'을 생각할 때 암시하는 바가 큰 예라고 생각합니다.

모타니 ㅣ 저도 마스다 씨의 생각에 찬성합니다. 다만 지금보다 후퇴한 곳에 선을 긋고 어떻게든 그 선을 사수한다는 것은 그야말로 일본인들이 싫어하는 '지는 싸움'이라서 말이지요.

마스다 ㅣ 맞습니다. '철수 작전'이지요.

모타니 ㅣ 저는 강연에서 "제2차 세계대전이 끝난 8월 15일에 자카르타와 홍콩, 싱가포르가 어느 나라의 점령 아래 있었는지 아십니까?"라는 퀴즈를 종종 냅니다. 답은 전부 일본입니다. 말로는 본토 결전을 외치면서도 병사들을 본토로 불러들여 집중시키는 선택조차 하지 않고 시간을 낭비한 끝에 비극을 초래하고 말았지요. 그런 어리석은 행동을 반복해서는 안 됩니다.

저는 현재 상황에서 굳이 '반전(反轉)'을 말할 필요는 없다고 생각합니다. '방어'라면 인구가 줄더라도 "감소세를 억제하는 데 성공했다."고 평가할 수 있습니다. 하지만 반전을 말하면 '지속적인 상승'을 생각하는 사람들은 틀림없이 "인구 감소세를 반전시키지 못했으니 실패야."라고 말할 겁니다.

마스다 | 일리가 있는 말씀이군요. 그와 동시에 저출산이 여기까지 진행된 이상, 인구가 줄어드는 것을 전제로 파이를 적절히 줄여나갈 방법을 생각해야 합니다. 국면에 맞춰 최대한의 풍요를 누릴 수 있도록 효과적인 대책을 강구해야 하지요. 안 그러면 통증을 키우다가 결국 블랙홀에 빨려들어가 최후를 맞이하는 최악의 시나리오가 전개될 수도 있습니다.

지방으로 향하는 젊은이들이 보여주는 희망의 불씨

모타니 | 앞날을 내다보기는 어려운 일이지만, 지방을 시작으로 극심한 인구 감소 시대에 돌입해 인구가 3분의 1 또는 4분이 1로 줄어들 우려가 있습니다. 다만 어딘가에서 인구 감소를 멈출 수는 있을 겁니다.

제안하신 시책을 구체화한다면 말입니다.

마스다 | 이번 보고서에는 그 전망까지는 적지 않았습니다. 그건 다음 번의 과제입니다.

모타니 | 지나친 낙관이라는 지적을 각오하고 말씀드리는 것입니다만, 지금의 도쿄나 오사카의 상황을 보면 수입이 없더라도 시골에 정착하는 젊은이가 앞으로 늘어나지 않을까 전망합니다.

마스다 | 가령 총무성이 지원하는 '지역 활성 협력대 제도'를 통해서 쓰시마에 이주해 자연 자원 보전 활동을 펼치고 있는 여성의 이야기를 들어보면 참으로 대단하다는 생각이 듭니다. 대학원을 나온 커리어를 살려서 활동하면서 현지의 청년과 결혼도 할 예정이라더군요. 다른 지역에도 적지 않은 젊은이가 '협력대'에 뛰어들고 있습니다. 아직은 시작 단계이겠지만, 그런 예비군이 꽤 있지 않을까 하는 느낌을 받았습니다.

모타니 | 그건 말하자면 동물의 본능이 아닐까 하는 생각도 듭니다. 이런 얘기를 하면 비난할 사람도 있겠지만, 1960년대에 따오기 한 무리가 갑자기 중국으로 날아갔다고 합니다. 추측컨대 도전 정신이 넘치는 한 무리가 이대로 일본에 있어봤자 절멸할 뿐임을 깨닫고 바다 건너 일본처럼 계단식 논농사 환경인 중국의 오지까지 날아가 신천지를 발견한 것이지요. 그리고 지금은 그 자손이 역수입되고 있다고 합니다.

마스다 | 그런 일이 있었군요.

모타니 | 한편 일본에 남았던 무리는 아니나 다를까, 죽음을 맞이했습니다. 바로 이와 같은 일이 지금의 젊은이들에게 일어나고 있다는 생각이 듭니다.

저는 기업도 생각을 바꿔야 한다고 봅니다. 가령 네슬레 본사는 레만 호반의 작은 마을에 있습니다. 사장 이하 사원들은 그곳에 살면서 한가할 때면 요트를 타고 놉니다. 그러면서도 전 세계적으로 사업을 펼치고 있지요. 그러니까 도쿄에 거점을 둬야만 정보를 입수할 수 있는 것은 절대 아닙니다.

참고로 미국의 100대 기업 가운데 뉴욕에 본사를 둔 곳은 4분의 1에 불과합니다. 그런데 일본의 경우는 70퍼센트가 도쿄에 본사를 두고 있습니다.

마스다 | 모든 기업이 마루노우치*에 모여 있는 것은 외국 사람들의 눈에는 이상한 광경이지요.

모타니 | 실제로 도요타처럼 도요타 시에서 중심축을 옮기지 않는 기업도 있지 않습니까?

마스다 | 다행인 것은 젊은 인재들이 있다는 것입니다. 노동력을 조달하는 방식이 도쿄와는 전혀 달라질 터이므로 기업은 그 점도 진지하게 생각해봐야 합니다.

모타니 | 좀 더 이야기하면, 국민도 발상을 전환해야 하지 않을까 싶습니다. 제게는 아들이 둘 있는데, 대학을 나와서 대기업에 들어가 매일같이 야근에 시달리는 인생을 걸게 하고 싶지는 않습니다. 자손도 남기지 못하고 소비될 뿐인 인생보다는 시골에 가서 농업에 종사하며 1년에 200만 엔 정도를 버는 편이 훨씬 행복하다고 생각합니다. 그런데 세상에는 이런 사람들을 '패배자'로 생각하는 풍조가 있습니다. 그

---

* 일본 경제의 중심적인 도쿄 빌딩가. – 옮긴이

런 풍조는 바람직한 인구 이동을 저해합니다.

마스다 | 다시 한 번 말씀드리지만, 모두가 사실을 직시하고 위기감을 공유하는 것부터 시작해야 합니다. 2040년이라고 하면 먼 미래처럼 생각되지만, 당장 저 자신만 해도 그때까지 살아 있을 확률이 절반은 되지요(웃음).

모타니 | 85세 이상의 인구가 이렇게 늘어났다는 사실만 봐도 그건 맞는 말씀입니다(웃음).

마스다 | 미래를 생각하면 암담한 기분도 들지만, 병과 마찬가지로 치료를 시작하려면 하루라도 빨리 시작하는 편이 낫습니다. 이번의 제언을 계기로 이 논의가 본격화되기를 바라는 마음입니다.

－구성/미나미야마 다케시(南山武志)

모타니 고스케

1964년에 야마구치 현에서 태어나 도쿄 대학 법학부를 졸업하고 일본 개발 은행(현 일본 정책 투자 은행)에 입사했으며, 2012년부터 일본 종합연구소 수석 연구원을 맡고 있다. 저서로는 『실측! 일본의 지역력』, 『디플레이션의 정체』, 『산골 자본주의』(공저) 등이 있다.

인구 급감 사회에 대한
처방전을 모색한다

고이즈미 신지로(小泉進次郎)
부흥 장관 정무관

스다 요시아키(須田善明)
미야기 현 오나가와 정장(町長)

마스다 히로야
일본 창성회의 좌장

인구 예측은 어떤 미래 예측보다도 정확도가 높다

고이즈미 │ '숫자는 강력하다.' 이것이 마스다 선생님을 비롯한 일본 창성회의 인구 감소 문제 검토 분과회가 발표한 통칭 '마스다 리스트'를 본 첫인상이었습니다. 홋카이도부터 오키나와까지 모든 자치단체에 대해 20~39세의 '젊은 여성 인구'가 2010~2040년에 어떤 추이를 보일지 예측해 제시한 실제 수치는 제게 강렬한 충격을 줬지요.

스다 │ 저희 오나가와 정은 '소멸 가능성 도시'에 이름이 올라갔습니다. 오나가와의 숫자 자체는 민간 조사 등을 통해 동일본 대지진 전부터 각오하고 있었지만, 도시부터 시골에 이르기까지 일본 전국의 상황이 이렇게까지 심각하리라고는……. 정말 충격적이었습니다.

고이즈미 │ 제 선거구는 가나가와 현 요코스카 시와 미우라 시인데, 도쿄 도심에서 전철로 1시간 정도 거리라서 도시권에 속한다고 생각하는 사람도 많습니다. 그런데 요코스카는 41.9퍼센트, 미우라는 57.9퍼센트나 감소한다고 합니다(227쪽). 지진으로 피해를 입은 도호쿠의 오나가와 정과 별 차이가 없지요. 일본의 인구 감소는 지방의 과소화*라는 영역을 넘어서 이미 수도 도쿄의 코앞까지 다가왔습니다.

마스다 리스트를 발표한 뒤에 다양한 반응이 들려 왔습니다. 개중에는 "과장이 아닌가?"라는 목소리도 있는데, 이번 인구 예측은 경제 예측보다 정확도가 높습니다. 일본에서 나오고 있는 온갖 미래 예측 가운데 가장 정확하다고 자부합니다. 오히려 아무 것도 하지 않으면 더 심각한 결과를 초래할 수도 있음을 우려해야 한다고 생각합니다.

어쨌든 스다 씨께서 말씀하셨듯이 리스트를 보면 지금까지는 막연히 우리 마을에서만 일어나는 줄 알았던 인구 감소 현상이 사실은 멀리 떨어진 자치단체에서도 일어나고 있음을 실감할 수 있을 것입니다. 자치단체의 층위에서 인구 문제를 생각하는 공통의 기반이 만들어진 셈이지요.

인구 감소를 전제로 하는 부흥

고이즈미 | "도호쿠 재해 지역의 모습은 바로 미래의 일본이다."라는 말이 있습니다. 인구 감소 문제도 마찬가지입니다. 다만 재해 지역의 미래를 냉정하게 바라봤을 때 이번 리스트의 숫자는 '정말 이 정도밖에 안 될까?'라는 것이 솔직한 느낌입니다. 내년(2015년)의 국세 조사 결

---

* 過疎化: 인구가 대규모로 급격히 감소함에 따라 지역 사회의 기능이 저하되어 주민들이 일정 생활수준을 유지할 수 없게 되는 것. - 옮긴이

그림8-1 2040년에 20~39세인 여성이 50퍼센트 이상 감소하는 시구정촌

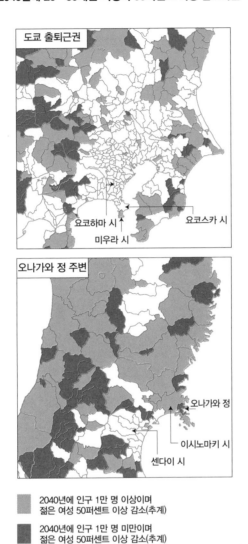

도쿄 출퇴근권

요코하마 시
미우라 시
요코스카 시

오나가와 정 주변

오나가와 정
이시노마키 시
센다이 시

■ 2040년에 인구 1만 명 이상이며
젊은 여성 50퍼센트 이상 감소(추계)

■ 2040년에 인구 1만 명 미만이며
젊은 여성 50퍼센트 이상 감소(추계)

(인구 이동이 진정되지 않는다는 전제로 추계)

(비고) 일반 사단 법인 홋카이도 종합연구조사회(HIT)의 데이터를 바탕으로 작성

과를 바탕으로 재조사를 실시하면 더 심각한 결과가 나올 가능성도 있지 않을까요?

마스다 | 말씀하신 대로 이번 예측은 2010년의 국세 조사를 바탕으로 한 것이라 동일본 대지진이라는 사건이 반영되지 않았습니다. 재해 지역에 관해서는 '낙관적'이라는 말을 들어도 어쩔 수 없습니다.

스다 | 저도 이대로 가면 더 심각한 현실이 기다릴 것이라고 느끼고 있습니다. 그렇게 되지 않기 위해서라도 부흥을 추진해야 합니다. 오나가와에 대해 잠깐 언급하자면, 주택 확보를 비롯한 주민 생활의 재건 등을 최우선으로 삼는 것은 당연한 일이고, 가령 '30년 뒤의 지방 소도시의 바람직한 모습은 무엇일까?'라는 미래의 모습을 항상 염두에 두면서 검토해왔습니다. 기본적으로는 인구 감소를 전제로 사람들의 활동 동선을 집약하는 콤팩트 시티를 지향하고 있는데, 이때 또 한 가지 중요한 점은 지금 옳다고 생각한 일이 10년 뒤에도 정답일지는 장담할 수 없다는 것입니다. 미래 세대가 변경하거나 새롭게 도전할 여지도 남겨둬야 한다고 생각하고 있습니다.

고이즈미 | 그것은 정말 중요하면서도 어려운 과제입니다. 부흥 정책의 밑그림은 그려야 하지만, 빈틈없이 그려도 안 된다는 얘기지요. 특히 재해 지역은 지역 구성의 변화가 가속될 터이므로 말씀하신 바와 같이 그 변화에 대응할 수 있는 디자인이어야 합니다.

동시에 쓰나미나 원자력 발전소 사고는 원래 지역에 존재했던 과제를 더욱 첨예화시킨 사건입니다. 이 일을 계기로 구조적인 과제도 해결하는 부흥이 일어나지 않으면 '재해 전의 약점을 여전히 끌어안은 채로 부흥한 재해 지역'이 되어버릴 위험성이 있습니다.

스다 | '어떤 마을로 만들어나갈 것인가?' 하는 관점이 참으로 중요하다고 생각합니다. 얼마 전에 텔레비전 다큐멘터리 방송에서 오나가와에 있는 전통 깊은 어묵집의 제4대 계승자가 "우리는 도쿄와 반대로 갈 것입니다."라는 발언을 했습니다. 참으로 이해하기 쉬운 메시지였습니다. 어떤 지역이든 그곳에만 있는 것이 하나쯤은 있을 터입니다. 그것은 생산품일 수도 있고, 그곳의 정취라든가 역사, 사람들이 살아가는 모습일 수도 있습니다. 여러 가지 요소를 전부 갖추려고 하는 것은 무리이므로 그런 특별한 것을 살려서 '도쿄와는 다른' 지역적 특성을 살려나간다는 것은 시사하는 바가 크다고 생각합니다.

마스다 | 지진이나 태풍이 지나간 뒤에 재해 지역을 '원래대로 되돌리는' 부흥은 지금까지 수없이 시도되어왔습니다. 여기에는 인구가 늘어나고 경제가 발전할 것이라는 전제 조건이 있었지요. 하지만 이번 도호쿠 대지진의 경우는 처음으로 인구 감소, 도쿄 일극 집중의 시대 속에서 부흥의 밑그림을 그리게 됩니다. 이런 때에 부흥의 당사자 입에서 '도쿄와 반대'라는 말이 나왔다니 마음이 상당히 든든해지는군요. 그런 싹을 키워나간다면 30년 후에는 확실하고 의미 있는 부흥으로 연결되지 않을까 싶습니다.

고이즈미 | 제 고향인 요코스카에서는 거리의 상징적인 존재였던 백화점이 2010년에 매장을 대폭 줄였습니다. 지역 경제의 쇠퇴가 명확해졌음을 새삼 받아들이게 된 사건이었는데, 사실 저는 그때 고향 사람들에게 그 어묵집 제4대 계승자와 똑같은 말을 했습니다. "백화점이야 도쿄에 얼마든지 있지 않습니까? 사라진 것을 슬퍼하지 말고 어떻게 하면 도쿄에는 없는 특색 있는 거리를 만들 수 있을지 진지하게 고

민해나가는 것이 중요합니다."라고 말이지요. 이번에 가나가와 현 전역이 '도쿄권'의 국가 전략 특구로 지정되었습니다. 예를 들면 이런 정책도 활용하면서 과연 무엇을 할 수 있을지 각자가 고민해야 한다고 생각합니다.

스다 ┃ 먼저 '균형 잡힌 국토 발전'이라는 표어를 버리는 것부터 시작해야 한다고 생각합니다. 평등주의적 균형 같은 것은 애초에 불가능하니까요. 다만 그렇다고 해서 "날 때부터 특별한 온리원"을 외치며 "넘버원이 되지 않아도 돼", "노력하지 않아도 괜찮아"라는 방향으로 흐르는 것은 문제입니다. 제 생각에 이 노래*의 핵심은 '그 꽃을 피우는 데만 최선을 다하면 된다'는 것이지요. 정치가들이 이 점을 명확한 메시지로 제시하는 것이 중요하다고 봅니다.

축소를 향한 주민 합의를 어떻게 이끌어낼 것인가

고이즈미 ┃ 저는 스다 씨에게 인구 급감·초고령화 사회를 극복할 처방전 작성을 목표로 한 내각부의 '선택하는 미래' 위원회의 워킹 그룹에 참가해달라고 부탁드렸습니다. 상징적인 과제가 발생하고 있는 재해 지역 현장의 목소리를 반영할 필요성을 느꼈기 때문입니다.

　스다 씨를 이곳에 초대한 데도 이유가 있습니다. 리스트를 보고 우

---

* 2003년에 일본 최고의 히트곡이었던 SMAP의 '세상에 단 하나뿐인 꽃'을 가리킨다. ― 옮긴이

리 마을이 인구 급감의 위기에 노출되었음을 알았습니다. 그렇다면 어떻게 해야 할까요? 기존의 정책을 바꾸자, 마을을 새롭게 만들자고 생각하겠지요. 이때 마을의 수장은 '어떻게 주민 합의를 이끌어낼 것인가?'라는 어려운 문제에 직면할 수밖에 없습니다. 저는 오나가와가 그 어려운 합의과정을 재해 지역 중에서도 상당히 능숙하게 이끌어냈다고 생각합니다.

스다 | 어디까지나 결과론이긴 합니다만…….

고이즈미 | 성장 시대의 긍정적인 이야기라면 합의를 이끌어내기가 그리 어렵지 않습니다. 하지만 되도록이면 피하고 싶은 과제라면 이야기가 달라지지요. 다들 머리로는 필요성을 이해하면서도 좀처럼 고개를 끄덕이지 못하기 마련입니다.

마스다 | 어떤 의미에서는 민주주의가 시험대에 올랐다고도 할 수 있습니다. '부담의 증가를 어떻게 처리할지', 또는 '축소를 받아들일지' 라는 주제가 논의되면 아무래도 쉽고 편한 방향으로 흘러가기 십상입니다. 미루고 미루다가 결국 기존의 방침에서 조금 바꾸는 시늉만 하는 것이 지금까지 많이 볼 수 있었던 패턴이지요.

고이즈미 | 이번에 오나가와에서는 지진을 계기로 유출된 인구가 예상을 초월하는 바람에 안타깝지만 당초 생각했던 마을 부흥 구상을 실현하기가 어려워졌습니다. 그러자 기존의 안을 더욱 축소시킨 계획을 제안했습니다. 그리고 주민들과 수없이 대화를 반복한 끝에 결과적으로는 찬성을 얻어냈습니다.

스다 | 원안의 토지 이용 계획 같은 안건은 마을 밖의 가설 주택까지 포함해 먼저 40회 정도 주민 설명회를 열었습니다.

마스다 │ 말씀은 쉽게 하시지만, 설명회를 40회나 개최한다는 건 정말 엄청난 에너지를 필요로 하는 일이지요.

스다 │ 설명회에서는 부흥의 청사진을 제시하면서 세 가지를 반드시 이야기했습니다. 첫째는 '부흥 재원의 대부분은 국비이지만, 1,000억 엔이 들어간다면 800엔, 2,000억 엔이 들어간다면 1,600엔을 모든 국민이 우리 마을의 부흥을 위해 부담하는 것이므로 국비라고 해서 아무렇게나 써도 괜찮다고 생각해서는 안 된다.'는 이야기였고, 둘째는 '안전한 택지를 만들면 부흥이 아니다. 그것을 통해 미래의 세대가 물려받을 마을을 만들 수 있느냐가 중요하다. 현재만을 생각하지 말고 미래를 내다보며 현 상황을 뛰어넘는 것이 중요하다.'는 이야기였습니다. 그리고 마지막으로 '부흥은 당사자인 우리 한 사람 한 사람이 함께 노력해야 하는 일이며, 스스로 떨치고 일어서려는 자세가 없다면 지원의 손길도 멀어질 것이다.'라는 인식을 공유하도록 촉구했습니다.

이후 마을 부흥 사업을 설명하거나 사업 축소를 비롯해 계획을 변경할 때마다 30곳 정도를 두 번씩 찾아다닌 것까지 포함하면 전부 150회 정도 설명회를 열었습니다.

고이즈미 │ 그런 꾸준한 노력으로 어려운 과제를 극복한 자치단체가 재해 지역에 있습니다. 앞으로 인구 급감 시대가 찾아오면 똑같은 문제에 직면할 전국의 자치단체에 하나의 귀감이 될 수 있지 않을까요?

스다 │ 다만 오나가와의 특수성도 감안할 필요가 있습니다. 저희는 마을의 건물이 70퍼센트 이상 쓸려나가는 커다란 피해를 입었습니다. 주민의 대부분이 비슷한 처지에 놓였지요. 이것이 모든 주민이 같은 방향으로 나아갈 수 있게 하는 밑바탕이 되었다고도 할 수 있습니다. 그렇기에 다들 자신의 토지에 대해 이런저런 생각이 있으면서도 "일단은 토지 조성을 인정할 테니 빨리 시작해주시오."라며 협력해준 것이지요.

고이즈미 | 그렇다고는 해도 이번 오나가와의 사례는 지방에 있는 소규모의 '소멸 가능성 도시'라도, 아니 소규모이기에 기동성 있게 여러 가지 새로운 시도를 할 수 있음을 실제로 보여줬다고 생각합니다. 반대로 어느 정도의 인구를 보유했으면서 '소멸 가능성 도시'로 지정된 자치단체, 예를 들어 아키타나 아오모리, 하코다테, 아사히카와 같은 곳은 정책 전환에 어려움이 많을지도 모르겠습니다.

마스다 | 30~40회의 설명회로 '충분했던' 것은 지역 규모가 오나가와 정도의 크기였기 때문이라는 측면도 분명히 있습니다. 인구가 30만 명쯤 되는 도시라면 수장이 주민 전체를 대상으로 설명하기는 불가능합니다. 그러므로 주민 합의 형성을 위해 '오나가와 방식'과는 다른 대책을 궁리할 필요가 있습니다.

한편 소규모 자치단체의 경우는 말씀하신 대로 원만히 합의에 이르러 효과적인 대책을 실행에 옮긴다면 언젠가 상황이 크게 바뀌어 인구 감소에 제동이 걸릴 가능성도 있다고 봅니다.

'현대판 참근 교대'로 국가와 지방의 벽을 허문다

고이즈미 | 정부가 인구 감소 문제를 국가의 최고 중요 과제로 상정하고

노력하는 자세로 시책을 구체화해야 합니다. 그리고 지방이 그런 정부 시책과 연동하면서 새로운 방향성을 모색해나가야 합니다. 이때 성패를 좌우하는 열쇠는 역시 '사람'입니다. 과연 지역에 그것을 수행할 만한 인재가 있느냐는 것이지요.

마스다 ┃ 그것이 문제입니다.

고이즈미 ┃ 얼마 전에 지방의 국회의원과 이야기를 나눴는데, 지역의 진짜 우수한 젊은이들은 가스미가세키* 로 가서 돌아오지 않는다고 하더군요. 앞으로 생각해야 할 것은 그런 우수한 인재가 국가와 지방을 연결하는 다리 역할을 수행할 수 있도록 하는 제도적 장치를 마련하는 것이 아닐까요? 이것이 제가 갖고 있는 문제의식입니다. 국가 공무원이 고향으로 돌아가고, 반대로 지방 공무원이 가스미가세키에서 일함으로써 중앙 정부와 도도부현, 연고지 자치단체의 제도와 법률, 조례 등을 두루 섭렵하도록 하는 것이지요. 그렇게 해서 해당 공무원들이 정책을 입안할 수 있는 능력을 키우게 하는 것입니다. 기존의 국가 공무원, 지방 공무원의 틀을 뛰어넘은 이런 '새로운 공무원'이 국가와 지방 양쪽에 모두 필요하지 않을까 생각합니다.

　어쨌든 인재 교류를 좀 더 활성화시켜야 합니다. 얼마 전에 마스다 씨와도 이야기했습니다만, '현대판 참근 교대**' 같은 것을 제도화해서 지금까지의 틀을 뛰어넘어 지방과 중앙의 인사 교류를 실현한다면 나

---

* 　일본의 중앙 관청들이 모여 있는 곳. 흔히 일본의 관료 조직을 지칭하는 말로 사용된다. - 옮긴이

** 　에도 시대에 각 지역의 영주를 정기적으로 에도에 머물게 한 제도. - 옮긴이

름의 성과를 올릴 수 있을 것입니다.

마스다 | 에도 시대의 참근 교대는 분명히 지방의 재정을 압박했을지도 모르지만, 정기적으로 에도에 와서 중앙에서 무슨 일이 진행되고 있는지 인식하고 돌아가는 좋은 기회이기도 했습니다. 말씀하셨듯이 지방과 중앙을 섭렵하는 것은 매우 중요한 일이므로 제도화를 서둘러야 할 것입니다.

고이즈미 | 현재 가스미가세키의 사람들이 재해 지역에 부시장이나 부정장 등으로 파견되어 그 지역의 과제를 파악한 다음 정부의 정책이나 제도로 해결할 수 있는 것이 없는지 살펴보는 모습을 보면 제도화의 싹이 보이기 시작했다고 할 수 있습니다. 이런 시도가 앞으로 전국, 특히 '소멸 가능성 지역'에서 하루 빨리 실시되어야 하지 않을까요? 물론 민관 교류의 중요성도 더욱 높아지고 있습니다.

스다 | 현정(県政)에서 정정(町政)으로 자리를 옮기고 나서 새삼 통감한 점은 '현 의원 시절보다 외부의 정보를 알기가 어렵다.'는 딜레마였습니다. 제 경우를 예로 들면, 이시노마키 지방권 내부의 정보는 알아도 다른 현의 자치단체가 무슨 일을 하고 있는지에 대한 정보는 상당히 주의를 기울이지 않는 이상 얻기가 쉽지 않습니다. 아마 중앙 성청(省庁)도 상황은 마찬가지일 겁니다. 요전에 어떤 성(省)의 관리가 "우리는 지역 현장의 사정을 모릅니다. 모르는 상태에서 제도를 만들어야 하지요."라고 불평을 하더군요. 이런 사태를 타개하기 위해서라도 전체를 바라볼 수 있는 역할을 담당하는 기관을 창설하거나 각 지역 공무원 간에 인사 교류를 추진하는 데 적극적으로 찬성합니다. 지역의 기반이 군건해야 국가도 군건한 법이니 중앙과 지방 양쪽 모두에 이

익이 되는 시책이라고 생각합니다.

마스다 ㅣ 가스미가세키의 현장 감각은 오히려 희박한 경향이 있는 것이 사실입니다. 그 흐름을 바꿔야 합니다.

스다 ㅣ 지역의 인재라는 관점에서 볼 때 젊은 세대를 어떻게 키우고 그들이 노력할 수 있는 환경을 어떻게 만드는가는 중요한 과제입니다. 아까 오나가와의 사례를 말씀드렸는데, 민간 차원에서 그것이 상당히 성공적으로 이루어진 것도 일이 비교적 원활하게 진행된 요인 중 하나입니다. 오나가와에서는 지진 후 1개월 만에 상공회를 중심으로 민간 부흥 연결 협의회가 결성됐습니다. 그때 상공회장은 60세였는데, "환갑 이상은 전원 고문이 된다."라고 선언했습니다. "우리는 돈을 마련할 방법을 궁리하고 방패가 되어줄 테니, 우리가 살아갈 미래는 자네들이 생각해서 만들어나가게."라며 아랫세대에게 설계를 맡긴 것이지요. 10년 뒤, 20년 뒤의 미래에 현장을 담당할 세대가 부흥 사업의 중심이 됨으로써 '미래는 어떠한 모습이어야 하는가?'라는 관점에서 일을 추진해나갈 여지가 생겼습니다.

마스다 ㅣ 그런 세대교체를 어떤 타이밍에 하느냐, 그리고 할 수 있느냐도 앞으로 일본의 모든 지역이 직면할 과제라고 생각합니다. 산전수전 다 겪어온 사람들의 귀중한 경험이나 지혜를 활용할 부분은 활용하면서도 성공 체험에 얽매이지 말아야 하지요(웃음). 이것이 중요하면서도 참으로 어려운 숙제입니다.

'희망 출산율'을 평가 기준으로

스다 | 인구 급감을 막으려면 출산율도 높여나가야 합니다.

마스다 | 맞습니다. 다만 결국은 당사자가 결정해야 할 민감한 문제이기 때문에 정부의 태스크포스에서도 설전이 벌어지곤 합니다. "국민에게 예전처럼 아이를 낳아서 늘리라고 강요할 수는 없지 않느냐."라든가…….

스다 | 그런 강요는 절대 안 되지요.

마스다 | 2010년의 출산 동향 기본 조사에서는 미혼 여성의 결혼 희망률이 89.4퍼센트, 원하는 자녀의 수는 평균 2.12명이었습니다. 기혼부부가 '이상적으로 생각하는 자녀의 수'는 평균 2.42명이고, '예정 자녀 수'는 2.07명이라는 결과가 나왔지요. 즉, 젊은 일본인은 평균적으로 최소 두 명은 아이를 낳고 싶어한다는 말입니다. 그러니까 그 바람을 실현할 수 없는 저해 요인을 제거하는 것이 출산율 향상의 열쇠가 될 겁니다.

일본 창성회의에서는 국민의 희망이 이루어졌을 경우의 출산율, 그러니까 '희망 출산율'을 1.8명으로 상정하고 1.4명 정도인 현재의 출산율을 이 수준으로 끌어올릴 것을 당면 목표로 제언했습니다. 1.8명이라는 숫자는 일본에서 가장 출산율이 높은 오키나와의 실적이나 OECD 국가의 현재 상황 등을 감안해 산출한 것으로, 어려움이 따르기는 하지만 실현 불가능한 수준은 아니라고 인식하고 있습니다.

스다 | 당면 목표로서는 타당한 숫자라고 생각합니다.

마스다 | 다만, 목표의 수치를 어떻게 사용하느냐가 중요합니다. 당사자

들에게 "당신들은 아직 자녀가 한 명밖에 없으니 한 명을 더 낳으시오."라고 말하는 것은 아무런 의미가 없습니다. 1.8명이라는 수치는 어디까지나 행정부의 저출산 대책이 제대로 기능하고 있는지, 저해 요소를 제거하는 데 성공했는지 평가하는 기준으로 사용되어야 합니다.

그런 다음에 그렇다면 어떻게 해야 목표를 실현할 것이냐 하는 문제는 역시 기존에 거의 논의되지 않았던 부분으로 연결해나가야 합니다. 구체적으로는 아이를 낳고 기를 수 있는 경제적 기반의 확보라든가, 여성의 육아와 취업의 양립이나 남편의 육아 참여를 어렵게 하는 현실을 타개하는 것이 과제가 될 것입니다.

고이즈미 | 이 이야기가 나오면 독신인 저는 정말 할 말이 없어집니다만 (웃음), 육아 세대의 가치관 변화도 직시해야 한다고 생각합니다. 옛날에는 나중 일을 그다지 생각하지 않고 아이를 낳았을지 모르지만, 지금의 젊은이들은 대부분 수입을 포함해 자신들의 미래를 냉정하게 분석하면서 아이를 낳아도 괜찮을지 따져보는 현실적인 사람들입니다. 말씀하신 바와 같이 목표만 세워놓고 강요한다고 해서 해결될 일이 아닙니다. 예를 들면 연금을 포함한 사회보장 제도를 젊은이들에게 좀 더 유리하게 전환하는 등 사회 변혁이 필요하다고 생각합니다.

도쿄로의 인구 유출을 막으려면

마스다 | 우리가 생각하는 최악의 시나리오는 지방에서 도쿄로 인구가 빠져나가는 현상에 제동이 걸리지 않아 결국 지방의 도시가 '소멸'되

는 한편 도쿄가 초과밀 도시로 남는 '극점 사회'가 되는 것입니다. 그렇게 되지 않으려면 지방이 인구 유출을 막는 '댐 기능'을 해야 합니다. 구체적으로는 지역에 매력 있는 거점 도시를 설치하고 그곳에 인구를 붙잡아둬야 하지요.

가령 센다이에 직장이 있으면 오나가와에서 출퇴근할 수 있습니다. 센다이로 거처를 옮기더라도 주말에는 오나가와에 사는 부모님을 찾아가 돌봐드림으로써 개호의 측면에서 지방의 부담을 줄일 수 있을지도 모릅니다. 하지만 현실은 그렇지 않습니다. 문제는 젊은 세대가 바로 도쿄로 가버린다는 데 있습니다.

고이즈미 | '매력 있는 거점 도시'는 중요한 문제입니다. 센다이가 단순히 '미니 도쿄'이기만 해서는 의미가 없습니다.

마스다 | 이번 인구 데이터에서는 '자신들은 중핵이라고 생각하지만 이대로 가면 미래가 불안한' 도시가 적지 않다는 현실을 인식할 수 있습니다. 센다이 같은 대도시조차도 거점은 자신들이라며 노력을 게을리 한다면 미래에는 어떻게 될지 알 수 없습니다.

리스트에서는 반대로 아키타 현 오가타 촌처럼 도시의 베드타운도 아닌 인구 3,000명 정도의 농촌이지만 여성 인구가 증가할 것으로 예측되는 자치단체도 있음을 알 수 있습니다(오가타 촌의 젊은 여성 인구 변화율은 15.2퍼센트 증가–140쪽 참조). 참고로 오가타 촌은 농업이 번성하고 있습니다. 지금까지는 지역 거점을 인구 규모로 파악해왔는데, 앞으로는 무엇을 기준으로 거점을 정하느냐도 충분히 검토할 필요가 있을 것입니다. 성장 모델의 경우에는 일률적으로 '미니 도쿄'여도 상관없었습니다. 하지만 축소 시대에는 거점에 다양성이 없으면 살아남을 방법을 찾기가 어렵지 않겠느냐는 것이 대부분의 사람들이 가진 생각입니다.

스다 ┃ '거점'을 만든다는 것은 당연히 '거점이 아닌' 자치단체가 생긴다는 의미입니다. 물론 오나가와도 여기에 속하지만, 어떤 의미에서는 그래도 상관없습니다. 오나가와의 부흥에 대한 저의 기본적인 시점은 정민(町民)이 생활하기 편리한 콤팩트 시티를 형성하는 동시에 '이시노마키 권역 내에서 우리 마을'을 어떻게 디자인하느냐는 것입니다. 거점의 역할은 이시노마키 시에 맡기고 우리는 권역 내의 20만 명에게 제공할 수 있는 가치를 만들어낸다는 생각입니다.

마스다 ┃ 도쿄에 대한 이야기도 해두고 싶은데, '인구 유입이 계속되고 있으니 당분간은 문제가 없겠지.'라는 생각은 터무니없는 착각입니다. 가령 '개호 대기 노인'이 지금도 4만 3,000명이나 되는데, 2040년에는 후기 고령자가 두 배로 늘어나고 반대로 젊은층은 40퍼센트 감소합니다. 어떤 세상이 될지 짐작도 가지 않습니다. 도쿄 올림픽이 열리는 2020년까지는 무작정 달릴 수 있더라도 이후에 세계와 어깨를 나란히 하기 위한 성장 엔진으로서 기능할 수 있을지 생각해보면 이대로는 상당히 위험할 것입니다. 그 리스트 숫자의 이면에는 이런 무서운 현실도 숨어 있습니다.

도쿄에 한해서는 저출산 대책뿐만 아니라 인구 과밀을 해소하기 위해 고령자를 비롯한 '인구의 역류'를 진지하게 고려할 필요가 있습니다. 아마도 도쿄 도 혼자서 해결할 수 있는 과제는 아닐 것으로 생각합니다만, 올림픽을 준비하고 국가 전략 특구를 추진할 때 그런 '본진'의 심각한 상황을 똑바로 인식하고 조금이라도 여력을 쌓을 대책을 궁리해야 한다고 생각합니다.

인구 급감을 피하기 위해

고이즈미 | 이번 리스트를 처음 봤을 때, 저는 '엄연한 사실에서 눈을 돌리지 마시오.'라는 메시지로 받아들였습니다. 자치단체의 수장은 물론이고 정치나 행정에 관여하는 사람에게 "이런 현실을 직시하고 인정하지 않으면 우리 마을에 대해 이야기할 자격이 없습니다."라며 반드시 거쳐야 할 '필수 과목' 같은 것으로 말입니다.

마스다 | 공통된 데이터베이스가 만들어진 것이니 이것을 어떻게 받아들이느냐, 구체적으로 무엇을 하느냐에 따라 자치단체 사이에 차이가 벌어질 가능성도 높습니다.

고이즈미 | 가령 행정 비용 절감을 위해서 촌락에 있는 공공시설을 접을 필요가 있다는 논의가 벌어졌다고 가정해보지요. 선거를 하게 되면 설령 중장기적으로는 무책임하더라도 지금 당장 '반대'를 외치는 정치가가 당선될 가능성이 높은 것이 현실입니다. 하지만 모두가 위기감을 공유한다면 '이런 미래가 예측되는데 이 무슨 무책임한……'이라는 식으로 그런 정치가의 도태가 진행되지 않을까 생각합니다. 그렇게 된다면 지방 자치도 국정도 진정한 자각과 책임감, 그리고 미래에 대한 명확한 비전을 가진 사람들에게 맡기게 될 겁니다. 그런 의미에서도 이 리스트를 어디까지 침투시킬 수 있느냐가 중요한 관건입니다.

스다 ┊ 저도 동감합니다.

고이즈미 ┊ 동시에 이 리스트는 지금까지 일본에서는 그다지 구체적으로 이야기되지 않았던 논의의 출발점이 될지도 모릅니다. 가령 인구 감소를 내다보고 새로운 상황에 적합하도록 세금 제도를 포함한 주택 정책을 고쳐나간다면 젊은이들도 지금보다 넓은 집에서 살 수 있는 환경이 될 것입니다. 위기감을 느끼면서도 한편으로 '인구가 줄어들기에 가능한 일'이 무엇인지를 진지하게 고민해봐야 할 것으로 생각합니다.

마스다 ┊ 농지의 경우도 현재의 농지법은 농지가 부족해질 가능성을 염두에 두고 제정되었는데, 앞으로는 마음만 먹으면 어디에라도 농지를 만들 수 있는 객관적인 상황이 조성됩니다. '스톱 인구 급감 사회'가 저희의 슬로건입니다만, 순식간에 일본 사회의 쇠약을 초래하는 '급감'은 무슨 일이 있어도 저지하는 동시에 '인구 감소'를 이점으로 전환해나간다는 발상은 매우 커다란 의미를 지닙니다.

그럴 경우에도 역시 기반이 되는 자치단체가 마을 조성에 대한 확고한 철학을 가질 필요가 있습니다. 저는 인구 증가에 따른 난개발의 규제를 목적으로 한 도시 계획법은 아마도 불필요해질 것으로 생각합니다. 앞으로는 각 자치단체의 조례에 따라 중심부의 활성화 같은 과제를 실현해나가는 시대가 될 것입니다. 기존의 법체계를 확 바꾸는 것입니다. 다만 관념적으로 바꾸려 해서는 달라지지 않습니다. 지방에서 여러 가지 아이디어가 나오고 그것을 실행하는 데 방해가 되는 규제가 무엇인지 그 사례가 쌓여야 비로소 '그렇다면 근본 개혁에 착수하자.'는 이야기가 나올 것입니다.

고이즈미 | 제2차 세계대전 후와 동일본 대지진 후의 가장 큰 차이는 인구 증가와 경제 성장을 전제로 삼을 수 있느냐 없느냐입니다. 이것이 불가능한 상황에서 일본이 앞으로도 번영을 이뤄나가고자 한다면 국가 전체의 모델을 바꾸는 수밖에 없습니다.

정치적으로나 사회적으로나 차분함을 되찾은 지금이야말로 뭔가를 시도해볼 수 있는 적기입니다. 먼저 정치계가 솔선해서 냉혹한 현실에 몸을 던져 국민들에게 최대한 알기 쉽게 메시지를 전달해야 합니다.

오늘은 재해 지역이자 '소멸 가능성'을 지적받고 있는 오나가와의 스다 정장님께서 참석해주신 덕분에 이 논의가 활발해진 것에 특히 커다란 의의를 느낍니다. 언젠가 이 주제로 오나가와에서 주민 회의를 개최할 수 있었으면 좋겠습니다.

스다 | '소멸 가능성'이 가속되지 않도록 버텨서(웃음) 꼭 실현시키도록 하겠습니다.

－구성/미나미야마 다케시

고이즈미 신타로

1981년에 가나가와 현에서 태어나 간토 학원 대학 경제학부를 졸업하고 미국 컬럼비아 대학 대학원에서 석사 과정을 수료했다(정치학). 아버지 고이즈미 준이치로 전 총리의 비서를 거쳐 2009년에 중의원 의원으로 첫 당선에 성공했으며, 자민당 청년국장을 거쳐 2013년 9월부터 부흥 장관 정무관을 맡고 있다.

스다 요시아키

1972년에 미야기 현에서 태어나 메이지 대학 경영학부를 졸업하고, 회사원을 거쳐 1999년에 미야기 현 의회 의원으로 당선되었다. 동일본 대지진 후인 2011년 11월부터 미야기 현 오나가와 정장을 맡고 있다.

경쟁력이 높은 지방은 무엇이 다른가?

히구치 요시오(樋口美雄)
게이오기주쿠 대학 교수

마스다 히로야
일본 창성회의 좌장

개인의 선택을 존중하면서 효과적인 대책을 세우자

마스다 ┃ 일본 인구의 사회적 이동은 결국 도쿄로 집중되는 독특한 구도입니다. 엔화 가치 상승과 주변 국가의 경제 성장 등의 영향으로 지방에 있던 산업이 점점 해외로 이전해버리는 바람에 실직한 사람들이 일자리를 찾아 도쿄로 향하고 있습니다.

저희는 이중에서도 특히 젊은 여성 인구에 주목했습니다. 지방에서 젊은 여성이 사라져버리면 다음 세대가 태어날 수 없기 때문입니다. 국립 사회보장·인구문제 연구소(사인연)는 이러한 인구 이동이 진정된다는 전제에서 장래 인구를 계산합니다만, 저희는 이대로는 진정되지 않을 것이라고 생각합니다.

히구치 ┃ 인구의 사회적 이동을 멈추기 위해 지방에 매력적인 고용 기회를 어떻게 만들어나가느냐는 오늘날 가장 중요한 과제이지요.

마스다 ┃ 저출산에 관해 이야기하자면, 애초에 가장 큰 수수께끼는 왜 이렇게까지 저출산이 진행되었느냐는 점입니다. 일본은 중국처럼 자녀를 한 명으로 제한하는 정책을 실시한 적이 없습니다. 각 개인이 자유롭게 선택한 결과 저출산이 진행된 것으로 보입니다. 그 이유를 알지 못한다면 이 흐름을 바꾸기 위한 효과적인 대책을 세울 수가 없습니다.

히구치 │ 분명히 실제 자녀의 숫자뿐만 아니라 희망 출생아 수도 감소하고 있는 점을 보면 자유로운 선택의 결과라고도 할 수 있습니다. 하지만 일본은 역시 결혼, 출산, 육아가 힘든 사회입니다. 사회적 환경의 문제가 저출산의 커다란 요인이었음은 틀림없습니다. 아이가 생기면 자유가 속박되어 싫다는 사람도 많습니다. 경제적 이유로 아이를 갖지 못하는 사람도 많고, 육아를 여성이 전담해야 하는 여건상 어머니에게 부담이 지나치게 집중되기 때문에 아이를 갖고 싶어하지 않는 사람도 많습니다.

지금까지 선택의 자유를 존중해, 아이를 가질지 말지는 개인의 자유이므로 정책적으로 개입해서는 안 된다고 생각해왔습니다. 저도 개인이 자녀를 가질지 여부에 대해 정부가 간여하는 것은 옳지 않다고 생각합니다. 다만 아이를 갖고 싶어도 사회적, 경제적 제약 탓에 아이를 갖지 못하는 사람들이 많은데, 그 제약을 완화시켜주는 것이 바로 정부가 해야 할 역할이라고 생각합니다. 아이들은 사회의 미래를 짊어져야 하는 존재입니다. 이처럼 공적 이익을 가져다준다는 측면에서도 정부와 자치단체는 육아를 좀 더 적극적으로 지원해야 합니다.

마스다 │ 출산이라는 남녀 사이의 문제는 기본적 인권과 관련된 영역이기도 하므로 국가나 행정이 경솔하게 간여해서는 안 되지만, 한편으로 출산을 방해하는 사회적 저해 요소는 적극적으로 제거해야 합니다. 사회보장 정책 등을 살펴봐도 지금까지는 정부나 행정이 지나치게 소극적인 측면이 있었지 않나 싶습니다.

히구치 | 개인의 자유는 당연히 존중해야 하며 이것은 앞으로도 지켜나가야 할 원칙입니다. 하지만 아이를 갖고 싶은데도 그 바람을 실현하지 못하는 상황은 바꿔나갈 필요가 있습니다.

　도도부현이나 시정촌에서는 지금까지도 저출산 대책이 나름대로 실행되어왔습니다. 그리고 정부도 뒤늦게나마 움직이기 시작했습니다. 하지만 몇 가지 예를 제외하고는 이렇다 할 성과를 올리지 못한 이유가 무엇일까요?

마스다 | 가령 "우리 현의 출산율을 1.8로 높이겠습니다."라는 식으로 수치를 목표로 내건 현이 많은데, 이것은 '지금의 인구 규모를 유지하려면 자동적으로 이 정도의 출산율이 필요하다.'라는 접근법으로 결정한 수치입니다. 반드시 시책과 연동되어 있는 것은 아니지요.

　저는 자치단체의 노력을 부정하지 않습니다만, 역시 한계가 있기는 합니다.

히구치 | 저는 인구 감소를 막기 위한 지방 자치단체의 노력은 오히려 높이 평가해야 할 부분이 많다고 생각합니다. 지방에서는 경제적 요인이나 안정된 일자리가 적다는 점이 결혼이나 출산에 큰 영향을 끼치고 있는 게 사실입니다. 문제는 대도시권입니다. 가령 도쿄는 출산율이 전국에서 가장 낮음에도 절실한 문제로 느끼지 않는 것처럼 보입니다. 젊은층이 유입되고 있으니까 괜찮다고 은연중에 생각하는 것인지도 모르지요.

　동시에 제가 여기서 하고 싶은 말은, 정부나 지방 자치단체의 노력만으로는 저출산 정책이 성과를 거둘 수 없다는 것입니다. 중요한 것은 기업이며, 남녀를 불문하고 업무 방식과 생활 방식이 바뀌어야 합니다. 지금까지는 일을 위해서라면 가정생활을 희생해도 어쩔 수 없다는 인식이 있었습니다. 노동 시간이나 전근 문제를 봐도 그렇습니다. 단신 부임이 이렇게나 많은 나라는 전 세계를 뒤져봐도 거의 없습니다. 물론 기업으로서는 직원이 아이를 아무리 많이 가진들 그 아이들이 미래에 자사에서 일한다는 보장도 없으니 아무 소용 없는 것처럼 생각될 것입니다. 사회적 책임을 강조해도 경쟁이 치열한 현대 사회에서는 자연스럽게 한계가 있다고 생각하는 사람도 많습니다.

하지만 최근의 연구에서는 오히려 장시간 노동을 재고하고 업무 방식의 유연성을 높이는 인사 제도 개혁이 기업의 생산성을 높이고 지속적인 경쟁력을 높이는 것으로 밝혀졌습니다. 일과 사생활의 균형을 통해 성별이나 연령에 상관없이 모두가 의욕적으로 능력을 발휘할 수 있도록 하는 것이 바람직한 결과를 낳는다고 강조하게 된 것이지요. 남녀를 불문하고 사원의 업무 방식을 바꿔나가지 않으면 저출산의 흐름은 바뀌지 않을 것이라고 생각합니다.

마스다 | 옳은 말씀입니다. 다만, 매우 이해심이 많은 어떤 기업 경영자께서 말씀하시기를, 여성 직원이 아이를 가지면 아무래도 풀타임으로 일할 수 없게 된다고 합니다. 아이가 한두 명일 때까지는 그래도 어떻게든 가능한데, 세 명이 되면 경영상 아주 힘들어진다더군요. 그 10년 정도의 기간을 어떻게 운영해야 하는가, 아이가 있는 사원과 없는 사원의 업무 방식이나 임금, 인사 평가를 공평하게 할 수 있는가 등, 저출산 대책을 시행하게 되면 여러 가지 측면에서 민주주의가 시험대에

오르게 됩니다.

히구치 ┃ 분명히 실제로는 이런저런 어려운 문제가 많이 발생할 것이기 때문에 시행착오를 거듭하며 새로운 도전을 해나가야 할 겁니다.

여성 취업률과 출산율의 관계

마스다 ┃ 인구 감소 문제를 분석해오면서 아직도 알 수 없는 것이 있습니다. 하나는 도도부현별로 출산율이 다른 요인은 무엇이냐는 것입니다. 최고 출산율은 1.94로 오키나와 현이고, 최저 출산율은 1.13으로 도쿄 도인데, 이것은 생각해보면 이해가 됩니다. 오키나와는 아이들을 소중히 대하는 사회이고, 도쿄는 아이를 키우기 쉽지 않은 환경이니까요. 그렇다면 홋카이도나 교토 부의 출산율이 낮은 이유는 무엇일까요? 전체적으로 보면 서고동저의 경향이 있고 태평양 연안보다 동해 연안의 출산율이 높다고 할 수 있는데, 여기에 해당되지 않는 현도 있습니다. 도대체 무엇이 출산율을 결정하는 것일까요?

그리고 또 하나는 출산율과 여성 취업률의 관계입니다. 여성 취업률이 높은 지역일수록 출산율이 높다고 하는데, 이것은 사실일까요?

히구치 ┃ 저출산의 요인은 지역에 따라 크게 다릅니다. 다만 세계적으로 보면 출산율과 여성 취업률의 관계는 최근 들어 커다란 변화를 보이고 있습니다. 국가별 데이터를 사용해 여성의 취업률을 가로축에, 출산율을 세로축에 놓고 그래프를 그려보면, 1980년대에는 여성의 취업률이 높은 나라일수록 출산율이 낮았습니다. 요컨대 일을 선택하느냐 아이를 선택하느냐 양자택일을 해야 했던 것이지요. 그런데 시간이 지날수록 이런 현상이 서서히 희미해지더니 지금은 오히려 반대가 되었습니다. 여성의 취업률이 높은 곳일수록 출산율이 높아진 겁니다.

마스다 ｜ 이른바 '북유럽형'이군요.

히구치 ｜ 그렇습니다. 반대로 남성이 밖에서 일하고 여성은 가정을 지키는 식의 성별 역할 분담이 분명한 나라는 출산율이 낮습니다. 한편 남녀가 맞벌이를 하며 가정에 대해 함께 책임지는 방향으로 일하는 방식과 생활 방식을 개혁해나간 곳은 출산율이 높아졌지요. 산업 구조가 크게 바뀌고 사회 구조가 변하는 가운데 기존의 가치관에 얽매이지 않고 남녀의 역할 분담이 큰 폭으로 재고되어온 것입니다. 이제 선진국 중에서도 출산율이 지속적으로 낮아지고 있는 나라는 드물어졌습니다. 이런 개개인의 생활 개선과 함께 정부와 자치단체가 경제적으로, 그리고 보육 서비스의 측면에서 육아를 지원한다면 출산율은 상승할 것입니다. 그리고 그런 나라일수록 경제적 경쟁력이 높으며 지속 가능하다는 점도 지적되고 있습니다.

　방금 마스다 선생님께서 사원이 세 번째 자녀를 가졌을 때 기업의 어려움을 지적하셨는데, 셋째를 낳느냐 낳지 않느냐의 선택에는 소득이 커다란 영향을 끼친다는 분석 결과가 있습니다. 첫째의 출산을 유도하기 위해서는 고용의 안정, 여성의 일하는 방식과 기업의 사내 분위기 개선, 육아휴직 등의 제도와 보육 서비스가 충분히 보장되어야 하고, 둘째의 출산에는 남성의 육아 참여와 집안일 참여가 효과적입니다. 요컨대 첫째를 낳은 뒤에 여성에게만 부담을 떠넘기면 당연히 둘째는 낳고 싶지 않게 된다는 것이지요. 그렇기 때문에 지역에 따라 출산율이 다를 뿐만 아니라 첫째, 둘째, 셋째의 출산에 대한 효과적인 지원도 저마다 다릅니다.

마스다 | 상황에 따라 효과적인 저출산 대책이 다르다는 말씀이시군요.

히구치 | 선생님께서 도쿄는 저출산을 절실한 문제로 생각하지 않는다고 말씀하셨는데, 사실 도쿄 도는 육아 지원에 거액을 투입하고 있습니다. 다만 도쿄는 물가가 높기 때문에 비용을 들이는 만큼 성과가 나지 않는 것이지요. 지방의 경우에는 3대가 같이 사는 세대도 많아서 할아버지, 할머니의 지원도 큽니다.

히구치 | 도쿄의 경우 노동 시간이 긴 데다 출퇴근 시간도 긴 것이 문제입니다. 그러니까 일단 출근한 다음 아이가 귀가할 무렵에 잠깐 집에 돌아왔다가 다시 저녁에 출근하기가 불가능합니다. 그런데 지방에는 이것을 제도적으로 실시하기 시작한 기업이 있습니다. 효고 현 히메지 시의 IT 관련 회사가 실시하고 있는 자유 출근 제도가 유명한데, 아침에 출근했다가 자녀가 학교에서 돌아오기 10분 전까지는 집에 돌아갑니다. 그리고 1시간 정도 자녀를 돌보고 저녁 준비를 한 다음에 다시 출근합니다. 출퇴근 시간이 10분 정도라면 이런 시도도 할 만합니다. 자녀가 있는 사람들도 회사를 그만두지 않고 일할 수 있기 때문에 사원들은 자신이 익힌 기능을 살릴 수 있을 뿐만 아니라 경제적으로도 도움을 받지요.

저출산 대책, 육아 지원은 그 지역의 특성과도 밀접한 관계가 있습니다. 그러니까 전국에 일률적으로 "이것이 효과적이니 실시하시오."라고 강요할 수는 없습니다.

지방의 고용 상황이 악화된 이유는 무엇인가

마스다 │ 지역의 특성이라는 것은 산업에도 적용되지요.

히구치 │ 1990년대 중반부터 고용의 측면에서 도쿄와 지방의 격차가 현저해졌습니다. 그 첫 번째 요인은 세계화의 영향입니다. 지방에 사람들을 붙잡아두는 역할을 하던 대규모 생산 공장이 외국으로 이전하는 바람에 일자리가 사라졌습니다. 게다가 경기가 부진해져서 생산량도 저하되었고, 제조업이 기계화되면서 취업자 수가 줄어들었습니다.

그리고 두 번째 요인은 지방의 경우 정부에서 재정적으로 만들어낸 고용의 비중이 매우 컸는데 그런 일자리가 줄어든 것입니다. 공공사업, 사회보장 급부, 그리고 공무원 수도 줄어들었지요. 저희의 계산으로는 가령 2000년 무렵 고치 현의 경우 파생 효과까지 포함하면 전체 취업자의 40퍼센트 가까이가 이처럼 재정적으로 창출된 고용이었습니다. 이것이 줄어들면 지역의 고용 상황이 심각해지는 것은 당연한 일이지요.

하지만 재정의 지속 가능성을 생각하면 피할 수 없는 일입니다. 최근에 지방의 고용을 만들어내고 있는 것은 오로지 의료와 개호 분야뿐입니다. 하지만 이미 전체의 20퍼센트에 이르는 시구정촌에서 65세 이상의 고령 인구가 감소하기 시작했고, 앞으로 고령자의 비율은 상승하더라도 고령자의 절대수는 감소하는 지역이 늘어날 것입니다. 그러니까 그런 지역에서는 의료·개호 분야가 고용 확대에 기여해주기를 더 이상 기대할 수 없습니다.

세 번째 요인은 서비스 산업이 설 자리가 없어졌기 때문입니다. 이런 산업은 대부분 시간적으로나 공간적으로나 동시성이 작용하기 때문에 많은 소비자가 있어야만 경영이 유지되는 특성이 있습니다. 제3차 산업의 고용이 전체의 70퍼센트를 차지하게 된 오늘날, 이 영향이 강하게 나타나서 생산성이 높은 매력적인 기업이 집적의 이점을 노리고 대도시로 집중된 것이지요.

앞으로는 제조업이든 서비스업이든 외부 의존형이 아니라 지역 특성을 활용한 내발적(內發的)·자립적인 고용을 만들어나가야 합니다. 제조업도 대규모 생산 공장은 해외로 이전하지만 기술력이 있는 공장이나 경쟁력을 지닌 공장은 오히려 고용을 늘려나가야 합니다. 가령 이탈리아 코모 호수 주변의 섬유 산업이 모여 있는 지역에서는 동유럽이 민주화되면서 공장이 폴란드로 이전하는 현상이 발생했습니다. 하지만 패션이나 디자인의 측면에서는 이 지역의 디자이너가 아니면 만들 수 없다는 점에 착안해서 새로운 학교를 만들고 이 지역의 감성을 지닌 디자이너를 육성함으로써 고용의 감소를 막을 수 있었지요.

앞으로 지역 고용에서는 기술력과 경쟁력을 높여나가는 것이 중요합니다. 그런 관점을 가지고 정부가 지역의 인재 육성과 창업을 지원해나가는 것도 중요합니다. 자립적인 NPO(Non Profit Organization, 국가와 시장을 제외한 제3영역의 비영리단체)나 사회적 기업을 더 늘리고 키워나갈 것도 요구되지요.

마스다 │ 지방의 일자리는 양적인 측면에서 볼 때 아무래도 제3차 산업, 서비스 산업이 많은 부분을 차지합니다. 가령 자동차 교통에 대응하려고 우회 도로를 하나 만들면 도로 주변에 대형 체인점이 생기고 고용이 창출됩니다. 그런 곳은 편리하니까 손님들도 그곳으로 흘러들고, 중심 시가지는 서서히 적막에 휩싸이지요. 그러면서 지역 고유의 상점은 특성을 잃어갑니다. 경제적 합리성을 중시하는 대형 체인점은 더 이상 이익이 오르지 않는다고 판단되면 즉시 철수하기 때문에 그 후에는 아무 것도 남지 않게 됩니다. 지방에서는 이런 일이 반복되고 있지요. 결국 젊은 사람들은 고향에서의 미래를 포기하고 밖으로, 도쿄로 향하고 맙니다.

히구치 | 제가 느끼는 것은 지역과 개인의 유대가 상당히 느슨해졌다는 점입니다. 어느 나라나 일자리가 있는 대도시에 인구가 집중되기는 하지만 일본은 그 경향이 더 심하고, 특히 최근 들어서 도쿄 일극 집중 현상이 현저합니다. 고용 기회가 있는 곳으로 사람들이 이동하는 것은 단기적으로는 일자리가 부족한 지방의 실업 문제를 완화하고 지역 간 소득 격차를 축소하는 데 도움을 주지만, 장기적으로는 과소화와 지방의 존재 가능성 문제를 가져오게 되지요. 개인의 경제적 이유로 일자리를 선택하고 일을 우선한 결과, 살 곳이 일터에 따라 결정됩니다. 어떤 의미에서는 어쩔 수 없는 일이지만, 그런 와중에도 지역을 새로 만들고 지탱할 인재가 자라나야 합니다.

마스다 | 대학을 선택할 때 고향을 떠나는 결단을 하는 사람이 많습니다. 이른바 '18세의 결단'이지요. 도쿄나 태어난 마을이 아닌 곳에 가서 인생의 한때를 보내며 공부하는 것은 중요한 경험입니다. 다만 어디에서 공부를 했더라도 직업을 구할 때는 고향으로 돌아간다는 '22세의 결단'을 하는 사람이 늘어나야 합니다. 이를 위해서는 고향 지역에 일자리가 있어야 합니다.

히구치 | 얼마나 많은 사람이 자신들의 마을에 자신들의 힘으로 일자리

를 만들어나가느냐가 결국 중요해질 것입니다. 외부 인재를 활용한다 하더라도 고향에서 일자리를 구하려는 생각을 가진 사람이 늘어나고 그들이 활약할 수 있는 장을 만들어나가는 것. 이것이 중요하다고 생각합니다.

글로벌 경제와 지역 경제

마스다 ┃ 현 시기를 글로벌 경제 시대라고 하는데, 그렇다고 모든 기업이 글로벌일 필요는 없습니다. 글로벌 경제에 대응하려면 사외 이사를 뽑고 회사의 규칙을 세계 표준에 맞춰야 합니다. 낡은 것을 새것으로 바꾸고 생산성이 낮은 부분을 잘라내면서 발전해나가지요. 하지만 그런 기업은 일본의 기업 중에 많아야 20퍼센트 정도가 아닐까요? 나머지 80퍼센트는 지역 경제의 논리로 움직입니다. 낡은 것을 새것으로 바꾸며 세계 표준에 맞추기보다 현 상태의 기업을 유지하는 것을 더 중요시합니다. 하지만 그것은 결코 잘못이 아닙니다. 지역 교통이나 지방의 여관을 운영하는 경우 물론 이익이 난다면 그보다 좋을 수는 없겠지만 이익이 나지 않더라도 어떻게든 꾸려나가는 것 자체가 그 지역에 큰 유익을 가져다주는 사례는 얼마든지 있습니다.

히구치 ┃ 글로벌 기업과 지역 기업의 공존 공영이라는 말씀이군요.

마스다 ┃ 지방의 중핵 도시에 세계적으로 비즈니스를 전개하는 기업이 있습니다. 이시카와 현의 고마쓰 시가 좋은 예인데, 글로벌 기업인 고마쓰(고마쓰 제작소)의 대형 공장 주변에 베드타운이 넓게 형성되어 있고 다양한 지역 기업이 들어와 있어서 전체적으로 상당한 집적 구조가 형성되어 있습니다. 글로벌 기업의 네트워크를 보면 그 지역의 공급자가 여러 가지를 제공함으로써 지역 경제가 성립되고 있음을 알 수 있지요.

히구치 | 글로벌 기업 중에는 본사를 도쿄에 둔 회사가 압도적으로 많습니다. 원래는 오사카에 있었던 것을 도쿄로 이전하기도 하지요. 외국의 경우는 지방에도 대기업의 본사가 있습니다. 하지만 일본처럼 전국 어디에나 법인세가 일률적으로 적용되어서 어디에 있더라도 세금이나 정부와의 관계가 똑같다면 본사 기능을 지방으로 분산시킬 이유가 없지요. 외국이 더 세금이 싸다면 본사까지 그곳으로 옮기는 기업도 나올 수 있습니다. 그야말로 기업이 국가의 틀을 초월해서 정부를 선택하게 된 것입니다. 다만 다른 나라를 보면 각각의 자치단체가 세율을 결정합니다. 저는 예를 들어 도쿄와 다른 지역의 법인세에 차이를 두는 것도 하나의 방법이라고 생각합니다.

마스다 | 미국이 그렇지요. 주마다 세율이 완전히 다릅니다. 주의 예산으로 다른 주의 텔레비전에 "우리 주로 오면 공장의 세금이 이만큼 저렴해집니다."라는 광고를 할 정도지요.

미국에는 산업 정책이 없다고들 하는데, 주 정부에는 상당히 강력한 산업 정책이 있어서 주끼리 치열하게 경쟁합니다. 마찬가지로 일본도 각각의 자치단체가 유력 기업의 본사를 서로 유치하려고 경쟁하면 어떨까 싶습니다. 세금이나 보조금, 그리고 노동력의 질을 앞세워서 말이지요.

지역 특성을 활용한 여섯 가지 모델

히구치 | 그 지역에 인재가 있느냐 없느냐는 경쟁력의 원동력입니다. 인재의 육성도 전국이 일률적으로 할 것이 아니라 다양성을 갖춰나가야 합니다.

마스다 | 제가 이와테 현지사였을 때 현 내에 있는 도요타 자동차 조립 공장의 생산 대수가 크게 늘어난 적이 있었습니다. 그것이 어떻게 가능했는지 아십니까? 이와테 현이 공업 고등학교에 자동차 전공과를 설치해서 좋은 인재를 도요타에 공급하는 시스템을 만든 덕분이었습니다. 공업 고등학교의 3년 과정에 2년을 추가해서 자동차의 조립에 필요한 것들을 미리 전부 가르쳤지요. 커리큘럼도 도요타의 직원이 직접 학교에 와서 시간을 들여 함께 궁리했습니다. 어폐가 있을지도 모르지만, 공업 고등학교는 일반 고등학교보다 성적이 나쁜 학생이 입학하는 경우가 많습니다. 하지만 취직할 곳이 도요타의 관련 회사라고 하면 학생 본인뿐 아니라 부모님도 안정적인 취업에 대한 기대를 갖게 되어 성적이 우수한 인재가 들어오게 됩니다. 현재 이와테는 아이치와 후쿠오카에 이어 도요타의 세 번째 핵심 생산지입니다.

히구치 | 그건 제조업의 좋은 예군요. 지역 특성을 활용한 서비스라고 하면 흔히 이야기되는 것이 호텔 업계입니다. 대부분의 호텔은 좋은 서비스를 제공한다면서 데이코쿠 호텔과 똑같은 서비스를 제공하려고 하는데, 그래서는 역시 데이코쿠 호텔의 상대가 되지 못합니다. 산의 진미와 바다의 진미를 전부 갖춰놓기보다 산이면 산에서만 구할 수 있는 것을 서비스해야지요. 지역 특성을 체험하도록 하는 것이 관

광객을 단골로 바꿀 수 있는 방법입니다.

마스다 | "어서 오십시오."가 아니라 [지방색을 살린] "혼저옵서예."라는 말씀이시지요(웃음)?

히구치 | 바로 그겁니다(웃음). 제6장에서 산업·일자리의 개발에 노력하고 있는 지역을 여섯 가지 모델로 분류하셨으니 그에 맞춰서 설명을 드리지요.

먼저, '지역의 특징적인 자원을 활용해 산업화를 실현'한 모델, 그러니까 산업 개발형입니다. 호텔 업계와 관광 업계를 예로 들면 홋카이도의 니세코이지요. 오스트레일리아와 지토세를 연결하는 직항 노선이 생김으로써 전에는 겨울 스키밖에 즐길 거리가 없던 곳이 사계절 휴양지로 거듭났습니다. 외국인이 오게 되면 그 나라의 말을 할 줄 알아야 서비스를 할 수 있으므로 호텔 직원에게도 그런 교육을 실시합니다. 이후에 오스트레일리아의 직항 노선이 없어지고 중국과 대만 사람들이 주요 관광객이 되었지만, 이미 인재 육성법이 확립되어 있었기 때문에 문제없이 대응할 수 있었습니다.

마스다 | 산업 개발형으로서 최고의 모델은 아키타 현의 오가타 촌일 겁니다. 인구가 불과 3,200명밖에 안 되지만 젊은 여성 인구 변화율은 15.2퍼센트 증가로 전국 2위지요(134쪽). 주식회사 형태의 농업이 이 정도의 가능성을 지니고 있음을 전국에 알린 공적은 훌륭하다고 생각합니다. 농업을 중심으로 여성에게 적합한 다양한 직업을 마련하고, 이를 통해 경영의 질이 더욱 높아져서 다양한 일자리가 창출됩니다. 오랜 세월에 걸쳐 정부의 농지 축소 정책이나 식량 관리 제도에 맞서 싸워온 성과가 입촌 50주년인 지금 드디어 빛을 발한 것입니다.

히구치 | 산업 육성은 하루아침에 이루어지지 않는 측면이 있지요.

마스다 | 세계적인 안경테 산지가 된 후쿠이 현 사바에 시든 니세코 정이든 젊은 여성 인구가 줄어드는 상황인 것은 분명하지만, 그래도 주변 지역에 비하면 훨씬 사정이 좋습니다. 지역 재생을 위한 하나의 계기를 마련했음에는 틀림이 없습니다.

히구치 | 이어서 공공재 주도형 모델은 기존의 공공사업과 어떻게 다른지 설명하자면, 기존의 공공사업은 건물을 짓는 것 자체가 목적이었습니다. 이에 비해 공공재 주도형 모델은 건물을 지은 뒤에 그것을 어떻게 활용하느냐, 거리의 발전을 위해 어떻게 이용하느냐에 초점을 맞추어 성공한 예라고 할 수 있지요. 하지만 대학을 세워도 취직할 곳이 없으면 결국 인재는 떠나버립니다. 대학 교육이 지역의 인재 육성으로 이어지지 않으면 지역의 힘이 되지 않습니다. 그 지역에 산업 집적이 일어나도록 여러 가지로 궁리할 필요가 있습니다.

마스다 | 미국을 예로 들면 스탠퍼드 대학이 전형적이지요.

히구치 | 저도 스탠퍼드에 있었던 적이 있는데, 아무 것도 없었던 곳에 대학과 대학 졸업생이 중심이 되어 실리콘밸리를 만들어나갔습니다. 이것은 학원 도시형 모델과도 공통되는 점인데, 대학이 지역과 손잡고 그 지역의 산업과 주민을 위해 지역 발전에 공헌해나가는 것이 중요합니다.

마스다 | 일본에는 아직 그 정도의 성공 모델은 나오지 않았습니다. 대학에서 생겨나는 벤처도 건수가 줄어들고 있는 실정이고요. 다시 한번 벤처의 기운을 불러일으켜야지요.

산업 유치형인 이시카와 현 가와키타 정은 젊은 여성 인구 변화율이 전국 1위입니다(134쪽). 다만 한 가지 유의해야 할 점은 산업 유치든 대규모 국가 프로젝트든 사업을 벌일 때 기업의 경영 실적이나 시대의 추세에 커다란 영향을 받을 가능성이 있다는 사실입니다. 2004년에 미에 현 가메야마 시에 샤프의 액정 텔레비전 공장(제1공장)이 세워졌습니다. '세계의 가메야마'라는 찬사를 받았고 거저나 다름없는 135억 엔이라는 거액의 보조금을 받았지만, 샤프의 몰락과 함께 불과 5년 만에 조업이 정지되고 말았지요.

히구치 ¦ 산업을 유치한 뒤에도 경쟁력이 지속되고 더 향상되려면 물론 글로벌 기업 스스로 점점 진화해나가야 합니다. 그리고 또 한 가지 지적하자면, 개별 기업 하나만 달랑 있다면 굳이 그곳에 입지해야 할 이유가 없습니다. 어디까지나 산업 집적을 이루지 않으면 지역의 재생으로 이어지지 않습니다.

마스다 ¦ 다른 의미에서 흥미로운 것이 베드타운형입니다. 중핵이 되는 도시의 주변에 있으면서 베드타운으로서의 가치를 특화하는 것이지요. 다카사키 시와 마에바시 시, 시부카와 시에 둘러싸인 군마 현의 요시오카 정 등이 대표적인 예입니다.

히구치 ¦ 젊은 여성 인구 증가율 상위 20개 도시(134~135쪽)를 살펴보니 베드타운형이 많았습니다. 이시카와 현 가와키타 정도 산업 유치형일 뿐만 아니라 베드타운형의 요소까지 갖췄지요. 다만 베드타운형은 장기적으로 보면 거점 도시의 상황에 좌우되는 측면이 있습니다.

마스다 ¦ 그건 맞습니다. 각 행정 단위뿐만 아니라 지자체 간에 횡적 연계를 강화해나갈 필요가 있다는 얘기입니다.

히구치 ¦ 베드타운으로서 어떤 특징을 내세울 것인가도 중요합니다. 한

번은 프랑스에 갔을 때였는데, 파리 주변에 있는 어떤 마을이 '아이를 키우기에 가장 좋은 마을'이라고 홍보하는 것을 보았습니다. 주민을 유치하는 것이지요. 맞벌이 세대를 대상으로 보육원을 비롯해 교육에 관한 온갖 서비스를 충분히 제공한다고 하더군요. 또 외부에서 전문가를 영입해 계획 입안에서부터 실시와 운용, 나아가 주와 국가, 그리고 EU의 보조금 획득에 이르기까지 중심적 역할을 맡기고 시장과 직원, 시민이 하나가 되어 이를 지원함으로써 자녀를 양육하기 좋은 마을로 만들어나간다고 홍보합니다. 이런 '세일즈 포인트'가 없으면 살아남을 수 없을 것으로 생각합니다.

마스다 | 핀란드에는 '네오볼라'라는 원스톱 서비스, 상담 센터가 있습니다. 그곳에 가면 육아에 관한 온갖 고민을 들어주고, 전문가가 변호사와 연결시켜주거나 보육원을 소개시켜줍니다. 일본도 이런 시스템을 꼭 만들었으면 합니다.

히구치 | 마지막은 콤팩트 시티형입니다. 다카마쓰 시 마루가메 정과 오나가와 정은 서로 다른 유형이지요.

마스다 | 공통점은 집약화와 다기능화입니다. 오나가와 정의 스다 요시아키 정장은 "잠을 자러 오나가와로 돌아오기만 한다면 일은 이시마키에서 해도 된다."라는 합리적인 결론을 내렸습니다. 그 대신 일자리 이외의 생활에 필요한 것은 전부 콤팩트하게 모아서 준비하겠다는 것이지요. 오나가와에서 배워야 할 점은 집약화의 합의를 형성하기 위해 설명회를 무려 150회나 열었다는 사실입니다. 다른 지역도 이런 노력이 필요합니다.

히구치 | 마루가메 정에서는 정기 차지권을 이용해서 상점가를 재개발

하고 있습니다. 이 또한 끈기 있는 설득이 필요했을 것입니다. 문을 닫았다고는 해도 소유자에게는 소중한 자산이니까요.

마스다 | 그러니까 소유와 이용을 분리하는 형태로 만든 것이지요. 거대한 비전을 그리는 리더가 필요합니다. 그런 리더가 신중하게 합의를 형성해나갑니다. 리더에게는 풍부한 상상력과 끈기 있게 설명하는 힘이라는 종합적인 능력이 요구됩니다.

히구치 | 어느 나라, 어느 지역을 둘러봐도 리더가 있느냐 없느냐가 그곳의 운명을 가릅니다. 그 지역 사람들 중에서 리더가 나올 때도 있고, 외부에서 다양한 경험을 쌓은 신뢰할 수 있는 리더를 영입할 때도 있지요. 리더가 혼자서 북 치고 장구 치는 것이 아니라 지역 사람들의 참가를 적극적으로 유도해야 하니 보통 어려운 일이 아닙니다.

마스다 | 시간이 걸릴 뿐만 아니라 일종의 각오도 필요하지요. 리더가 마을을 어떤 방향으로 이끌어나갈지, 어떤 인재를 활용할지 결정하려면 먼저 자신의 마을, 지역의 자산과 특성을 정확히 파악해야 합니다.

히구치 | 다른 지역에서 성공했다고 해서 안이하게 그 경험을 자신의 마을에 무작정 도입한다면 성공하지 못하지요.

마스다 | 정부는 50년 후에 인구 1억 명 유지를 목표로 내걸고 있습니다. 다만 중요한 것은 인구가 1억 명으로 감소하느냐 아니면 8,000만 명으로 감소하느냐가 아닙니다. 젊은 인구가 지나치게 감소하고 고령자만 남는 연령의 불균형, 지방이 소멸하고 도쿄만 극점 사회로 남는 국가 구조의 불균형, 이 두 가지가 문제지요.

일본의 다양성은 변화가 풍부한 지역 사회를 통해 담보되어온 측면이 큽니다. 그 균형을 적절히 유지해나가는 것은 국가로서도 매우 중

요한 일이 아닐까요?

히구치 요시오

1952년에 도치기 현에서 태어나 게이오기주쿠 대학 상학부를 졸업하고 동 대학 대학원 상학 연구과 박사 과정을 수료한 뒤 1991년부터 현직에 이르렀다. 컬럼비아 대학과 스탠퍼드 대학 등의 객원 연구원이기도 하다. 저서로는 『고용과 실업의 경제학(雇用と失業の経済学)』, 『지역의 고용 전략―7개국의 경험에서 배우는 '지방의 노력'(地域の雇用戦略―七ヵ国の経験に学ぶ"地方の取り組み")』(공편저) 능이 있나.

일본의 선택, 우리의 선택

우리가 2014년 5월에 발표한 '소멸 가능성 도시 896개 리스트'는 각지에서 커다란 반향을 불러일으켰다. '소멸'이라는 말을 어떻게 받아들일지 걱정했는데, 매우 냉정하게 받아들인 것으로 생각된다. 아마도 지방에 사는 사람들에게 인구 감소는 현실에서 일어나는 일로 몸소 경험하고 실감했기 때문이 아닐까? 이 문제가 이미 그 정도로 진행되고 있다는 의미이리라.

발표 후 많은 의견을 받았는데, 이 자리를 빌려 대표적인 의견에 대해 내 나름의 답변을 하고자 한다.

첫째는 도주제(道州制)*나 시정촌 합병 등 통치 기구 개혁에 관한 것이다. 도쿄 일극 집중을 시정하려면 국가 통치 기구의 변화가 필요하며, 예를 들어 도주제의 도입을 통해 중앙 집권형에서 지방 분권형으로 바꿔야 한다는 의견이다.

나는 이 의견에 반대한다. 물론 앞으로도 영원히 논의할 필요가 없다는 말은 아니다. 그러나 문제는 '시간축'이다. 통치 기구를 개혁하려

---

* 전국적인 차원의 광역 지방자치제도로 중앙정부는 외교와 안보, 국가 비전만 설계하고 거의 모든 행정과 재정 권한은 도주에 이양한다는 일본식 연방제를 말한다. - 옮긴이

면 국민적인 대토론이 필요하며, 따라서 많은 시간과 정치적 비용이 소요될 것이다. 그러나 그 사이에도 저출산은 멈추지 않기에 인구 감소가 진행되어간다. 이런 사태는 피해야만 한다. 통치 구조의 개혁과 인구 급감 대책은 분리해서 생각해야 한다.

중요한 점은 도쿄와 지방이 이 문제에 대해 확실히 연대할 수 있느냐다. 본론에서도 언급했지만 도쿄는 초고령 사회를 맞이할 것이다. 도쿄 도의 개호 대기자는 현 시점에서 이미 4만 3,000만 명에 이르며, 앞으로 더욱 늘어날 것이다. 이 문제를 도쿄의 힘만으로 해결하기는 어렵다. 어디에서 사느냐는 개인의 자유이므로 이주를 강제할 수는 없지만, 국토 전체를 조망하면서 국민 한 사람 한 사람의 선택이 최적의 인구 배치라는 결과로 나타나도록 도쿄와 지방이 협력해 환경을 정비해나가야 한다.

둘째는 우리가 주장하는 중핵 거점 도시로의 '선택과 집중'은 기존의 공공사업과 다를 게 없으며 중점적인 시설을 새로 정비하는 셈이 아니냐는 의견이다.

공공 투자가 감소하고 있는 것은 이미 잘 알려진 사실이며, 일본의 재정 상황을 감안하면 예전처럼 늘어나기는 이제 불가능할 것이다. 여기에서 말하는 '선택과 집중'은 한정된 재정을 전국의 시구정촌에

골고루 배분하는 것이 아니라 권역 단위로 유망한 산업이나 고용의 싹을 찾아내 젊은 사람들의 일자리를 개척하는 데 집중적으로 사용한다는 뜻이다. 어떤 산업을 개발하고 고용을 창출하느냐는 그 지역이 어떤 입지에 있고 어떤 자원과 자산을 보유하고 있느냐에 따라 달라진다. 다양한 정보와 빅 데이터를 활용해 객관적으로 냉정하게 분석한 다음 지역이 스스로 결정해야 한다. 특히 인구 감소 사회에서는 인재에 대한 투자가 중요해질 것이다.

한편 생활을 위해 필요한 공공 서비스는 유지해나가야 한다. 앞으로 많은 공공시설과 도로, 교량을 개축하거나 개수해야 할 시기가 찾아올 터인데, 과연 재정적으로 모든 시설을 개축할 수 있을지, 앞으로의 인구 동태를 생각했을 때 그 시설을 반드시 개축하거나 개수해야 할지 검토할 필요가 있다. 시설의 집약화, 다기능화는 물론이고 자치단체 간의 연계를 통해 도서관이나 공민관(문화원) 같은 시설을 서로 분담하고 '공동화(共同化)'하는 노력도 필요할 것이다.

셋째는 '선택과 집중'은 중산간 지역이나 낙도를 버리는 것이 아니냐는 의견이다.

나의 주장은 오히려 이 의견과 반대다. 물론 중산간 지역이나 낙도에서 젊은이들이 유출되지 않는 것이 가장 바람직하겠지만, 지금까지의 시책으로는 유출을 막지 못했다는 사실도 인식해야 한다. 그렇다면 그곳을 떠나더라도 도쿄권으로 가는 것을 막고 권역 내에 붙잡아두는 것이 중요하다.

제2차 세계대전 이후 국민 소득의 향상과 함께 일본 전역에서 도시화가 진행되어, 지방에서도 지연이나 혈연이 희박해졌다. 가족의 형태도 3대가 같이 사는 세대가 줄어들고 핵가족화가 진행되었으며, 현재는 '핵'이라고도 할 수 없는 독거 세대가 노소를 불문하고 급속히 증가하고 있다. 출산·육아, 개호라는 문제에 대해서는 공적인 서비스를 충실히 하는 동시에 이렇게 흩어져버린 가족을 다시 묶어서 서로 의지할 수 있는 시스템을 구축해나가야 한다. 그리고 이를 위해서는 '국이 식지 않는 거리'까지는 아니더라도 하다못해 부모 세대가 사는 집에서 자동차로 1시간 정도의 거리에 젊은이를 붙잡아놓을 필요가 있다. 그렇게 고향과 일상적으로 관계를 유지하면 젊은이가 자녀의 육아기나 부모의 개호기에 집으로 돌아간다는 선택을 할 수 있게 된다. 이를 위해서도 '댐'의 역할을 하는 거점 도시를 정비할 것이 요구된다.

앞으로 나는 도쿄의 문제를 연구할 생각이다. 지금까지 여러 번 이야기했듯이, 인구 감소가 실제로 일어나고 있는 현장은 주로 지방이

지만 이것은 도쿄의 상황과 밀접히 관련되어 있기 때문이다. 가령 왜 기업의 본사가 땅값도 물가도 인건비도 비싼 도쿄에 모여드는지, 그 이유조차 정확히 알려져 있지 않다. 도시의 집적 효과를 이유로 드는 사람도 있지만, 뉴욕의 맨해튼에는 금융을 제외하면 대기업의 본사가 없다. 다른 기업의 본사는 전부 지방 도시에 있다. 그래서 먼저 정확한 데이터와 사실을 축적한 뒤 하나하나 검토해나가려 한다.

마지막으로, 이 책은 일본 창성회의·인구문제 검토 분과회의 구성원을 비롯해 많은 분의 참여와 지도 덕분에 완성될 수 있었다. 이 자리를 빌려 감사의 인사를 전하고 싶다.

인구 감소 사회는 반드시 찾아온다. 그러나 그 뒤에 찾아올 '인구 급감 사회', 즉 '극점 사회'만은 피해야 한다. 이번에 제시한 현실을 바탕으로 정치와 행정, 주민이 깊이있는 논의를 통해 지혜를 짜내기를 바란다. 필요 이상의 비관은 그만두자. 미래는 바꿀 수 있다. 미래는 우리의 선택에 달려 있다.

2014년 7월

마스다 히로야

• 고이게 시로(小池司朗), '출산 행동에 대한 인구 이동의 영향에 관해'《인구 문제 연구》62-4, 국립 사회보장·인구문제 연구소 (2006년)

• 국토 교통성·국토 심의회 정책부회 장기 전망 위원회,《'국토의 장기 전 망' 중간 정리》(2011년)

• 국립 사회보장·인구문제 연구소, 「일본의 장래 추계 인구(2012년 1월 추계)」 (2012년)

• 국립 사회보장·인구문제 연구소, 「일본의 지역별 장래 추계 인구(2013년 3 월 추계)」 (2013년)

• 사이토 히데카즈(斉藤英和)·시로카와 도코(白河桃子), 『'출산'과 '노동'의 교 과서(「産む」と「働く」の教科書)』, 고단샤(講談社) (2014년)

• 사바에 시 산업 환경부 상공 정책과 '사바에 안경 공장' 웹사이트 (2014년 7 월 열람)

• 다치바나키 도시아키(橘木俊詔)·우라카와 구니오(浦川邦夫), 『일본의 지역 간 격차 ─ 도쿄 일극 집중에서 야쓰가타케 방식으로(日本の地域間格差 東京一 極集中型から八ヶ岳方式へ)』, 일본평론사 (2012년)

• 다나카 가쿠에이(田中角栄), 『일본 열도 개조론(日本列島改造論)』, 일간공업신 문사 (1972년)

• 도쿄대학 사회과학연구소·겐다 유지(玄田有史) 편저, 『희망학 내일의 저편 에 ─ 희망의 후쿠이, 후쿠이의 희망(希望学 あしたの向こうに: 希望の福井, 福井 の希望)』, 도쿄대학출판회 (2013년)

- 내각 관방, 「전원 도시 국가 구상 ― 전원 도시 구상 연구 그룹」, 오히라 총리의 정책 연구회 보고서2 (1980년)

- 히다 아쓰코(樋田敦子), 「르포 사라지는 마을·살아 있는 마을을 걷다 ― 풍부한 육아 지원이 젊은 부부를 불러들였다!」, 《주오코론(中央公論)》 (2014년 7월호)

- 마쓰타니 아키히코(松谷明彦) 편저, 『인구 유동의 지방 재생학(人口流動の地方再生学)』, 니혼게이자이신문 출판사 (2009년)

- 모타니 고스케(藻谷浩介), 『실측! 일본의 지역력(実測!ニッポンの地域力)』, 니혼게이자이신문 출판사 (2007년)

- 모타니 고스케, 『디플레이션의 정체 ― '인구의 물결'이 경제를 움직인다(デフレの正体 経済は「人口の波」で動く)』, 가도카와 one 테마 21 (2010년)

- 모타니 고스케·NHK 히로시마 취재반, 『산골 자본주의 ― 일본 경제는 '안심의 원리'에 따라 움직인다(里山資本主義—日本経済は「安心の原理」で動く)』 가도카와 one 테마 21 (2013년)

- 요시다 요시오(吉田良生)·히로시마 기요시(廣嶋清志) 편저, 『인구 감소 시대의 지역 정책(人口減少時代の地域政策)』〈인문학 라이브러리 9〉, 하라쇼보(原書房) (2011년)

- '인구 감소 사회를 살아간다. 지역 지속을 향해 1 ― 인구가 줄지 않는 마을. 안정 소득, 젊은이가 정착' 《아키타 사키가케 신보(秋田魁新報)》 (2014년 6월 2일자 조간 1면 기사)

구성원 소개

■ 일본 창성회의 인구 감소 문제 검토 분과회

좌장 마스다 히로야(增田寬也) / 도쿄대학 대학원 객원 교수

오카모토 다모쓰(岡本保) / 노무라 자본 시장 연구소 고문

가토 히사카즈(加藤久和) / 메이지 대학 교수

사이토 히데카즈(斉藤英和) / 국립 성육 의료 연구 센터 부 주산기(周産期) · 모 성 진료 센터장

시라하세 사와코(白波瀨佐和子) / 도쿄대학 대학원 교수

다카하시 다이(高橋泰) / 국제 의료 복지 대학 대학원 교수

다치바나 후쿠시마 사키에(橘 · フクシマ · 咲江) / G&S Global Advisors Inc. 사 장

단고 야스타케(丹呉泰健) / 전 내각 관방 참여

히구치 요시오(樋口美雄) / 게이오기주쿠 대학 교수

히라타 다케오(平田竹男) / 내각 관방 참여

모리치 시게루(森地茂) / 정책 연구 대학원 대학 특별 교수

또한,《주오코론》 2013년 12월호에 게재된 논문의 집필에는 주식회사 리

쿠르트 홀딩스 상담역인 가시와키 히토시(柏木齊) 씨, 리쿠르트 브라이덜 종합연구소의 가나이 요시코(金井良子) 씨도 참가했다.

■ 사무국

사와다 준이치(澤田潤一) / 공익 재단 법인 일본 생산성 본부 공공 정책부장

다카야마 게이스케(高山圭介) / 공익 재단 법인 일본 생산성 본부 공공 정책부 담당 과장

■ 일본 창성회의(日本創成会議)

장기적인 관점에서 세계·아시아의 동향에 입각한 일본 전체의 그랜드 디자인을 그리고 그것을 실현하기 위한 전략을 책정하기 위해 산업계 노사와 지식인 등 뜻 있는 사람들이 세운 조직. 인구 감소 문제 검토 분과회는 현재 진행 중인 '인구 감소'라는 현실을 직시하고 어떻게 해야 국민 생활의 질을 유지하거나 향상할 수 있을지 검토하는 것을 목적으로 기존의 저출산 대책의 틀을 넘어서는 종합적인 정책을 검토하고 있다.

전국 시구정촌별 장래 추계 인구

① 도도부현별로 젊은 여성(20~39세) 인구의 감소율(2010→2040년)이 높은 순서대로 나열했다.

② 젊은 여성 인구의 감소율이 50퍼센트가 넘는(추계) 896개 자치단체가 '소멸 가능성 도시'에 해당한다.

③ 또한 2040년에 인구가 1만 명 미만(추계)인 523개 자치단체는 '소멸 가능성이 높다.'는 의미에서 진하게 표시했다.

④ 본 추계는 국립 사회보장·인구문제 연구소(사인연)의 추계(2013년 3월)를 바탕으로 한 것이다. 도쿄 특별구와 12개 정령 지정 도시(삿포로 시, 센다이 시, 지바 시, 요코하마 시, 가와사키 시, 나고야 시, 교토 시, 오사카 시, 고베 시, 히로시마 시, 기타큐슈 시, 후쿠오카 시)에 대해서는 구 단위로 추계했으며, 2003년 이후에 지정된 8개 정령 지정 도시(사이타마 시, 사가미하라 시, 니가타 시, 시즈오카 시, 하마마쓰 시, 사카이 시, 오카야마 시, 구마모토 시)에 대해서는 시를 단위로 추계했다.

⑤ 후쿠시마 현의 경우 2011년 3월에 발생한 동일본 대지진에 따른 후쿠시마 제1 원자력 발전소 사고의 영향으로 시정촌별 인구 동향과 향후 추이를 예측하기 어렵기 때문에, 사인연에서는 후쿠시마 현 내의 시정촌별 인구를 추계하지 않았다. 따라서 본 추계에서도 시정촌별로는 추계하지 않고 현 단위로만 추계했다.

⑥ 추계 인구는 소수점 이하를 포함하기 때문에 각각의 '젊은 여성 인구 변화율'의 수치가 일치하지 않는 경우가 있다.

⑦ 인구의 단위는 전부 '명'이다.

	젊은 여성 인구 변화율	2040년 젊은 여성 인구	2040년 총인구	2010년 젊은 여성 인구	2010년 총인구
홋카이도(北海道)					
오쿠시리 정(奥尻町)	−86.7%	27	1,064	202	3,033
기코나이 정(木古内町)	−86.5%	45	2,057	331	5,341
유바리 시(夕張市)	−84.6%	100	3,104	653	10,922
우타시나이 시(歌志内市)	−84.5%	48	1,271	311	4,387
마쓰마에 정(松前町)	−84.4%	93	3,162	597	8,748
후쿠시마 정(福島町)	−84.4%	53	1,660	340	5,114
모세우시 정(妹背牛町)	−82.1%	40	1,400	226	3,462
난포로 정(南幌町)	−80.9%	151	4,551	793	8,778
도요토미 정(豊富町)	−79.0%	78	2,127	371	4,378
미카사 시(三笠市)	−79.0%	141	3,196	669	10,221
나이에 정(奈井江町)	−78.6%	102	2,810	478	6,194
가미스나가와 정(上砂川町)	−78.2%	62	1,291	285	4,086
가미노쿠니 정(上ノ国町)	−77.7%	97	1,988	434	5,428
아시베쓰 시(芦別市)	−76.9%	285	6,259	1,235	16,628
시라누카 정(白糠町)	−76.5%	184	3,799	783	9,294
에사시 정(江差町)	−76.4%	203	3,835	863	9,004
도베쓰 정(当別町)	−76.3%	413	10,287	1,744	18,766
쓰베쓰 정(津別町)	−76.3%	86	2,515	364	5,646
사마니 정(様似町)	−76.2%	103	2,314	435	5,114
소베쓰 정(壮瞥町)	−76.2%	64	1,486	269	3,232
세타나 정(せたな町)	−75.8%	176	3,922	724	9,590

	젊은 여성 인구 변화율	2040년 젊은 여성 인구	2040년 총인구	2010년 젊은 여성 인구	2010년 총인구
라우스 정(羅臼町)	−74.9%	147	2,756	586	5,885
오비라 정(小平町)	−74.6%	81	1,630	321	3,717
나카톤베쓰 정(中頓別町)	−74.2%	38	764	147	1,974
하보로 정(羽幌町)	−74.1%	158	3,704	610	7,964
도야코 정(洞爺湖町)	−73.8%	235	4,683	898	10,132
쓰키가타 정(月形町)	−73.3%	77	2,860	287	4,859
교와 정(共和町)	−73.1%	156	3,749	581	6,428
도마마에 정(苫前町)	−73.0%	79	1,401	294	3,656
리쿠베쓰 정(陸別町)	−72.8%	52	1,097	193	2,650
다키노우에 정(滝上町)	−72.4%	61	1,245	221	3,028
오토이넷푸 촌(音威子府村)	−72.3%	15	331	53	995
비바이 시(美唄市)	−72.1%	608	11,536	2,181	26,034
유니 정(由仁町)	−72.0%	132	2,926	469	5,896
누키타 정(沼田町)	−71.9%	82	1,618	293	3,612
우류 정(雨竜町)	−71.8%	63	1,585	225	3,049
이와나이 정(岩内町)	−71.6%	383	6,734	1,348	14,451
샤코탄 정(積丹町)	−71.6%	43	954	151	2,516
비라토리 정(平取町)	−71.4%	150	2,677	525	5,596
오토베 정(乙部町)	−70.6%	105	2,036	358	4,408
도요코로 정(豊頃町)	−70.5%	79	1,490	269	3,394
구시로 정(釧路町)	−70.4%	703	11,941	2,373	20,526
나카가와 정(中川町)	−70.3%	36	787	122	1,907
리시리후지 정(利尻富士町)	−70.3%	84	1,243	281	3,037
엔베쓰 정(遠別町)	−70.0%	65	1,396	218	3,084
데시오 정(天塩町)	−69.8%	100	1,719	332	3,780
칫푸베쓰 정(秩父別町)	−69.6%	59	1,285	195	2,730
후루비라 정(古平町)	−69.6%	93	1,515	304	3,611
기모베쓰 정(喜茂別町)	−69.5%	71	1,164	233	2,490
아카비라 시(赤平市)	−69.4%	287	4,444	940	12,637
가모에나이 촌(神恵内村)	−69.2%	25	525	82	1,122
구모이 시(留萌市)	−69.2%	754	11,447	2,449	24,457
란코시 정(蘭越町)	−69.2%	123	2,517	399	5,292
아이베쓰 정(愛別町)	−69.1%	85	1,416	275	3,328
후카가와 시(深川市)	−69.0%	614	11,877	1,979	23,709
우라우스 정(浦臼町)	−68.8%	51	1,038	164	2,206
무카와 정(むかわ町)	−68.5%	250	4,740	794	9,746
왓사무 정(和寒町)	−68.1%	91	1,716	285	3,832
핏푸 정(比布町)	−67.8%	105	2,090	328	4,042
가미시로호 정(上士幌町)	−67.6%	153	2,795	471	5,080
구로마쓰나이 정(黒松内町)	−67.5%	95	1,870	293	3,250
앗사부 정(厚沢部町)	−67.4%	113	2,127	347	4,409

	젊은 여성 인구 변화율	2040년 젊은 여성 인구	2040년 총인구	2010년 젊은 여성 인구	2010년 총인구
시마마키 촌(島牧村)	−66.8%	45	794	134	1,781
시모카와 정(下川町)	−66.6%	104	1,823	312	3,775
비후카 정(美深町)	−66.4%	149	2,810	443	5,178
몬베쓰 시(紋別市)	−66.4%	865	12,197	2,572	24,750
우라카와 정(浦河町)	−66.3%	516	7,248	1,530	14,389
오타루 시(小樽市)	−66.0%	4,404	66,696	12,937	131,928
시베쓰 정(標津町)	−65.8%	202	3,038	592	5,646
시호로 정(士幌町)	−65.8%	218	3,927	636	6,416
요이치 정(余市町)	−65.7%	667	11,456	1,942	21,258
쿤넷푸 정(訓子府町)	−65.6%	160	2,693	466	5,435
레분 정(礼文町)	−65.5%	93	1,263	270	3,078
우라호로 정(浦幌町)	−65.5%	137	2,355	398	5,460
쇼산베쓰 촌(初山別村)	−65.3%	37	601	107	1,369
이케다 정(池田町)	−65.2%	198	3,890	569	7,527
히다카 정(日高町)	−64.9%	455	7,116	1,295	13,615
오조라 정(大空町)	−64.9%	244	4,677	694	7,933
도마 정(当麻町)	−64.7%	194	4,019	549	7,087
신토쿠 정(新得町)	−64.6%	211	3,760	595	6,653
시라오이 정(白老町)	−63.7%	555	9,855	1,528	19,376
시베쓰 시(士別市)	−63.6%	680	11,458	1,867	21,787
기요사토 정(清里町)	−63.5%	143	2,167	393	4,551
맛카리 촌(真狩村)	−63.5%	71	1,173	195	2,189
삿포로 시 미나미 구(札幌市南区)	−63.3%	5,821	99,405	15,861	146,341
호로노베 정(幌延町)	−63.1%	97	1,408	264	2,677
겐부치 정(剣淵町)	−63.0%	113	1,849	304	3,565
히로오 정(広尾町)	−62.0%	248	4,528	652	7,881
호쿠류 정(北竜町)	−62.0%	59	1,089	155	2,193
호로카나이 정(幌加内町)	−61.9%	51	687	134	1,710
가미카와 정(上川町)	−61.8%	141	1,853	370	4,532
오케토 정(置戸町)	−61.8%	104	1,606	271	3,428
신시노쓰 촌(新篠津村)	−61.6%	123	2,047	320	3,515
하마나카 정(浜中町)	−61.5%	247	3,656	641	6,511
마시케 정(増毛町)	−60.9%	163	2,293	416	5,078
고시미즈 정(小清水町)	−60.8%	183	2,993	467	5,358
시리우치 정(知内町)	−60.7%	170	2,800	433	5,074
하코다테 시(函館市)	−60.6%	12,115	161,469	30,746	279,127
리시리 정(利尻町)	−60.3%	81	958	205	2,590
앗케시 정(厚岸町)	−60.2%	428	5,610	1,075	10,630
비에이 정(美瑛町)	−60.1%	390	6,282	979	10,956
비호로 정(美幌町)	−60.0%	823	12,794	2,061	21,575
다키카와 시(滝川市)	−60.0%	1,828	25,795	4,575	43,170

	젊은 여성 인구 변화율	2040년 젊은 여성 인구	2040년 총인구	2010년 젊은 여성 인구	2010년 총인구
모리 정(森町)	-59.9%	714	9,551	1,781	17,859
슷쓰 정(寿都町)	-59.7%	121	1,685	301	3,443
유베쓰 정(湧別町)	-59.5%	387	5,643	956	10,041
구시로 시(釧路市)	-59.5%	8,159	106,085	20,168	181,169
혼베쓰 정(本別町)	-59.3%	249	4,099	612	8,275
니캇푸 정(新冠町)	-59.0%	239	3,555	583	5,775
미나미후라노 정(南富良野町)	-59.0%	119	1,476	289	2,814
구리야마 정(栗山町)	-58.9%	510	7,259	1,240	13,340
신히다카 정(新ひだか町)	-58.6%	1,054	14,092	2,547	25,419
아쓰마 정(厚真町)	-58.6%	162	2,799	391	4,890
네무로 시(根室市)	-58.2%	1,225	15,714	2,930	29,201
신토쓰카와 정(新十津川町)	-58.0%	257	4,106	611	7,249
데시카가 정(弟子屈町)	-57.6%	291	4,175	685	8,278
하마톤베쓰 정(浜頓別町)	-57.4%	189	2,270	444	4,168
나가누마 정(長沼町)	-56.4%	475	7,581	1,089	11,691
기타미 시(北見市)	-56.2%	6,025	85,985	13,766	125,689
니키 정(仁木町)	-56.1%	173	2,300	394	3,800
니시오콧페 촌(西興部村)	-55.9%	51	726	116	1,135
아쇼로 정(足寄町)	-55.7%	265	3,895	597	7,630
야쿠모 정(八雲町)	-55.1%	871	10,964	1,939	18,896
에리모 정(えりも町)	-55.0%	237	3,070	527	5,413
오무 정(雄武町)	-54.9%	236	2,484	524	4,939
이와미자와 시(岩見沢市)	-54.8%	4,298	57,166	9,504	90,145
엔가루 정(遠軽町)	-54.5%	933	12,855	2,052	22,265
시베차 정(標茶町)	-54.3%	329	4,557	719	8,285
기타히로시마 시(北広島市)	-53.9%	3,080	44,795	6,685	60,353
도마리 촌(泊村)	-53.4%	69	1,113	149	1,883
아사히카와 시(旭川市)	-53.0%	18,754	241,526	39,889	347,095
에사시 정(枝幸町)	-52.9%	430	5,049	913	9,125
왓카나이 시(稚内市)	-52.9%	2,001	23,623	4,244	39,595
시카오이 정(鹿追町)	-52.8%	283	3,892	599	5,702
에베쓰 시(江別市)	-52.8%	6,539	92,980	13,848	123,722
삿포로 시 아쓰베쓰 구(札幌市厚別区)	-52.7%	7,486	103,678	15,842	128,492
오콧페 정(興部町)	-52.3%	217	2,388	455	4,301
다이키 정(大樹町)	-52.3%	274	3,575	574	5,977
굿찬 정(倶知安町)	-52.2%	934	10,319	1,955	15,568
도요우라 정(豊浦町)	-52.0%	197	2,333	410	4,528
사로마 정(佐呂間町)	-51.8%	275	3,274	570	5,892
아바시리 시(網走市)	-51.2%	2,184	29,044	4,477	40,998
후라노 시(富良野市)	-51.1%	1,278	16,659	2,614	24,259
나나에 정(七飯町)	-51.1%	1,398	21,541	2,859	28,463

	젊은 여성 인구 변화율	2040년 젊은 여성 인구	2040년 총인구	2010년 젊은 여성 인구	2010년 총인구
스나가와 시(砂川市)	-50.7%	908	11,572	1,842	19,056
베쓰카이 정(別海町)	-50.6%	881	10,687	1,783	15,855
시미즈 정(清水町)	-50.4%	439	6,345	885	9,961
교고쿠 정(京極町)	-49.8%	160	2,337	319	3,811
오비히로 시(帯広市)	-49.8%	10,422	125,783	20,750	168,057
샤리 정(斜里町)	-49.0%	654	8,936	1,284	13,045
아비라 정(安平町)	-48.3%	389	5,538	751	8,726
다테 시(伊達市)	-47.4%	1,862	25,840	3,541	36,278
이시카리 시(石狩市)	-47.0%	3,572	44,665	6,743	59,449
가미후라노 정(上富良野町)	-47.0%	625	6,968	1,178	11,545
노보리베쓰 시(登別市)	-46.5%	2,772	34,853	5,178	51,526
무로란 시(室蘭市)	-46.3%	4,918	60,201	9,155	94,535
시카베 정(鹿部町)	-46.2%	255	3,631	474	4,767
쓰루이 촌(鶴居村)	-46.0%	125	1,966	232	2,627
나카사쓰나이 촌(中札内村)	-44.4%	224	2,890	402	4,006
사라베쓰 촌(更別村)	-43.2%	178	2,750	313	3,391
삿포로 시 데이네 구(札幌市手稲区)	-42.9%	9,663	127,780	16,923	139,644
이마카와 정(今金町)	-42.9%	299	3,881	523	6,186
오샤만베 정(長万部町)	-41.8%	300	3,074	515	6,386
사루후쓰 촌(猿払村)	-41.7%	207	1,958	356	2,825
도마코마이 시(苫小牧市)	-41.0%	12,447	140,655	21,089	173,320
삿포로 니시 구(札幌市西区)	-40.6%	17,361	191,087	29,221	211,229
나카후라노 정(中富良野町)	-40.5%	312	3,612	525	5,477
나카스 정(鷹栖町)	-40.2%	440	5,126	736	7,345
삿포로 시 시로이시 구(札幌市白石区)	-40.0%	19,238	183,479	32,047	204,259
삿포로 시 히가시 구(札幌市東区)	-39.8%	22,593	225,135	37,523	255,873
삿포로 시 도요시라 구(札幌市豊平区)	-39.7%	19,691	191,754	32,664	212,118
호쿠도 시(北斗市)	-38.6%	3,421	36,984	5,567	48,032
니세코 정(ニセコ町)	-38.4%	335	4,353	544	4,823
삿포로 시 기타 구(札幌市北区)	-38.2%	23,906	257,847	38,689	278,781
루스쓰 촌(留寿都村)	-37.9%	160	1,555	258	2,034
삿포로 시 기요타 구(札幌市清田区)	-37.4%	8,710	110,722	13,908	116,619
시무캇푸 촌(占冠村)	-36.4%	95	758	149	1,394
나카시베쓰 정(中標津町)	-36.3%	1,909	20,443	2,995	23,982
에니와 시(恵庭市)	-33.6%	5,726	63,537	8,623	69,384
나요로 시(名寄市)	-32.5%	2,345	22,125	3,472	30,591
마쿠베쓰 정(幕別町)	-32.4%	1,826	22,174	2,702	26,547
지토세 시(千歳市)	-28.6%	9,047	87,851	12,672	93,604
네무로 정(芽室町)	-28.1%	1,502	17,498	2,089	18,905
히가시카와 정(東川町)	-23.8%	579	6,655	760	7,859
삿포로 시 주오 구(札幌市中央区)	-22.5%	29,190	262,557	37,666	220,189

	젊은 여성 인구 변화율	2040년 젊은 여성 인구	2040년 총인구	2010년 젊은 여성 인구	2010년 총인구
아카이가와 촌(赤井川村)	−21.8%	91	829	116	1,262
오토후케 정(音更町)	−17.3%	4,535	45,413	5,486	45,085
히가시카구라 정(東神楽町)	−16.2%	767	8,841	915	9,292

아오모리 현(青森県)

	젊은 여성 인구 변화율	2040년 젊은 여성 인구	2040년 총인구	2010년 젊은 여성 인구	2010년 총인구
이마베쓰 정(今別町)	−88.2%	20	1,211	172	3,217
고토가하마 정(外ヶ浜町)	−83.1%	77	2,458	455	7,089
나카도마리 정(中泊町)	−79.7%	201	5,448	990	12,743
후카우라 정(深浦町)	−79.3%	134	3,872	648	9,691
시치노헤 정(七戸町)	−77.8%	305	7,797	1,372	16,759
아지가사와 정(鰺ヶ沢町)	−74.5%	230	5,423	902	11,449
고노헤 정(五戸町)	−72.3%	426	10,352	1,538	18,712
오와니 정(大鰐町)	−72.1%	253	5,271	907	10,978
요모기타 촌(蓬田村)	−71.3%	76	1,893	266	3,271
히라나이 정(平内町)	−70.5%	308	6,102	1,044	12,361
가자마우라 촌(風間浦村)	−69.4%	50	1,201	165	2,463
산노헤 정(三戸町)	−69.1%	269	5,801	873	11,299
니시메야 촌(西目屋村)	−68.1%	37	735	115	1,594
신고 촌(新郷村)	−67.9%	54	1,391	168	2,851
난부 정(南部町)	−67.7%	513	10,596	1,586	19,853
히가시도리 촌(東通村)	−67.4%	186	3,935	571	7,252
닷코 정(田子町)	−67.2%	135	2,899	411	6,175
하시카미 정(階上町)	−66.3%	451	9,510	1,339	14,699
노헤지 정(野辺地町)	−65.8%	456	8,260	1,332	14,314
사이 촌(佐井村)	−64.8%	52	1,160	148	2,422
구로이시 시(黒石市)	−64.1%	1,360	20,475	3,785	36,132
오마 정(大間町)	−63.2%	214	3,768	580	6,340
도호쿠 정(東北町)	−62.5%	629	11,976	1,676	19,106
쓰가루 시(つがる市)	−62.4%	1,339	20,756	3,566	37,243
이타야나기 정(板柳町)	−60.7%	588	8,421	1,496	15,227
고쇼가와라 시(五所川原市)	−60.3%	2,298	33,202	5,786	58,421
쓰루다 정(鶴田町)	−59.9%	540	8,311	1,347	14,270
무쓰 시(むつ市)	−58.0%	2,564	37,983	6,109	61,066
아오모리 시(青森市)	−57.4%	14,760	192,113	34,618	299,520
이나카다테 촌(田舎館村)	−55.5%	364	5,103	819	8,153
히라카와 시(平川市)	−55.2%	1,513	21,624	3,375	33,764
하치노헤 치(八戸市)	−54.6%	11,824	162,347	26,056	237,615
히로사키 시(弘前市)	−54.4%	9,532	126,532	20,907	183,473
도와다 시(十和田市)	−53.9%	3,214	45,365	6,970	66,110
요코하마 정(横浜町)	−52.4%	185	3,029	389	4,881
후지사키 정(藤崎町)	−48.6%	842	11,278	1,638	16,021

	젊은 여성 인구 변화율	2040년 젊은 여성 인구	2040년 총인구	2010년 젊은 여성 인구	2010년 총인구
미사와 시(三沢市)	−47.0%	2,604	29,927	4,918	41,258
로쿠노헤 정(六戸町)	−47.0%	488	7,022	921	10,241
롯카쇼 촌(六ヶ所村)	−43.7%	627	7,698	1,113	11,095
오이라세 정(おいらせ町)	−36.6%	1,683	21,032	2,652	24,211
이와테 현(岩手県)					
니시와가 정(西和賀町)	−76.0%	90	2,859	375	6,602
후다이 촌(普代村)	−75.5%	57	1,567	233	3,088
디노히타 촌(田野畑村)	−72.7%	74	1,834	269	3,843
노다 촌(野田村)	−71.1%	115	2,413	397	4,632
이와이즈미 정(岩泉町)	−70.3%	202	4,662	681	10,804
구즈마키 정(葛巻町)	−69.8%	123	3,330	407	7,304
하치만타이 시(八幡平市)	−69.3%	773	14,987	2,518	28,680
이와테 정(岩手町)	−69.1%	374	7,717	1,211	14,984
이치노헤 정(一戸町)	−69.0%	331	6,698	1,067	14,187
오쓰치 정(大槌町)	−68.9%	393	7,160	1,262	15,276
히로노 정(洋野町)	−68.3%	481	9,101	1,519	17,913
리쿠젠타카 시(陸前高田市)	−65.7%	632	12,426	1,844	23,300
야마다 정(山田町)	−64.3%	563	9,040	1,578	18,617
스미타 정(住田町)	−63.4%	166	2,910	453	6,190
시즈쿠이시 정(雫石町)	−63.4%	620	10,476	1,697	18,033
가마이시 시(釜石市)	−62.0%	1,210	19,002	3,184	39,574
구지 시(久慈市)	−61.9%	1,429	21,691	3,751	36,872
오후나토 시(大船渡市)	−61.9%	1,376	22,987	3,609	40,737
가루마이 정(軽米町)	−61.7%	280	5,426	731	10,209
도노 시(遠野市)	−61.2%	882	16,306	2,274	29,331
미야코 시(宮古市)	−61.1%	2,047	32,166	5,261	59,430
니노헤 시(二戸市)	−58.1%	1,167	17,246	2,787	29,702
히라이즈미 정(平泉町)	−57.1%	300	4,955	698	8,345
이치노세키 시(一関市)	−55.8%	5,084	75,024	11,495	127,642
오슈 시(奥州市)	−52.6%	5,642	80,923	11,890	124,746
야하바 정(矢巾町)	−51.6%	1,605	20,337	3,319	27,205
구노헤 촌(九戸村)	−51.6%	232	3,579	479	6,507
하나마키 시(花巻市)	−47.0%	5,417	68,691	10,222	101,438
모리오카 시(盛岡市)	−43.5%	21,819	238,270	38,649	298,348
시와 정(紫波町)	−43.3%	2,006	25,111	3,539	33,288
기타카미 시(北上市)	−35.4%	7,033	73,437	10,881	93,138
다키자와 시(滝沢村)	−33.1%	4,715	50,903	7,044	53,857
가네가사키 정(金ヶ崎町)	−25.4%	1,235	13,693	1,656	16,325

	젊은 여성 인구 변화율	2040년 젊은 여성 인구	2040년 총인구	2010년 젊은 여성 인구	2010년 총인구
미야기 현(宮城県)					
미나미산리쿠 정(南三陸町)	−69.5%	446	9,511	1,463	17,429
마쓰시마 정(松島町)	−67.5%	472	8,319	1,449	15,085
야마모토 정(山元町)	−64.7%	545	9,879	1,547	16,704
게센누마 시(気仙沼市)	−64.7%	2,188	38,925	6,197	73,489
무라타 정(村田町)	−64.0%	448	7,232	1,245	11,995
시오가마 시(塩竈市)	−63.0%	2,201	33,990	5,946	56,490
오사토 정(大郷町)	−62.8%	324	5,692	871	8,927
마루모리 정(丸森町)	−62.3%	479	8,556	1,271	15,501
구리하라 시(栗原市)	−61.7%	2,395	41,317	6,252	74,932
가쿠다 시(角田市)	−61.0%	1,279	19,477	3,281	31,336
오나가와 정(女川町)	−59.0%	371	5,632	904	10,051
가와사키 정(川崎町)	−58.9%	380	6,539	925	9,978
시로이시 시(白石市)	−58.5%	1,572	23,331	3,791	37,422
와쿠야 정(涌谷町)	−58.1%	702	10,652	1,674	17,494
오히라 촌(大衡村)	−57.2%	251	3,561	586	5,334
도메 시(登米市)	−57.1%	3,461	49,948	8,070	83,969
미사토 정(美里町)	−56.9%	1,049	15,813	2,434	25,190
가미 정(加美町)	−56.8%	999	14,763	2,311	25,527
시치카슈쿠 정(七ヶ宿町)	−54.1%	40	789	88	1,694
이시노마키 시(石巻市)	−52.8%	7,870	102,441	16,687	160,826
시치가하마 정(七ヶ浜町)	−50.9%	1,084	13,748	2,208	20,416
자오 정(蔵王町)	−50.7%	604	8,837	1,226	12,882
시카마 정(色麻町)	−50.2%	371	4,664	745	7,431
와타리 정(亘理町)	−47.5%	2,117	26,583	4,031	34,845
오사키 시(大崎市)	−46.3%	8,131	98,067	15,153	135,147
시바타 정(柴田町)	−45.1%	2,659	30,570	4,842	39,341
센다이 시 이즈미 구(仙台市泉区)	−41.9%	17,033	187,264	29,301	211,183
히가시마쓰시마 시(東松島市)	−41.4%	2,927	33,174	4,997	42,903
센다이 시 다이하쿠 구(仙台市太白区)	−40.5%	18,106	187,127	30,450	220,588
센다이 시 와카바야시 구(仙台市若林区)	−38.0%	12,287	123,629	19,829	132,306
다가조 시(多賀城市)	−37.9%	5,258	53,601	8,461	63,060
이와누마 시(岩沼市)	−36.8%	3,718	38,257	5,883	44,187
오가와라 정(大河原町)	−35.5%	1,923	20,639	2,979	23,530
센다이 시 아오바 구(仙台市青葉区)	−32.3%	31,145	300,305	45,990	291,436
다이와 정(大和町)	−31.5%	2,181	22,507	3,184	24,894
센다이 시 미야기노 구(仙台市宮城野区)	−29.0%	22,001	198,072	30,985	190,473
리후 정(利府町)	−20.4%	3,495	37,211	4,392	33,994
나토리 시(名取市)	−10.2%	8,679	80,779	9,660	73,134
도미야 정(富谷町)	8.3%	6,978	61,273	6,441	47,042

	젊은 여성 인구 변화율	2040년 젊은 여성 인구	2040년 총인구	2010년 젊은 여성 인구	2010년 총인구
아키타 현(秋田県)					
오가 시(男鹿市)	−74.6%	679	14,635	2,671	32,294
고조메 정(五城目町)	−74.5%	202	4,444	791	10,516
미타네 정(三種町)	−73.0%	392	9,229	1,452	18,876
고사카 정(小坂町)	−72.9%	113	2,589	417	6,054
핫포 정(八峰町)	−72.6%	155	3,840	567	8,220
후지사토 정(藤里町)	−71.0%	73	1,577	252	3,848
유자와 시(湯沢市)	−69.5%	1,235	25,500	4,051	50,849
하치로가타 정(八郎潟町)	−00.7%	172	3,793	549	6,623
기타아키타 시(北秋田市)	−68.4%	800	16,578	2,527	36,387
센보쿠 시(仙北市)	−66.1%	842	15,106	2,483	29,568
우고 정(羽後町)	−65.1%	476	8,730	1,364	16,792
가미코아니 촌(上小阿仁村)	−63.8%	47	1,164	130	2,727
노시로 시(能代市)	−62.8%	1,875	31,860	5,043	59,084
이카와 정(井川町)	−62.4%	176	3,205	468	5,493
미사토 정(美郷町)	−59.9%	754	12,531	1,879	21,674
가타가미 시(潟上市)	−59.8%	1,439	22,335	3,583	34,442
히가시나루세 촌(東成瀬村)	−59.1%	92	1,603	225	2,872
유리혼조 시(由利本荘市)	−58.1%	3,246	52,899	7,755	85,229
니카호 시(にかほ市)	−57.4%	1,020	16,789	2,396	27,544
요코테 시(横手市)	−56.0%	3,803	59,519	8,642	98,367
다이센 시(大仙市)	−55.7%	3,487	51,943	7,878	88,301
오다테 시(大館市)	−55.5%	3,123	48,620	7,023	78,946
아키타 시(秋田市)	−54.3%	17,236	225,596	37,753	323,600
가쓰노 시(鹿角市)	−54.3%	1,272	19,327	2,786	34,473
오가타 촌(大潟村)	15.2%	358	2,868	311	3,218
야마가타 현(山形県)					
사케가와 촌(鮭川村)	−78.1%	80	2,212	367	4,862
오쿠라 촌(大蔵村)	−77.0%	65	1,660	285	3,762
도자와 촌(戸沢村)	−73.5%	113	2,444	428	5,304
모가미 정(最上町)	−69.3%	231	5,001	754	9,847
유자 정(遊佐町)	−68.9%	356	7,526	1,145	15,480
오바나자와 시(尾花沢市)	−68.4%	494	9,542	1,566	18,955
오이시다 정(大石田町)	−67.6%	228	4,219	703	8,160
아사히 정(朝日町)	−64.9%	195	4,034	555	7,856
가네야마 정(金山町)	−64.8%	181	3,388	515	6,365
가와니시 정(川西町)	−64.7%	543	9,003	1,537	17,313
후나가타 정(舟形町)	−61.7%	180	3,387	470	6,164
니시카와 정(西川町)	−61.6%	174	3,071	452	6,270
가미노야마 시(上山市)	−61.3%	1,201	19,325	3,101	33,836

	젊은 여성 인구 변화율	2040년 젊은 여성 인구	2040년 총인구	2010년 젊은 여성 인구	2010년 총인구
이데 정(飯豊町)	−60.2%	288	4,315	724	7,943
마무로가와 정(真室川町)	−59.3%	311	4,394	765	9,165
쇼나이 정(庄内町)	−57.7%	837	13,002	1,978	23,158
시라타카 정(白鷹町)	−57.5%	549	9,008	1,291	15,314
사카타 시(酒田市)	−57.5%	4,467	64,485	10,501	111,151
오에 정(大江町)	−56.9%	325	5,443	753	9,227
나카야마 정(中山町)	−54.5%	499	7,995	1,097	12,015
무라야마 시(村山市)	−54.2%	1,093	16,850	2,388	26,811
오구니 정(小国町)	−53.6%	321	4,450	693	8,862
미카와 정(三川町)	−52.8%	336	5,300	712	7,731
쓰루오카 시(鶴岡市)	−52.5%	6,258	88,132	13,164	136,623
덴도 시(天童市)	−51.3%	3,438	44,190	7,058	62,214
난요 시(南陽市)	−51.1%	1,653	21,915	3,382	33,658
신조 시(新庄市)	−51.1%	1,959	24,467	4,004	38,850
가호쿠 정(河北町)	−50.4%	907	13,559	1,830	19,959
나가이 시(長井市)	−49.8%	1,353	18,305	2,694	29,473
다카하타 정(高畠町)	−48.5%	1,299	16,904	2,523	25,025
사가에 시(寒河江市)	−48.2%	2,334	30,301	4,504	42,373
요네가와 시(米沢市)	−46.7%	4,995	60,676	9,371	89,401
야마가타 시(山形市)	−38.7%	19,245	206,401	31,415	254,244
야마노베 정(山辺町)	−35.4%	972	11,868	1,506	15,139
히가시네 시(東根市)	−24.2%	4,039	41,845	5,332	46,414

후쿠시마 현(福島県)

	젊은 여성 인구 변화율	2040년 젊은 여성 인구	2040년 총인구	2010년 젊은 여성 인구	2010년 총인구
후쿠시마 현(福島県)	−49.8%	109,241	1,416,587	217,815	2,029,064

이바라키 현(茨城県)

	젊은 여성 인구 변화율	2040년 젊은 여성 인구	2040년 총인구	2010년 젊은 여성 인구	2010년 총인구
다이고 정(大子町)	−72.6%	366	9,503	1,335	20,073
시로사토 정(城里町)	−67.0%	674	12,971	2,045	21,491
가와치 정(河内町)	−66.1%	304	5,369	897	10,172
히타치오타 시(常陸太田市)	−64.3%	1,731	33,444	4,849	56,250
이나시키 시(稲敷市)	−63.3%	1,636	26,923	4,455	46,895
도네 정(利根町)	−62.7%	698	11,062	1,870	17,473
히타치오미야 시(常陸大宮市)	−62.5%	1,599	27,763	4,265	45,178
다카하기 시(高萩市)	−62.0%	1,215	18,180	3,200	31,017
미호 촌(美浦村)	−61.2%	710	10,794	1,831	17,299
사쿠라가와 시(桜川市)	−60.3%	1,805	27,680	4,543	45,673
나메가타 시(行方市)	−59.3%	1,519	21,802	3,733	37,611
고가 정(五霞町)	−58.7%	450	6,051	1,090	9,410
기타이바라키 시(北茨城市)	−57.5%	1,916	28,688	4,504	47,026
이시오카 시(石岡市)	−54.4%	3,872	56,672	8,490	79,687

	젊은 여성 인구 변화율	2040년 젊은 여성 인구	2040년 총인구	2010년 젊은 여성 인구	2010년 총인구
히타치 시(日立市)	-53.0%	9,628	132,449	20,487	193,129
지쿠세이 시(筑西市)	-52.3%	5,666	72,774	11,874	108,527
이타코 시(潮来市)	-50.9%	1,622	20,517	3,306	30,534
가사마 시(笠間市)	-50.0%	4,453	56,656	8,914	79,409
야치요 정(八千代町)	-49.8%	1,192	16,893	2,376	23,106
시모쓰마 시(下妻市)	-49.7%	2,623	31,665	5,218	44,987
고가 시(古河市)	-48.6%	8,723	105,143	16,961	142,995
호코타 시(鉾田市)	-48.6%	2,666	36,890	5,182	50,156
도리네 시(取手市)	-48.1%	6,653	78,659	12,897	109,651
나카 시(那珂市)	-47.8%	3,113	41,715	5,966	54,240
오아라이 정(大洗町)	-45.7%	1,079	11,676	1,988	18,328
반도 시(坂東市)	-45.2%	3,367	39,737	6,142	56,114
쓰쿠바미라이 시(つくばみらい市)	-44.7%	3,160	35,202	5,712	44,461
가스미가우라 시(かすみがうら市)	-44.5%	2,770	31,301	4,995	43,553
사카이 정(境町)	-43.2%	1,666	18,202	2,935	25,714
아미 정(阿見町)	-42.9%	3,472	38,818	6,084	47,940
조소 시(常総市)	-42.7%	4,374	49,339	7,632	65,320
류가사키 시(龍ケ崎市)	-41.9%	5,666	69,512	9,760	80,334
가시마 시(鹿嶋市)	-41.7%	4,091	55,676	7,019	66,093
이바라키 정(茨城町)	-41.2%	2,154	26,662	3,660	34,513
오미타마 시(小美玉市)	-39.2%	3,645	39,733	5,995	52,279
쓰치우라 시(土浦市)	-39.1%	10,504	115,887	17,260	143,839
유키 시(結城市)	-35.4%	3,977	42,467	6,159	52,494
히타치나카 시(ひたちなか市)	-31.6%	13,114	141,682	19,163	157,060
미토 시(水戸市)	-31.2%	23,515	248,110	34,193	268,750
가미스 시(神栖市)	-29.7%	8,558	88,398	12,173	94,795
모리야 시(守谷市)	-28.4%	6,422	63,686	8,969	62,482
우시쿠 시(牛久市)	-20.3%	8,458	83,628	10,616	81,684
쓰쿠바 시(つくば市)	-15.1%	26,640	244,641	31,376	214,590
도카이 촌(東海村)	-14.1%	3,922	39,044	4,568	37,438

도치기 현(栃木県)

나카가와 정(那珂川町)	-71.3%	460	10,417	1,604	18,446
시오야 정(塩谷町)	-69.8%	354	6,847	1,174	12,560
모테기 정(茂木町)	-68.2%	412	7,777	1,293	15,018
나스카라스야마 시(那須烏山市)	-64.0%	1,006	17,291	2,794	29,206
이와후네 정(岩舟町)	-58.3%	781	11,741	1,875	18,241
닛코 시(日光市)	-57.9%	3,721	57,097	8,831	90,066
나스 정(那須町)	-54.1%	1,071	20,188	2,332	26,765
아시카가 시(足利市)	-49.5%	8,278	102,761	16,386	154,530
마시코 정(益子町)	-49.3%	1,317	17,299	2,598	24,348

	젊은 여성 인구 변화율	2040년 젊은 여성 인구	2040년 총인구	2010년 젊은 여성 인구	2010년 총인구
도치기 시(栃木市)	−48.3%	8,341	102,144	16,144	145,783
이치카이 정(市貝町)	−48.3%	657	9,031	1,272	12,094
노기 정(野木町)	−47.1%	1,654	19,770	3,130	25,720
가누마 시(鹿沼市)	−46.8%	6,159	77,096	11,583	102,348
야이타 시(矢板市)	−45.4%	2,092	27,407	3,832	35,343
사노 시(佐野市)	−45.2%	7,255	87,196	13,235	121,249
미부 정(壬生町)	−44.8%	2,735	29,958	4,953	39,605
오타와라 시(大田原市)	−44.2%	5,157	60,538	9,247	77,729
다카네자와 정(高根沢町)	−43.1%	2,094	22,935	3,682	30,436
하가 정(芳賀町)	−41.0%	977	11,929	1,657	16,030
시모쓰게 시(下野市)	−36.4%	4,877	50,442	7,665	59,483
가미노카와 정(上三川町)	−35.3%	2,611	26,831	4,033	31,621
오모카 시(真岡市)	−34.4%	6,775	66,644	10,325	82,289
나스시오바라 시(那須塩原市)	−32.7%	9,896	107,794	14,705	117,812
사쿠라 시(さくら市)	−31.5%	3,560	40,375	5,196	44,768
우쓰노미야 시(宇都宮市)	−30.9%	45,641	463,715	66,063	511,739
오야마 시(小山市)	−28.6%	14,974	153,943	20,959	164,454

군마 현(群馬県)

	젊은 여성 인구 변화율	2040년 젊은 여성 인구	2040년 총인구	2010년 젊은 여성 인구	2010년 총인구
난모쿠 촌(南牧村)	−89.9%	10	626	99	2,423
간나 정(神流町)	−85.5%	13	691	92	2,352
시모니타 정(下仁田町)	−83.7%	89	3,431	547	8,911
가타시나 촌(片品村)	−75.8%	86	2,221	355	4,904
쓰마고이 촌(嬬恋村)	−69.7%	261	5,867	861	10,183
나가노하라 정(長野原町)	−67.4%	171	3,014	524	6,017
미나카미 정(みなかみ町)	−66.4%	590	10,871	1,755	21,345
구사쓰 정(草津町)	−65.5%	204	3,993	592	7,160
히가시아가쓰마 정(東吾妻町)	−62.8%	491	8,594	1,319	15,622
나카노조 정(中之条町)	−61.3%	597	10,773	1,544	18,216
간라 정(甘楽町)	−60.9%	542	8,573	1,384	13,618
우에노 촌(上野村)	−60.7%	35	739	89	1,306
시부카와 시(渋川市)	−58.9%	3,509	51,692	8,540	83,330
기류 시(桐生市)	−57.6%	5,082	72,834	11,995	121,704
다카야마 촌(高山村)	−56.5%	150	2,426	346	3,911
다마무라 정(玉村町)	−56.3%	2,069	28,618	4,729	37,536
안나카 시(安中市)	−55.3%	2,677	41,040	5,994	61,077
오라 정(邑楽町)	−51.4%	1,439	19,778	2,961	27,023
오이즈미 정(大泉町)	−51.1%	2,459	28,657	5,033	40,257
누마타 시(沼田市)	−50.4%	2,560	34,049	5,159	51,265
후지오카 시(藤岡市)	−47.3%	3,892	49,828	7,386	67,975
도미오카 시(富岡市)	−47.2%	2,893	36,731	5,476	52,070

	젊은 여성 인구 변화율	2040년 젊은 여성 인구	2040년 총인구	2010년 젊은 여성 인구	2010년 총인구
메이와 정(明和町)	−45.2%	720	8,765	1,314	11,209
가와바 촌(川場村)	−44.6%	168	3,116	304	3,898
이타쿠라 정(板倉町)	−44.5%	902	12,047	1,626	15,706
다테바야시 시(館林市)	−44.5%	5,008	58,926	9,022	78,608
신토 촌(榛東村)	−40.7%	1,019	12,861	1,720	14,370
지요다 정(千代田町)	−39.8%	813	8,805	1,352	11,473
미도리 시(みどり市)	−38.4%	3,814	41,182	6,194	51,899
마에바시 시(前橋市)	−37.1%	25,113	277,016	39,909	340,291
쇼와 촌(昭和村)	−35.2%	544	5,871	840	7,620
다카사키 시(高崎市)	−26.7%	33,124	335,916	45,187	371,302
오타 시(太田市)	−26.3%	19,609	191,869	26,600	216,465
이세사키 시(伊勢崎市)	−23.0%	20,306	195,015	26,362	207,221
요시오카 정(吉岡町)	1.9%	2,648	24,199	2,598	19,801

사이타마 현(埼玉県)					
히가시치치부 촌(東秩父村)	−82.6%	49	1,411	279	3,348
오가와 정(小川町)	−75.6%	791	17,212	3,246	32,913
도키가와 정(ときがわ町)	−75.5%	290	6,783	1,185	12,418
하토야마 정(鳩山町)	−71.6%	426	9,681	1,501	15,305
요시미 정(吉見町)	−70.7%	648	12,129	2,208	21,079
나가토로 정(長瀞町)	−67.5%	239	4,542	735	7,908
요코제 정(横瀬町)	−67.4%	283	4,910	867	9,039
오가노 정(小鹿野町)	−63.6%	440	7,483	1,208	13,436
삿테 시(幸手市)	−62.7%	2,344	33,151	6,279	54,012
미나노 정(皆野町)	−62.3%	386	6,309	1,024	10,888
가와지마 정(川島町)	−60.0%	961	14,697	2,403	22,147
오고세 정(越生町)	−59.8%	527	7,115	1,311	12,537
요리이 정(寄居町)	−58.5%	1,571	23,525	3,785	35,774
란잔 정(嵐山町)	−58.1%	927	12,697	2,211	18,887
미사토 정(美里町)	−57.8%	500	7,900	1,186	11,605
교다 시(行田市)	−56.2%	4,336	56,833	9,899	85,786
미야시로 정(宮代町)	−56.0%	1,643	22,604	3,731	33,641
기타모토 시(北本市)	−55.0%	3,785	48,644	8,419	68,888
미사토 시(三郷市)	−54.9%	7,590	90,763	16,826	131,415
한노 시(飯能市)	−52.3%	4,399	63,075	9,221	83,549
지치부 시(秩父市)	−51.3%	3,173	40,916	6,511	66,955
히다카 시(日高市)	−49.7%	3,591	45,002	7,144	57,473
사야마 시(狭山市)	−49.7%	9,356	116,863	18,584	155,727
가미카와 정(神川町)	−48.0%	828	9,956	1,594	14,470
구키 시(久喜市)	−47.9%	9,645	119,119	18,514	154,310
히가시마쓰야마 시(東松山市)	−47.2%	5,686	67,402	10,759	90,099

	젊은 여성 인구 변화율	2040년 젊은 여성 인구	2040년 총인구	2010년 젊은 여성 인구	2010년 총인구
가소 시(加須市)	-47.0%	7,074	89,910	13,338	115,002
모로야마 정(毛呂山町)	-45.2%	2,836	30,399	5,179	39,054
가스카베 시(春日部市)	-45.0%	15,873	179,339	28,860	237,171
구마가야 시(熊谷市)	-44.4%	13,348	156,890	24,018	203,180
스기토 정(杉戸町)	-44.3%	3,073	37,478	5,521	46,923
하스다 시(蓮田市)	-44.0%	4,433	48,742	7,916	63,309
이루마 시(入間市)	-43.7%	10,420	123,865	18,517	149,872
혼조 시(本庄市)	-43.5%	5,251	64,792	9,295	81,889
후카야 시(深谷市)	-42.7%	9,806	109,120	17,127	144,618
야시오 시(八潮市)	-42.5%	6,347	67,922	11,039	82,977
와라비 시(蕨市)	-42.5%	5,640	53,772	9,808	71,502
고노스 시(鴻巣市)	-42.4%	8,423	95,317	14,630	119,639
쓰루가시마 시(鶴ヶ島市)	-39.8%	5,820	57,323	9,665	69,990
하뉴 시(羽生市)	-39.7%	3,780	43,374	6,274	56,204
마쓰부시 정(松伏町)	-39.7%	2,200	25,682	3,646	31,153
가미사토 정(上里町)	-38.4%	2,359	25,811	3,827	30,998
사카도 시(坂戸市)	-34.5%	8,677	91,802	13,248	101,700
오케가와 시(桶川市)	-34.3%	5,972	63,554	9,086	74,711
아게오 시(上尾市)	-32.2%	19,315	194,291	28,496	223,926
도코로자와 시(所沢市)	-30.3%	31,608	308,664	45,341	341,924
시라오카 시(白岡市)	-30.1%	4,275	46,420	6,113	50,272
후지미 시(富士見市)	-29.6%	10,395	94,030	14,770	106,736
고시가야 시(越谷市)	-26.3%	32,293	305,194	43,846	326,313
소카 시(草加市)	-26.3%	23,924	226,442	32,441	243,855
시키 시(志木市)	-26.1%	7,093	65,403	9,603	69,611
가와고에 시(川越市)	-25.7%	32,752	316,602	44,078	342,670
미요시 정(三芳町)	-22.8%	3,641	37,233	4,714	38,706
사이타마 시(さいたま市)	-22.7%	126,134	1,202,098	163,113	1,222,434
후지미노 시(ふじみ野市)	-20.9%	10,745	100,729	13,584	105,695
가와구치 시(川口市)	-19.9%	60,903	550,081	75,991	561,506
와코 시(和光市)	-19.2%	10,716	84,558	13,264	80,745
니자 시(新座市)	-18.6%	17,012	153,681	20,907	158,777
도다 시(戸田市)	-15.2%	16,100	129,724	18,987	123,079
아사카 시(朝霞市)	-13.1%	16,412	128,624	18,894	129,691
이나 정(伊奈町)	-7.2%	5,689	49,842	6,131	42,494
나메가와 정(滑川町)	0.8%	2,391	21,445	2,371	17,323
요시카와 시(吉川市)	1.7%	8,961	76,443	8,815	65,298
지바 현(千葉県)					
사카에 정(栄町)	-77.3%	583	12,104	2,570	22,580
조난 정(長南町)	-72.0%	217	4,854	776	9,073

	젊은 여성 인구 변화율	2040년 젊은 여성 인구	2040년 총인구	2010년 젊은 여성 인구	2010년 총인구
교난 정(鋸南町)	-70.1%	191	4,428	641	8,950
도노쇼 정(東庄町)	-68.0%	431	8,120	1,347	15,154
무쓰자와 정(睦沢町)	-67.3%	215	4,079	657	7,340
조시 시(銚子市)	-65.4%	2,345	36,950	6,784	70,210
나가라 정(長柄町)	-65.1%	235	4,993	674	8,035
온주쿠 정(御宿町)	-65.1%	187	4,862	536	7,738
산무 시(山武市)	-64.9%	1,950	33,946	5,562	56,089
훗쓰 시(富津市)	-64.5%	1,525	29,669	4,291	48,073
시라코 정(白子町)	-63.9%	425	7,133	1,178	12,151
오타키 정(大多喜町)	-61.8%	320	5,984	836	10,671
미나미보소 시(南房総市)	-61.7%	1,165	23,778	3,043	42,104
소사 시(匝瑳市)	-61.4%	1,479	23,792	3,836	39,814
가토리 시(香取市)	-61.1%	3,062	49,016	7,861	82,866
야치마타 시(八街市)	-61.0%	3,179	49,746	8,151	73,212
다코 정(多古町)	-60.8%	569	9,576	1,452	16,002
시바야마 정(芝山町)	-60.6%	298	4,781	757	7,920
구주쿠리 정(九十九里町)	-59.3%	726	10,578	1,781	18,004
요코시바히카리 정(横芝光町)	-58.5%	998	14,670	2,406	24,675
가쓰우라 시(勝浦市)	-58.2%	698	12,499	1,669	20,788
고자키 정(神崎町)	-57.2%	253	4,296	592	6,454
도가네 시(東金市)	-56.2%	3,204	46,245	7,318	61,751
이스미 시(いすみ市)	-55.3%	1,604	27,007	3,590	40,962
기미쓰 시(君津市)	-55.2%	4,262	63,058	9,522	89,168
지바 시 하나미가와 구(千葉市花見川区)	-54.1%	10,318	134,100	22,470	180,949
다테야마 시(館山市)	-51.2%	2,210	33,920	4,525	49,290
시스이 정(酒々井町)	-47.6%	1,437	16,151	2,745	21,234
지바 시 와카바 구(千葉市若葉区)	-47.1%	9,098	126,380	17,197	151,585
도미사토 시(富里市)	-47.0%	3,475	39,132	6,560	51,087
모바라 시(茂原市)	-46.8%	5,456	72,196	10,265	93,015
사쿠라 시(佐倉市)	-45.1%	11,544	137,029	21,019	172,183
아사히 시(旭市)	-45.1%	4,221	49,522	7,683	69,058
조세이 촌(長生村)	-43.8%	824	11,877	1,465	14,752
이치하라 시(市原市)	-43.6%	18,582	221,199	32,975	280,416
아비코 시(我孫子市)	-43.4%	9,116	101,269	16,111	134,017
오아미시라사토 시(大網白里市)	-43.0%	3,052	42,282	5,354	50,113
기사라즈 시(木更津市)	-42.5%	8,760	100,259	15,241	129,312
이치카와 시(市川市)	-41.5%	39,653	382,094	67,841	473,919
나가레야마 시(流山市)	-39.9%	13,455	143,291	22,388	163,984
마쓰도 시(松戸市)	-39.4%	38,713	413,741	63,832	484,457
가모가와 시(鴨川市)	-35.6%	2,403	26,766	3,728	35,766
소데가우라 시(袖ケ浦市)	-34.7%	4,710	53,410	7,216	60,355

	젊은 여성 인구 변화율	2040년 젊은 여성 인구	2040년 총인구	2010년 젊은 여성 인구	2010년 총인구
시로이 시(白井市)	−31.3%	5,464	57,065	7,949	60,345
요쓰카이도 시(四街道市)	−30.6%	7,363	75,191	10,603	86,726
인자이 시(印西市)	−30.4%	7,879	86,417	11,317	88,176
후나바시 시(船橋市)	−30.3%	59,589	565,729	85,433	609,040
노다 시(野田市)	−30.2%	12,883	139,258	18,450	155,491
지바 시 미하마 구(千葉市美浜区)	−28.2%	14,201	140,417	19,777	150,162
이치노미야 정(一宮町)	−26.7%	911	11,135	1,243	12,034
지바 시 이나게 구(千葉市稲毛区)	−24.1%	15,751	151,199	20,740	157,768
우라야스 시(浦安市)	−22.2%	21,770	156,779	27,984	164,877
나라시노 시(習志野市)	−21.6%	17,438	158,893	22,247	164,530
가시와 시(柏市)	−21.0%	43,291	413,467	54,797	404,012
가마가야 시(鎌ケ谷市)	−19.6%	11,276	108,227	14,018	107,853
나리타 시(成田市)	−18.4%	15,560	141,426	19,063	128,933
지바 시 주오 구(千葉市中央区)	−11.4%	24,843	220,679	28,044	199,364
야치요 시(八千代市)	−11.3%	22,543	195,416	25,412	189,781
지바 시 미도리 구(千葉市緑区)	−2.6%	14,945	139,520	15,348	121,921
도쿄 도(東京都)					
오쿠타마 정(奥多摩町)	−78.1%	91	2,306	415	6,045
히노하라 촌(檜原村)	−74.2%	39	1,206	152	2,558
하치조 정(八丈町)	−69.6%	192	4,224	632	8,231
미쿠라지마 촌(御蔵島村)	−69.6%	20	287	66	348
도시마 촌(利島村)	−66.3%	10	229	31	341
히노데 정(日の出町)	−57.8%	734	11,437	1,738	16,650
아오가시마 촌(青ケ島村)	−56.9%	10	119	23	201
고즈시마 촌(神津島村)	−56.7%	65	1,083	151	1,889
오시마 정(大島町)	−55.2%	297	4,983	663	8,461
니지마 촌(新島村)	−53.8%	101	1,649	219	2,883
도시마 구(豊島区)	−50.8%	24,666	272,688	50,136	284,678
오우메 시(青梅市)	−48.2%	8,084	99,880	15,608	139,339
훗사 시(福生市)	−46.6%	4,101	42,594	7,677	59,796
아다치 구(足立区)	−44.6%	49,931	520,662	90,107	683,426
미즈호 정(瑞穂町)	−43.7%	2,194	25,920	3,898	33,497
스기나미 구(杉並区)	−43.5%	48,466	468,653	85,802	549,569
다마 시(多摩市)	−42.2%	11,454	125,856	19,809	147,648
미야케 촌(三宅村)	−41.2%	111	1,625	188	2,676
무사시노 시(武蔵市)	−40.2%	13,831	122,899	23,120	138,734
시부야 구(渋谷区)	−39.5%	21,943	179,551	36,240	204,492
나카노 구(中野区)	−39.4%	33,300	276,692	54,943	314,750
다치카와 시(立川市)	−39.1%	15,188	165,549	24,938	179,668
가쓰시카 구(葛飾区)	−37.3%	36,254	351,079	57,839	442,586

	젊은 여성 인구 변화율	2040년 젊은 여성 인구	2040년 총인구	2010년 젊은 여성 인구	2010년 총인구
고마에 시(狛江市)	-37.3%	7,277	66,545	11,605	78,751
주오 구(中央区)	-35.2%	15,088	149,588	23,298	122,762
다이토 구(台東区)	-34.7%	15,567	167,939	23,841	175,928
고다이라 시(小平市)	-34.3%	16,793	168,448	25,573	187,035
분쿄 구(文京区)	-34.2%	23,153	205,420	35,171	206,626
네리마 구(練馬区)	-33.5%	70,245	759,489	105,657	716,124
기요세 시(清瀬市)	-33.0%	6,316	63,334	9,433	74,104
메구로 구(目黒区)	-32.3%	32,040	248,890	47,355	268,330
히가시쿠루메 시(東久留米市)	-31.1%	9,746	98,749	14,151	116,546
미나토 구(港区)	-31.1%	25,016	229,946	36,320	205,131
지요다 구(千代田区)	-29.8%	5,076	48,030	7,234	47,115
기타 구(北区)	-29.8%	33,794	295,263	48,109	335,544
아키루노 시(あきる野市)	-29.2%	6,560	69,683	9,267	80,868
아키시마 시(昭島市)	-29.2%	10,195	100,584	14,401	112,297
하치오지 시(八王子市)	-28.2%	53,502	556,727	74,559	580,053
무사시무라야마 시(武蔵村山市)	-28.1%	6,312	57,002	8,776	70,053
하무라 시(羽村市)	-28.0%	4,921	48,885	6,835	57,032
오가사와라 촌(小笠原村)	-27.1%	254	2,298	349	2,785
구니타치 시(国立市)	-26.9%	7,408	75,133	10,138	75,510
이타바시 구(板橋区)	-26.6%	58,041	507,834	79,050	535,824
고가네이 시(小金井市)	-26.3%	12,901	122,170	17,499	118,852
히노 시(日野市)	-25.9%	17,704	165,974	23,899	180,052
고쿠분지 시(国分寺市)	-25.6%	13,326	120,097	17,915	120,650
세타가야 구(世田谷区)	-25.0%	112,151	891,877	149,574	877,138
조후 시(調布市)	-24.9%	25,594	220,557	34,088	223,593
시나가와 구(品川区)	-23.4%	46,211	378,746	60,346	365,302
니시도쿄 시(西東京市)	-22.7%	21,103	195,064	27,307	196,511
신주쿠 구(新宿区)	-21.1%	46,078	359,658	58,427	326,309
스미다 구(墨田区)	-20.8%	29,301	268,452	36,997	247,606
마치다 시(町田市)	-20.3%	44,075	435,434	55,281	426,987
오타 구(大田区)	-19.6%	82,147	690,762	102,156	693,373
미타카 시(三鷹市)	-19.1%	24,047	197,964	29,726	186,083
에도가와 구(江戸川区)	-16.9%	81,428	661,973	97,994	678,967
후추 시(府中市)	-15.0%	30,059	259,506	35,380	255,506
히가시야마토 시(東大和市)	-14.5%	8,943	83,280	10,464	83,068
히가시무라야마 시(東村山市)	-12.2%	17,519	164,158	19,960	153,557
고토 구(江東区)	-12.0%	60,758	543,970	69,021	460,819
아라카와 구(荒川区)	-10.2%	26,801	218,307	29,857	203,296
이나기 시(稲城市)	-5.4%	10,774	97,817	11,389	84,835

	젊은 여성 인구 변화율	2040년 젊은 여성 인구	2040년 총인구	2010년 젊은 여성 인구	2010년 총인구
가나가와 현(神奈川県)					
하코네 정(箱根町)	−71.6%	472	6,203	1,661	13,853
마나즈루 정(真鶴町)	−70.4%	203	4,109	686	8,212
마쓰다 정(松田町)	−69.3%	371	6,377	1,208	11,676
야마키타 정(山北町)	−68.1%	359	6,182	1,125	11,764
기요카와 촌(清川村)	−66.8%	111	2,040	335	3,459
미우라 시(三浦市)	−57.9%	2,018	30,719	4,789	48,352
니노미야 정(二宮町)	−53.6%	1,433	20,061	3,089	29,522
오이 정(大井町)	−50.8%	1,137	13,329	2,312	17,972
유가와라 정(湯河原町)	−50.6%	1,219	18,279	2,469	26,848
아이카와 정(愛川町)	−48.1%	2,447	32,724	4,717	42,089
나카이 정(中井町)	−47.2%	573	7,202	1,085	10,010
요코스카 시(横須賀市)	−41.9%	27,141	301,223	46,695	418,325
요코하마 시 가나자와 구(横浜市金沢区)	−40.8%	15,233	172,594	25,741	209,274
하다노 시(秦野市)	−40.2%	12,253	146,311	20,480	170,145
요코하마 시 고난 구(横浜市港南区)	−39.7%	16,349	180,909	27,110	221,411
요코하마 시 이소고 구(横浜市磯子区)	−39.5%	12,334	135,341	20,384	163,237
아쓰기 시(厚木市)	−38.7%	17,474	190,081	28,509	224,420
이세하라 시(伊勢原市)	−38.7%	8,211	84,452	13,392	101,039
미나미아시가라 시(南足柄市)	−38.0%	2,983	34,050	4,814	44,020
오다와라 시(小田原市)	−37.3%	14,857	156,956	23,706	198,327
가와사키 시 나카하라 구(川崎市中原区)	−37.1%	25,847	220,255	41,082	233,925
사가미하라 시(相模原市)	−35.3%	63,054	650,345	97,459	717,544
오이소 정(大磯町)	−35.2%	2,263	27,542	3,493	33,032
요코하마 시 세야 구(横浜市瀬谷区)	−34.7%	10,242	105,350	15,674	126,913
요코하마 시 사카에 구(横浜市栄区)	−34.6%	10,092	107,061	15,431	124,866
요코하마 시 미나미 구(横浜市南区)	−33.2%	17,038	162,888	25,517	196,153
요코하마 시 호도가야 구(横浜市保土ケ谷区)	−32.7%	17,160	183,630	25,492	206,634
히라쓰카 시(平塚市)	−32.6%	21,430	224,689	31,779	260,780
사무카와 정(寒川町)	−32.4%	4,053	39,574	5,996	47,672
요코하마 시 니시 구(横浜市西区)	−32.3%	9,980	95,572	14,745	94,867
요코하마 시 이즈미 구(横浜市泉区)	−31.9%	12,980	143,381	19,053	155,698
자마 시(座間市)	−31.3%	11,678	109,594	16,991	129,436
요코하마 시 아사히 구(横浜市旭区)	−30.3%	21,043	218,607	30,175	251,086
즈시 시(逗子市)	−28.6%	4,450	47,987	6,229	58,302
야마토 시(大和市)	−26.4%	23,038	213,314	31,295	228,186
에비나 시(海老名市)	−25.2%	12,631	119,873	16,885	127,707
가와사키 시 다마 구(川崎市多摩区)	−24.7%	25,784	220,841	34,234	213,894
요코하마 시 아오바 구(横浜市青葉区)	−24.0%	31,279	301,066	41,145	304,297
요코하마 시 나카 구(横浜市中区)	−23.9%	14,181	146,693	18,637	146,033
가마쿠라 시(鎌倉市)	−23.9%	15,150	154,234	19,897	174,314

	젊은 여성 인구 변화율	2040년 젊은 여성 인구	2040년 총인구	2010년 젊은 여성 인구	2010년 총인구
아야세 시(綾瀬市)	-23.6%	7,969	72,492	10,436	83,167
후지사와 시(藤沢市)	-22.3%	42,110	402,419	54,222	409,657
요코하마 시 도쓰카 구(横浜市戸塚区)	-21.3%	28,249	256,313	35,872	274,324
요코하마 시 쓰루미 구(横浜市鶴見区)	-21.0%	29,528	266,644	37,382	272,178
가와사키 시 가와사키 구(川崎市川崎区)	-21.0%	23,025	228,805	29,133	217,328
지가사키 시(茅ヶ崎市)	-20.7%	23,685	221,208	29,879	235,081
하야마 정(葉山町)	-20.3%	2,768	29,863	3,473	32,766
요코하마 시 고호쿠 구(横浜市港北区)	-19.9%	40,764	360,838	50,870	329,471
요코하마 시 가나가와 구(横浜市神奈川区)	-18.5%	28,028	251,000	34,390	233,429
요코하마 시 미도리 구(横浜市緑区)	-16.9%	19,759	187,278	23,777	177,631
가와사키 시 미야마에 구(川崎市宮前区)	-15.6%	26,871	233,652	31,846	218,867
가이세이 정(開成町)	-13.4%	1,706	16,523	1,970	16,369
가와사키 시 다카쓰 구(川崎市高津区)	-13.2%	31,206	254,022	35,939	217,360
가와사키 시 아사오 구(川崎市麻生区)	-11.8%	21,052	193,644	23,861	169,926
가와사키 시 사이와이 구(川崎市幸区)	-10.9%	19,691	175,663	22,088	154,212
요코하마 시 쓰즈키 구(横浜市都筑区)	13.4%	31,020	270,271	27,357	201,271

니가타 현(新潟県)

	젊은 여성 인구 변화율	2040년 젊은 여성 인구	2040년 총인구	2010년 젊은 여성 인구	2010년 총인구
아와시마우라 촌(粟島浦村)	-83.2%	2	163	14	366
유자와 정(湯沢町)	-73.5%	196	5,215	741	8,396
이즈모자키 정(出雲崎町)	-67.1%	115	2,528	351	4,907
아가 정(阿賀町)	-66.9%	278	6,210	841	13,303
다가미 정(田上町)	-66.2%	417	7,569	1,231	12,791
무라카미 시(村上市)	-61.1%	2,202	38,020	5,667	66,427
가모 시(加茂市)	-60.9%	1,105	17,422	2,827	29,762
세키카와 촌(関川村)	-60.9%	186	3,269	476	6,438
쓰난 정(津南町)	-60.3%	298	6,305	750	10,881
우오누마 시(魚沼市)	-60.3%	1,445	22,553	3,636	40,361
묘코 시(妙高市)	-59.7%	1,262	20,282	3,133	35,457
사도 시(佐渡市)	-59.3%	1,907	33,998	4,681	62,727
고센 시(五泉市)	-55.3%	2,411	35,181	5,392	54,550
다이나이 시(胎内市)	-54.0%	1,379	19,970	2,996	31,424
도카마치 시(十日町市)	-53.4%	2,271	36,141	4,873	58,911
가리와 촌(刈羽村)	-51.6%	196	3,399	405	4,800
가시와자키 시(柏崎市)	-51.3%	4,355	62,925	8,935	91,451
시바타 시(新発田市)	-50.5%	5,252	68,360	10,609	101,202
산조 시(三条市)	-49.1%	5,538	72,631	10,875	102,292
아가노 시(阿賀野市)	-48.9%	2,438	31,809	4,768	45,560
이토이가와 시(糸魚川市)	-47.5%	2,052	30,527	3,908	47,702
미나미우오누마 시(南魚沼市)	-46.8%	3,448	45,819	6,485	61,624
쓰바메 시(燕市)	-46.6%	4,837	59,977	9,050	81,876

	젊은 여성 인구 변화율	2040년 젊은 여성 인구	2040년 총인구	2010년 젊은 여성 인구	2010년 총인구
오지야 시(小千谷市)	−46.1%	2,046	26,672	3,794	38,600
미쓰케 시(見附市)	−45.1%	2,440	30,443	4,445	41,862
나가오카 시(長岡市)	−43.9%	17,523	210,496	31,213	282,674
조에쓰 시(上越市)	−43.3%	11,937	149,832	21,067	203,899
니가타 시(新潟市)	−40.7%	59,587	663,412	100,404	811,901
야히코 촌(弥彦村)	−27.8%	686	7,309	950	8,582
세이로 정(聖籠町)	−25.9%	1,146	12,108	1,546	13,724
도야마 현(富山県)					
아사히 정(朝日町)	−65.8%	379	6,943	1,109	13,651
난토 시(南砺市)	−61.0%	2,026	32,130	5,200	54,724
히미 시(氷見市)	−57.2%	2,064	30,725	4,824	51,726
오야베 시(小矢部市)	−54.8%	1,418	20,711	3,137	32,067
가미이치 정(上市町)	−51.9%	1,068	13,631	2,222	21,965
우오즈 시(魚津市)	−47.8%	2,404	30,781	4,610	44,959
다카오카 시(高岡市)	−47.4%	9,854	121,166	18,726	176,061
구로베 시(黒部市)	−44.1%	2,485	30,979	4,446	41,852
다테야마 정(立山町)	−43.2%	1,683	19,920	2,962	27,466
뉴젠 정(入善町)	−38.5%	1,687	19,250	2,745	27,182
이미즈 시(射水市)	−38.0%	6,571	73,261	10,606	93,588
나메리카와 시(滑川市)	−36.6%	2,426	26,078	3,829	33,676
도야마 시(富山市)	−34.0%	32,614	350,188	49,401	421,953
도나미 시(砺波市)	−33.5%	3,714	41,243	5,588	49,410
후나하시 촌(舟橋村)	7.5%	406	3,361	378	2,967
이시카와 현(石川県)					
노토 정(能登町)	−81.3%	217	7,945	1,157	19,565
아나미즈 정(穴水町)	−73.3%	154	4,787	577	9,735
스즈 시(珠洲市)	−71.0%	280	6,625	965	16,300
하쿠이시 시(羽咋市)	−69.6%	627	12,866	2,061	23,032
와지마 시(輪島市)	−66.6%	610	13,706	1,826	29,858
호다쓰시미즈 정(宝達志水町)	−63.1%	479	7,999	1,298	14,277
나나오 시(七尾市)	−59.5%	2,144	32,202	5,299	57,900
시카 정(志賀町)	−54.8%	743	12,079	1,644	22,216
가가 시(加賀市)	−50.7%	3,631	46,070	7,366	71,887
우치나다 정(内灘町)	−47.7%	1,848	21,683	3,531	26,927
가호쿠 시(かほく市)	−40.9%	2,317	27,425	3,921	34,651
나카노토 정(中能登町)	−38.6%	1,079	13,191	1,756	18,535
고마쓰 시(小松市)	−36.6%	7,825	85,483	12,347	108,433
가나자와 시(金沢市)	−33.0%	41,351	418,660	61,746	462,361
하쿠산 시(白山市)	−32.3%	9,129	94,817	13,491	110,459

	젊은 여성 인구 변화율	2040년 젊은 여성 인구	2040년 총인구	2010년 젊은 여성 인구	2010년 총인구
쓰바타 정(津幡町)	−22.0%	3,499	35,734	4,487	36,940
노미 시(能美市)	−19.9%	4,763	47,446	5,948	48,680
노노이치 시(野々市市)	−12.4%	6,563	59,137	7,488	51,885
가와키타 정(川北町)	15.8%	1,001	7,906	864	6,147
후쿠이 현(福井県)					
이케다 정(池田町)	−71.1%	66	1,468	228	3,046
우노 시(大野市)	−62.8%	1,181	19,266	3,170	35,291
다카하마 정(高浜町)	−62.1%	397	7,032	1,047	11,062
미하마 정(美浜町)	−59.2%	377	6,699	925	10,563
가쓰야마 시(勝山市)	−58.2%	1,025	15,541	2,451	25,466
아와라 시(あわら市)	−57.2%	1,335	19,916	3,120	29,989
오오이 정(おおい町)	−52.5%	358	4,817	754	8,580
오바마 시(小浜市)	−50.7%	1,492	22,169	3,026	31,340
와카사 정(若狭町)	−50.5%	686	10,674	1,386	16,099
미나미에치젠 정(南越前町)	−48.0%	569	7,304	1,094	11,551
에치젠 시(越前市)	−46.3%	5,235	62,957	9,748	85,614
쓰루가 시(敦賀市)	−42.6%	4,374	52,063	7,625	67,760
에치젠 정(越前町)	−42.2%	1,364	16,015	2,359	23,160
후쿠이 시(福井市)	−38.9%	18,814	209,978	30,804	266,796
사카이 시(坂井市)	−37.5%	6,642	74,014	10,632	91,900
에이헤이지 정(永平寺町)	−36.5%	1,628	16,767	2,563	20,647
사바에 시(鯖江市)	−27.1%	5,967	58,960	8,182	67,450
야마나시 현(山梨県)					
하야카와 정(早川町)	−82.0%	13	388	75	1,246
미노부 정(身延町)	−75.8%	237	6,116	980	14,462
난부 정(南部町)	−71.5%	191	4,057	671	9,011
오쓰키 시(大月市)	−71.4%	698	13,177	2,438	28,120
다바야마 촌(丹波山村)	−66.4%	10	250	29	685
우에노하라 시(上野原市)	−63.8%	980	15,333	2,710	27,114
후지요시다 시(富士吉田市)	−58.1%	2,248	32,768	5,360	50,619
야마나시 시(山梨市)	−56.4%	1,618	23,434	3,712	36,832
후지카와 정(富士川町)	−55.7%	691	9,759	1,561	16,307
고스게 촌(小菅村)	−55.6%	20	405	44	816
고슈 시(甲州市)	−55.2%	1,394	20,721	3,113	33,927
호쿠토 시(北杜市)	−55.1%	1,703	32,706	3,792	46,968
야마나카코 촌(山中湖村)	−53.2%	242	4,033	517	5,324
이치카와미사토 정(市川三郷町)	−52.7%	697	10,966	1,473	17,111
도시 촌(道志村)	−50.8%	90	1,299	184	1,919
니라사키 시(韮崎市)	−50.7%	1,681	22,745	3,409	32,477

	젊은 여성 인구 변화율	2040년 젊은 여성 인구	2040년 총인구	2010년 젊은 여성 인구	2010년 총인구
쓰루 시(都留市)	−49.4%	2,183	22,430	4,316	33,588
니시카쓰라 정(西桂町)	−47.1%	257	3,006	485	4,541
후에후키 시(笛吹市)	−46.0%	4,341	53,540	8,044	70,529
주오 시(中央市)	−40.5%	2,401	26,628	4,033	31,322
가이 시(甲斐市)	−38.4%	5,775	59,283	9,381	73,807
미나미알프스 시(南アルプス市)	−35.3%	5,436	62,549	8,401	72,635
고후 시(甲府市)	−34.7%	15,175	162,459	23,240	198,992
오시노 촌(忍野村)	−33.1%	657	7,195	982	8,635
나루사와 촌(鳴沢村)	−28.2%	214	2,577	298	2,964
후지카와구치코 정(富士河口湖町)	−26.8%	2,197	23,641	3,001	25,471
쇼와 정(昭和町)	−18.0%	1,861	18,068	2,270	17,653

나가노 현(長野県)

	젊은 여성 인구 변화율	2040년 젊은 여성 인구	2040년 총인구	2010년 젊은 여성 인구	2010년 총인구
오타리 촌(小谷村)	−77.9%	56	1,337	254	3,221
오자와온센 촌(野沢温泉村)	−74.2%	72	1,851	281	3,853
덴류 촌(天龍村)	−72.3%	20	532	74	1,657
야마노우치 정(山ノ内町)	−71.3%	317	6,919	1,104	13,678
시나노 정(信濃町)	−70.0%	220	4,775	734	9,238
지쿠호쿠 촌(筑北村)	−69.5%	121	2,433	398	5,172
고미 정(小海町)	−68.6%	121	2,773	386	5,180
이지마 정(飯島町)	−67.8%	308	5,697	958	9,902
사쿠호 정(佐久穂町)	−67.5%	326	6,817	1,003	12,069
기소 정(木曽町)	−67.1%	313	6,219	951	12,743
오마치 시(大町市)	−67.0%	879	15,269	2,660	29,801
나가와 정(長和町)	−66.2%	177	3,730	523	6,780
네바 촌(根羽村)	−65.9%	22	514	64	1,129
기타아이키 촌(北相木村)	−65.4%	15	422	43	842
사카에 촌(栄村)	−64.4%	43	994	122	2,215
아게마쓰 정(上松町)	−62.8%	133	2,581	358	5,245
나기소 정(南木曽町)	−62.3%	139	2,428	369	4,810
다테시나 정(立科町)	−61.9%	261	4,557	686	7,707
오시카 촌(大鹿村)	−61.7%	22	437	58	1,160
오미 촌(麻績村)	−60.6%	82	1,761	208	2,970
이쿠사카 촌(生坂村)	−59.9%	61	940	151	1,953
오타키 촌(王滝村)	−58.8%	39	433	94	965
오부세 정(小布施町)	−57.7%	463	7,206	1,094	11,072
이야마 시(飯山市)	−57.6%	897	13,887	2,115	23,545
시모스와 정(下諏訪町)	−57.5%	885	12,002	2,082	21,532
아사히 촌(朝日村)	−57.0%	188	3,293	436	4,741
이즈나 정(飯綱町)	−55.8%	439	7,206	994	11,865
난모쿠 촌(南牧村)	−52.2%	137	2,906	286	3,528

	젊은 여성 인구 변화율	2040년 젊은 여성 인구	2040년 총인구	2010년 젊은 여성 인구	2010년 총인구
아치 촌(阿智村)	−52.2%	308	4,371	645	7,036
미나미아이키 촌(南相木村)	−51.9%	37	649	77	1,121
사카키 정(坂城町)	−51.5%	744	9,919	1,535	15,730
하쿠바 촌(白馬村)	−51.2%	489	6,982	1,001	9,205
도요오카 촌(豊丘村)	−50.5%	301	4,708	609	6,819
기자마다이라 촌(木島平村)	−50.0%	209	2,970	418	4,939
고모로 시(小諸市)	−49.7%	2,361	30,076	4,692	43,997
오쿠와 촌(大桑村)	−49.1%	147	2,274	289	4,145
다쓰노 정(辰野町)	−48.7%	997	13,280	1,943	20,909
마쓰카와 정(松川町)	−48.6%	655	9,477	1,276	13,676
지쿠마 시(千曲市)	−48.6%	3,295	42,348	6,407	62,068
도미 시(東御市)	−47.7%	1,709	22,837	3,267	30,696
스자카 시(須坂市)	−47.3%	2,833	35,708	5,372	52,168
우에다 시(上田市)	−46.1%	9,264	114,979	17,200	159,597
이케다 정(池田町)	−46.1%	508	7,196	943	10,329
오가와 촌(小川村)	−45.1%	132	1,497	241	3,041
다카야마 촌(高山村)	−45.0%	392	5,740	712	7,563
오카야 시(岡谷市)	−44.1%	3,094	35,066	5,532	52,841
기소 촌(木祖村)	−44.0%	142	1,847	254	3,134
나카가와 촌(中川村)	−43.9%	243	3,505	433	5,074
이다 시(飯田市)	−43.9%	6,243	74,577	11,122	105,335
아오키 촌(青木村)	−43.3%	210	3,172	371	4,609
나가노 시(長野市)	−43.0%	24,919	289,701	43,707	381,511
나카노 시(中野市)	−42.6%	2,833	32,829	4,931	45,638
스와 시(諏訪市)	−42.1%	3,498	35,069	6,041	51,200
이나 시(伊那市)	−41.8%	4,358	55,406	7,488	71,093
가와카미 촌(川上村)	−40.8%	208	4,172	352	4,972
히라야 촌(平谷村)	−40.6%	29	427	49	563
시오지리 시(塩尻市)	−40.1%	4,785	53,412	7,991	67,670
후지미 정(富士見町)	−39.4%	879	12,057	1,451	15,338
고마가네 시(駒ヶ根市)	−39.0%	2,194	24,937	3,595	33,693
하라 촌(原村)	−38.8%	441	6,402	721	7,573
야스오카 촌(泰阜村)	−38.0%	93	1,150	150	1,910
아즈미노 시(安曇野市)	−37.6%	6,519	77,155	10,454	96,479
지노 시(茅野市)	−37.5%	4,048	44,765	6,479	56,391
다카기 촌(喬木村)	−36.9%	390	4,853	618	6,692
마쓰카와 촌(松川村)	−36.7%	663	8,113	1,047	10,093
아난 정(阿南町)	−36.2%	243	3,065	380	5,455
쓰루기 촌(売木村)	−35.7%	26	420	40	656
미노와 정(箕輪町)	−35.1%	2,024	21,245	3,120	26,214
가루이자와 정(軽井沢町)	−33.0%	1,440	17,197	2,150	19,018

	젊은 여성 인구 변화율	2040년 젊은 여성 인구	2040년 총인구	2010년 젊은 여성 인구	2010년 총인구
사쿠 시(佐久市)	−32.0%	7,320	84,763	10,764	100,552
마쓰모토 시(松本市)	−29.9%	20,736	206,132	29,579	243,037
미야다 촌(宮田村)	−28.2%	715	7,514	995	8,974
다카모리 정(高森町)	−26.9%	1,032	11,811	1,411	13,216
미요타 정(御代田町)	−24.6%	1,291	14,480	1,711	14,738
야마가타 촌(山形村)	−20.3%	725	7,935	910	8,425
미나미미노와 촌(南箕輪村)	−8.9%	1,709	16,140	1,876	14,543
시모조 촌(下條村)	−8.6%	393	3,793	430	4,200
기후 현(岐阜県)					
시라카와 정(白川町)	−70.3%	190	4,625	642	9,530
히치소 정(七宗町)	−67.0%	111	2,337	337	4,484
이비가와 정(揖斐川町)	−64.5%	826	12,805	2,329	23,784
야오쓰 정(八百津町)	−60.8%	408	6,688	1,040	12,045
세키가하라 정(関ヶ原町)	−60.5%	284	4,655	717	8,096
히다 시(飛騨市)	−60.1%	862	14,071	2,158	26,732
구조 시(郡上市)	−59.9%	1,455	26,235	3,629	44,491
고도 정(神戸町)	−57.3%	1,011	13,053	2,368	20,065
가이즈 시(海津市)	−57.3%	1,794	24,562	4,202	37,941
게로 시(下呂市)	−56.1%	1,330	21,471	3,029	36,314
요로 정(養老町)	−54.5%	1,589	20,624	3,490	31,332
도미카 정(富加町)	−53.0%	303	4,043	645	5,516
미즈나미 시(瑞浪市)	−52.9%	2,047	27,172	4,342	40,387
히가시시라카와 촌(東白川村)	−50.3%	75	1,387	150	2,514
미노 시(美濃市)	−50.2%	1,180	15,399	2,371	22,629
에나 시(恵那市)	−50.2%	2,561	36,150	5,142	53,718
다지미 시(多治見市)	−50.1%	6,504	80,509	13,037	112,595
야마가타 시(山県市)	−49.2%	1,655	20,491	3,255	29,629
나카쓰가와 시(中津川市)	−48.4%	4,198	54,961	8,142	80,910
다카야마 시(高山市)	−47.4%	5,107	62,106	9,713	92,747
도키 시(土岐市)	−44.7%	3,694	42,699	6,675	60,475
미타케 정(御嵩町)	−44.3%	1,145	14,033	2,055	18,824
가와베 정(川辺町)	−42.3%	639	7,927	1,107	10,593
시라카와 촌(白川村)	−41.3%	96	1,219	164	1,733
세키 시(関市)	−40.5%	6,518	71,513	10,947	91,418
가니 시(可児市)	−39.7%	7,566	78,798	12,542	97,436
사카호기 정(坂祝町)	−38.3%	584	6,491	947	8,361
다루이 정(垂井町)	−36.6%	2,084	21,817	3,286	28,505
기후 시(岐阜市)	−36.4%	32,617	333,349	51,303	413,136
오노 정(大野町)	−35.1%	1,778	19,453	2,741	23,859
하시마 시(羽島市)	−34.9%	5,549	55,517	8,527	67,197

	젊은 여성 인구 변화율	2040년 젊은 여성 인구	2040년 총인구	2010년 젊은 여성 인구	2010년 총인구
오가키 시(大垣市)	-34.4%	12,887	129,646	19,651	161,160
가카미가하라 시(各務原市)	-32.6%	12,109	123,673	17,964	145,604
모토스 시(本巣市)	-31.3%	2,856	30,177	4,155	35,047
이케다 정(池田町)	-31.1%	1,973	22,061	2,863	24,980
안파치 정(安八町)	-30.2%	1,287	12,536	1,843	15,271
가사마쓰 정(笠松町)	-27.3%	2,285	19,636	3,142	22,809
와노우치 정(輪之内町)	-25.1%	1,022	9,089	1,365	10,028
기난 정(岐南町)	-20.4%	2,731	23,097	3,430	23,804
미즈호 시(瑞穂市)	-18.4%	6,307	52,601	7,728	51,950
기타카타 정(北方町)	-16.5%	2,194	18,705	2,628	18,395
미노카모 시(美濃加茂市)	-12.1%	6,600	58,849	7,504	54,729

시즈오카 현(静岡県)

	젊은 여성 인구 변화율	2040년 젊은 여성 인구	2040년 총인구	2010년 젊은 여성 인구	2010년 총인구
가와네혼 정(川根本町)	-71.1%	138	3,600	477	8,074
히가시이즈 정(東伊豆町)	-68.3%	359	7,224	1,130	14,064
니시이즈 정(西伊豆町)	-67.6%	206	4,097	637	9,469
아타미 시(熱海市)	-66.8%	1,077	22,344	3,241	39,611
이즈 시(伊豆市)	-64.6%	1,046	18,739	2,952	34,202
마쓰자키 정(松崎町)	-60.8%	208	4,152	531	7,653
시모다 시(下田市)	-59.9%	819	13,716	2,041	25,013
미나미이즈 정(南伊豆町)	-56.4%	281	5,695	644	9,516
오야마 정(小山町)	-55.5%	935	13,515	2,103	20,629
모리 정(森町)	-53.8%	890	13,240	1,926	19,435
이토 시(伊東市)	-51.6%	3,033	47,774	6,272	71,437
누마즈 시(沼津市)	-49.0%	11,195	135,913	21,971	202,304
마키노하라 시(牧之原市)	-47.9%	2,772	34,693	5,326	49,019
오마에자키 시(御前崎市)	-47.9%	2,009	26,622	3,856	34,700
기쿠가와 시(菊川市)	-44.8%	3,082	37,377	5,580	47,041
이와타 시(磐田市)	-44.4%	10,895	128,727	19,583	168,625
고사이 시(湖西市)	-43.5%	3,968	45,985	7,020	60,107
이즈노쿠니 시(伊豆の国市)	-43.0%	3,123	35,692	5,475	49,269
가케가와 시(掛川市)	-42.9%	7,777	91,080	13,629	116,363
간나미 정(函南町)	-42.9%	2,465	29,060	4,315	38,571
가와즈 정(河津町)	-42.7%	359	4,868	627	7,998
시마다 시(島田市)	-42.7%	6,330	74,738	11,043	100,276
미시마 시(三島市)	-41.8%	7,535	87,176	12,950	111,838
후지에다 시(藤枝市)	-41.5%	9,471	114,892	16,186	142,151
시즈오카 시(静岡市)	-40.1%	49,939	545,366	83,336	716,197
하마마쓰 시(浜松市)	-38.3%	59,101	651,484	95,824	800,866
후지노미야 시(富士宮市)	-35.8%	9,669	106,258	15,071	132,001
후지 시(富士市)	-35.7%	18,789	204,998	29,241	254,027

	젊은 여성 인구 변화율	2040년 젊은 여성 인구	2040년 총인구	2010년 젊은 여성 인구	2010년 총인구
야이즈 시(焼津市)	−34.9%	11,134	116,840	17,098	143,249
스소노 시(裾野市)	−31.2%	4,571	49,095	6,644	54,546
시미즈 정(清水町)	−30.1%	2,901	27,457	4,148	32,302
고텐바 시(御殿場市)	−26.2%	8,203	86,168	11,114	89,030
요시다 정(吉田町)	−25.3%	2,693	29,502	3,606	29,815
후쿠로이 시(袋井市)	−24.6%	8,369	80,380	11,102	84,846
나가이즈미 정(長泉町)	−7.1%	4,980	42,259	5,361	40,763
아이치 현(愛知県)					
도에이 정(東栄町)	−74.8%	47	1,516	185	3,757
시타라 정(設楽町)	−71.5%	88	2,701	309	5,769
도요네 촌(豊根村)	−60.6%	28	654	70	1,336
미나미치타 정(南知多町)	−59.4%	806	11,346	1,985	20,549
신시로 시(新城市)	−56.5%	2,053	32,468	4,722	49,864
도비시마 촌(飛島村)	−54.0%	226	2,983	491	4,525
미하마 정(美浜町)	−51.8%	1,531	17,308	3,177	25,178
나고야 시 나카 구(名古屋市中区)	−43.7%	7,680	78,099	13,645	78,353
나고야 시 미나미 구(名古屋市南区)	−43.3%	9,349	109,563	16,481	141,310
나고야 시 히가시 구(名古屋市東区)	−42.8%	6,419	63,596	11,221	73,272
나고야 시 미나토 구(名古屋市港区)	−40.5%	11,250	116,995	18,909	149,215
쓰시마 시(津島市)	−39.0%	4,699	51,812	7,705	65,258
가니에 정(蟹江町)	−38.7%	2,904	29,373	4,733	36,688
이나자와 시(稲沢市)	−38.0%	10,589	108,878	17,079	136,442
아이사이 시(愛西市)	−37.9%	4,590	48,622	7,397	64,978
이와쿠라 시(岩倉市)	−37.8%	3,940	36,850	6,337	47,340
나고야 시 덴파쿠 구(名古屋市天白区)	−37.0%	13,902	140,406	22,084	158,793
다하라 시(田原市)	−36.9%	4,707	48,525	7,456	64,119
고마키 시(小牧市)	−36.1%	12,529	120,300	19,606	147,132
가마고리 시(蒲郡市)	−35.2%	6,132	66,505	9,468	82,249
나고야 시 기타 구(名古屋市北区)	−33.9%	13,995	138,778	21,173	165,785
나고야 시 미즈호 구(名古屋市瑞穂区)	−33.8%	9,135	91,055	13,806	105,061
세토 시(瀬戸市)	−33.6%	10,284	107,372	15,488	132,224
나고야 시 쇼와 구(名古屋市昭和区)	−33.6%	10,155	97,428	15,291	105,536
나고야 시 나카무라 구(名古屋市中村区)	−32.3%	12,530	124,539	18,495	136,164
고난 시(江南市)	−30.8%	8,473	83,268	12,245	99,730
나고야 시 아쓰타 구(名古屋市熱田区)	−30.4%	5,866	60,238	8,423	64,719
도요카와 시(豊川市)	−30.1%	15,847	155,001	22,664	181,928
도요하시 시(豊橋市)	−29.6%	33,092	334,947	46,983	376,665
도코나메 시(常滑市)	−29.1%	5,091	48,647	7,181	54,858
도요아케 시(豊明市)	−29.0%	6,505	64,188	9,166	69,745
나고야 시 니시 구(名古屋市西区)	−27.8%	14,262	133,692	19,766	144,995

	젊은 여성 인구 변화율	2040년 젊은 여성 인구	2040년 총인구	2010년 젊은 여성 인구	2010년 총인구
지타 시(知多市)	-27.3%	7,750	75,029	10,654	84,768
야토미 시(弥富市)	-27.2%	4,098	38,247	5,627	43,272
니시오 시(西尾市)	-25.9%	14,832	148,610	20,016	165,298
한다 시(半田市)	-25.4%	11,458	112,119	15,357	118,828
나고야 시 나카가와 구(名古屋市中川区)	-25.4%	22,516	215,222	30,173	221,521
오카자키 시(岡崎市)	-24.5%	37,284	351,620	49,404	372,357
이누야마 시(犬山市)	-24.4%	6,654	66,174	8,801	75,198
나고야 시 메이토 구(名古屋市名東区)	-23.9%	17,634	155,539	23,177	161,012
이치노미야 시(一宮市)	-23.0%	36,165	336,484	47,470	378,566
아마 시(あま市)	-23.7%	8,527	75,493	11,181	86,714
헤키난 시(碧南市)	-23.7%	6,860	64,445	8,990	72,018
오와리아사히 시(尾張旭市)	-23.2%	8,091	78,223	10,537	81,140
가리야 시(刈谷市)	-22.7%	15,749	139,693	20,362	145,781
도요타 시(豊田市)	-21.3%	43,799	401,240	55,629	421,487
나고야 시 지쿠사 구(名古屋市千種区)	-21.1%	17,856	168,282	22,626	160,015
지류 시(知立市)	-20.9%	7,384	67,195	9,340	68,398
히가시우라 정(東浦町)	-20.9%	4,971	48,604	6,285	49,800
가스가이 시(春日井市)	-20.1%	32,252	294,046	40,354	305,569
기요스 시(清須市)	-17.4%	7,536	65,880	9,122	65,757
기타나고야 시(北名古屋市)	-16.1%	9,522	82,251	11,343	81,571
도카이 시(東海市)	-15.1%	11,841	104,847	13,953	107,690
다케토요 정(武豊町)	-14.9%	4,449	41,319	5,230	42,408
도요야마 정(豊山町)	-13.9%	1,699	14,264	1,974	14,405
아구이 정(阿久比町)	-13.7%	2,721	25,712	3,153	25,466
안조 시(安城市)	-13.7%	21,081	188,241	24,418	178,691
후소 정(扶桑町)	-13.2%	3,743	32,438	4,313	33,558
나고야 시 모리야마 구(名古屋市守山区)	-11.5%	20,011	177,615	22,615	168,551
오구치 정(大口町)	-11.0%	2,469	23,236	2,774	22,446
오부 시(大府市)	-10.5%	10,706	94,140	11,964	85,249
나고야 시 미도리 구(名古屋市緑区)	-7.9%	28,542	256,088	31,000	229,592
나가쿠테 시(長久手市)	-7.6%	7,918	64,434	8,572	52,022
오하루 정(大治町)	-6.9%	3,857	30,856	4,141	29,891
도고 정(東郷町)	-5.5%	5,349	46,165	5,661	41,851
다카하마 시(高浜市)	-2.4%	5,669	50,353	5,807	44,027
미요시 시(みよし市)	-0.4%	7,907	67,808	7,941	60,098
고타 정(幸田町)	1.3%	5,538	43,520	5,466	37,930
닛신 시(日進市)	1.8%	12,056	103,147	11,842	84,237

미에 현(三重県)					
다이키 정(大紀町)	-72.8%	191	4,661	702	9,846
미나미이세 정(南伊勢町)	-71.9%	249	5,683	886	14,791

	젊은 여성 인구 변화율	2040년 젊은 여성 인구	2040년 총인구	2010년 젊은 여성 인구	2010년 총인구
구마노 시(熊野市)	−68.9%	436	10,239	1,404	19,662
시마 시(志摩市)	−68.1%	1,538	29,780	4,828	54,694
기호쿠 정(紀北町)	−67.4%	449	10,064	1,377	18,611
도바 시(鳥羽市)	−65.4%	645	11,284	1,866	21,435
오와세 시(尾鷲市)	−64.7%	545	8,758	1,542	20,033
기소사키 정(木曽岬町)	−58.0%	327	4,682	778	6,855
미하마 정(御浜町)	−56.2%	322	5,857	735	9,376
기호 정(紀宝町)	−55.8%	503	7,121	1,138	11,896
나바리 시(名張市)	−55.3%	4,220	56,738	9,451	80,284
와타라이 정(度会町)	−54.0%	414	5,632	902	8,692
오다이 정(大台町)	−51.3%	423	6,226	868	10,416
이세 시(伊勢市)	−50.5%	7,168	86,632	14,473	130,271
도인 정(東員町)	−47.1%	1,623	19,305	3,067	25,661
이가 시(伊賀市)	−46.3%	5,560	67,014	10,353	97,207
마쓰사카 시(松阪市)	−37.1%	12,456	134,262	19,813	168,017
쓰 시(津市)	−36.2%	21,472	227,194	33,662	285,746
다키 정(多気町)	−34.9%	1,010	11,897	1,552	15,438
이나베 시(いなべ市)	−33.9%	3,407	36,030	5,157	45,684
메이와 정(明和町)	−32.8%	1,751	18,896	2,606	22,833
욧카이치 시(四日市市)	−31.0%	26,305	267,278	38,096	307,766
구와나 시(桑名市)	−30.1%	11,990	121,563	17,150	140,290
스즈카 시(鈴鹿市)	−22.7%	19,460	191,500	25,189	199,293
가메야마 시(亀山市)	−20.1%	5,133	51,404	6,421	51,023
고모노 정(菰野町)	−17.1%	3,877	37,931	4,676	39,978
가와고에 정(川越町)	−16.6%	1,689	15,980	2,025	14,003
아사히 정(朝日町)	−14.8%	1,266	9,951	1,486	9,626
다마키 정(玉城町)	−13.7%	1,565	14,718	1,814	15,297

시가 현(滋賀県)

	젊은 여성 인구 변화율	2040년 젊은 여성 인구	2040년 총인구	2010년 젊은 여성 인구	2010년 총인구
고라 정(甲良町)	−65.5%	301	3,965	872	7,500
다가 정(多賀町)	−56.7%	344	4,906	794	7,761
류오 정(竜王町)	−52.3%	687	8,824	1,439	12,916
고난 시(湖南市)	−48.9%	3,680	41,918	7,205	54,614
다카시마 시(高島市)	−48.8%	2,687	37,410	5,244	52,486
히노 정(日野町)	−42.5%	1,480	19,396	2,571	22,870
고카 시(甲賀市)	−41.5%	6,344	72,262	10,852	92,704
마이바라 시(米原市)	−39.2%	2,702	30,378	4,444	40,060
히가시오미 시(東近江市)	−38.4%	8,633	92,156	14,013	115,479
나가하마 시(長浜市)	−38.3%	9,107	102,380	14,766	124,131
히코네 시(彦根市)	−30.3%	10,201	102,934	14,639	112,156
야스 시(野洲市)	−27.7%	4,635	43,953	6,412	49,955

	젊은 여성 인구 변화율	2040년 젊은 여성 인구	2040년 총인구	2010년 젊은 여성 인구	2010년 총인구
오미하치만 시(近江八幡市)	−27.2%	7,612	72,780	10,457	81,738
오쓰 시(大津市)	−23.9%	33,096	335,765	43,514	337,634
도요사토 정(豊郷町)	−23.5%	675	6,975	883	7,566
아이쇼 정(愛荘町)	−18.2%	2,227	19,598	2,723	20,118
릿토 시(栗東市)	−8.4%	8,895	71,279	9,705	63,655
구사쓰 시(草津市)	−8.2%	17,055	149,088	18,586	130,874
모리야마 시(守山市)	−5.6%	10,228	89,928	10,840	76,560
교토 부(京都府)					
미나미야마시로 촌(南山城村)	−83.0%	42	1,223	244	3,078
가사기 정(笠置町)	−79.3%	27	693	129	1,626
와즈카 정(和束町)	−74.2%	103	2,114	398	4,482
이네 정(伊根町)	−68.9%	39	1,030	127	2,410
이데 정(井手町)	−63.3%	344	4,949	937	8,447
교탄바 정(京丹波町)	−61.7%	461	8,563	1,205	15,732
미야즈 시(宮津市)	−59.1%	619	10,613	1,516	19,948
교탄고 시(京丹後市)	−56.4%	2,101	34,692	4,820	59,038
난탄 시(南丹市)	−55.8%	1,533	23,667	3,471	35,214
요사노 정(与謝野町)	−55.0%	929	13,558	2,063	23,454
아야베 시(綾部市)	−51.6%	1,578	22,227	3,260	35,836
구미야마 정(久御山町)	−51.1%	954	10,101	1,951	15,914
조요 시(城陽市)	−51.0%	4,737	55,907	9,663	80,037
우지타와라 정(宇治田原町)	−48.5%	520	7,019	1,008	9,711
가메오카 시(亀岡市)	−47.8%	5,863	69,463	11,224	92,399
교토 시 히가시야마 구(京都市東山区)	−47.7%	3,340	28,915	6,387	40,528
교토 시 니시쿄 구(京都市西京区)	−46.4%	11,229	122,033	20,933	152,974
교토 시 기타 구(京都市北区)	−45.9%	8,531	101,082	15,772	122,037
마이즈루 시(舞鶴市)	−45.9%	4,824	61,452	8,917	88,669
후쿠치야마 시(福知山市)	−44.2%	4,606	56,034	8,261	79,652
교토 시 후시미 구(京都市伏見区)	−42.2%	21,938	237,042	37,987	284,085
무코 시(向日市)	−42.0%	4,083	40,775	7,039	54,328
교토 시 야마시나 구(京都市山科区)	−41.9%	10,680	116,177	18,382	136,045
교토 시 사쿄 구(京都市左京区)	−40.5%	13,820	147,808	23,224	168,802
야와타 시(八幡市)	−40.4%	5,465	59,218	9,167	74,227
교토 시 우쿄 구(京都市右京区)	−39.5%	16,890	178,962	27,933	202,943
교토 시 나카쿄 구(京都市中京区)	−38.7%	10,128	98,121	16,532	105,306
우지 시(宇治市)	−37.4%	15,002	153,667	23,957	189,609
교토 시 가미쿄 구(京都市上京区)	−34.8%	8,580	75,578	13,158	83,264
오야마자키 정(大山崎町)	−31.5%	1,273	11,700	1,857	15,121
교토 시 미나미 구(京都市南区)	−29.1%	9,640	87,734	13,600	98,744
나가오카쿄 시(長岡京市)	−27.2%	7,533	71,458	10,347	79,844

	젊은 여성 인구 변화율	2040년 젊은 여성 인구	2040년 총인구	2010년 젊은 여성 인구	2010년 총인구
교토 시 시모교 구(京都市下京区)	−26.0%	10,781	88,106	14,567	79,287
교타나베 시(京田辺市)	−25.8%	6,568	66,406	8,855	67,910
세이카 정(精華町)	−14.2%	3,938	36,147	4,589	35,630
기즈카와 시(木津川市)	3.7%	9,896	84,958	9,539	69,761
오사카 부(大阪府)					
노세 정(能勢町)	−81.4%	191	5,740	1,026	11,650
도요노 정(豊能町)	−79.8%	439	11,205	2,171	21,989
지하야아카사카 촌(千早赤阪村)	−73.5%	155	3,002	585	6,015
가와치나가노 시(河内長野市)	−59.8%	5,185	72,246	12,898	112,490
가난 정(河南町)	−58.1%	812	11,851	1,938	17,040
미사키 정(岬町)	−56.8%	770	10,190	1,780	17,504
돈다바야시 시(富田林市)	−56.8%	6,224	79,797	14,394	119,576
오사카 시 니시나리 구(大阪市西成区)	−55.3%	4,750	62,616	10,628	121,972
오사카 시 다이쇼 구(大阪市大正区)	−54.3%	3,656	44,840	7,996	69,510
오사카 시 스미노에 구(大阪市住之江区)	−53.6%	7,420	92,019	16,002	127,210
오사카 시 주오 구(大阪市中央区)	−53.6%	7,688	78,699	16,567	78,687
가시와라 시(柏原市)	−53.4%	4,486	51,362	9,625	74,773
네야가와 시(寝屋川市)	−50.9%	14,268	171,023	29,085	238,204
오사카 시 나니와 구(大阪市浪速区)	−50.0%	6,116	56,643	12,236	61,745
한난 시(阪南市)	−49.7%	3,355	40,734	6,669	56,646
히가시오사카 시(東大阪市)	−49.5%	31,281	376,272	62,004	509,533
오사카 시 아사히 구(大阪市旭区)	−49.1%	5,932	69,993	11,657	92,455
오사카 시 이쿠노 구(大阪市生野区)	−47.6%	8,714	99,967	16,622	134,009
히라카타 시(枚方市)	−45.9%	28,294	338,612	52,252	407,978
다이시 정(太子町)	−45.1%	871	10,421	1,586	14,220
오사카 시 히가시요도가와 구(大阪市東淀川区)	−43.4%	15,750	141,857	27,825	176,585
오사카 시 스미요시 구(大阪市住吉区)	−43.1%	11,687	123,719	20,543	155,572
오사카 시 후쿠시마 구(大阪市福島区)	−42.3%	6,837	62,776	11,841	67,290
오사카사야마 시(大阪狭山市)	−41.9%	4,385	47,362	7,548	58,227
오사카 시 히가시스미요시 구(大阪市東住吉区)	−41.6%	9,541	98,322	16,326	130,724
마쓰바라 시(松原市)	−41.5%	8,548	89,925	14,612	124,594
고노하나 시(大阪市此花区)	−41.3%	4,925	49,415	8,395	65,569
가도마 시(門真市)	−41.3%	9,584	97,051	16,327	130,282
이케다 시(池田市)	−41.1%	7,870	80,400	13,362	104,229
하비키노 시(羽曳野市)	−40.4%	8,577	91,883	14,381	117,681
셋쓰 시(摂津市)	−40.3%	6,749	63,840	11,313	83,720
미노오 시(箕面市)	−40.2%	10,276	116,353	17,179	129,895
시마모토 정(島本町)	−39.3%	2,171	24,033	3,579	28,935
다이토 시(大東市)	−38.8%	9,781	102,036	15,983	127,534
오사카 시 니시 구(大阪市西区)	−38.8%	10,997	95,346	17,969	83,058

	젊은 여성 인구 변화율	2040년 젊은 여성 인구	2040년 총인구	2010년 젊은 여성 인구	2010년 총인구
야오 시(八尾市)	-38.8%	20,083	210,162	32,794	271,460
다카이시 시(高石市)	-38.4%	4,517	43,829	7,328	59,572
모리구치 시(守口市)	-37.7%	11,241	112,837	18,055	146,697
오사카 시 미나토 구(大阪市港区)	-37.1%	7,395	65,617	11,762	84,947
가타노 시(交野市)	-36.7%	5,963	62,718	9,415	77,686
오사카 시 요도가와 구(大阪市淀川区)	-36.6%	17,229	159,108	27,160	172,078
이즈미오쓰 시(泉大津市)	-36.2%	6,620	61,658	10,369	77,548
오사카 시 히가시나리 구(大阪市東成区)	-34.9%	7,528	74,528	11,563	80,231
후시이네라 시(藤井寺市)	-34.7%	5,561	55,884	8,519	66,165
오사카 시 아베노 구(大阪市阿倍野区)	-34.6%	9,216	92,880	14,084	106,350
구마토리 정(熊取町)	-34.1%	3,681	38,538	5,589	45,069
기시와다 시(岸和田市)	-33.8%	16,418	158,312	24,786	199,234
오사카 시 히라노 구(大阪市平野区)	-33.5%	16,496	165,729	24,819	200,005
시조나와테 시(四條畷市)	-33.5%	4,821	47,110	7,252	57,554
스이타 시(吹田市)	-33.4%	32,382	302,692	48,592	355,798
오사카 시 미야코지마 구(大阪市都島区)	-31.8%	10,523	98,266	15,421	102,632
센난 시(泉南市)	-31.5%	5,334	52,824	7,782	64,403
가이즈카 시(貝塚市)	-29.2%	7,874	75,543	11,125	90,519
도요나카 시(豊中市)	-28.3%	36,678	331,967	51,179	389,341
사카이 시(堺市)	-27.9%	77,910	741,642	108,046	841,966
다카쓰키 시(高槻市)	-27.8%	33,850	320,434	46,877	357,359
이바라키 시(茨木市)	-27.8%	27,946	257,142	38,680	274,822
이즈미사노 시(泉佐野市)	-27.4%	9,649	91,264	13,298	100,801
오사카 시 니시요도가와 구(大阪市西淀川区)	-26.0%	9,537	92,479	12,892	97,504
오사카 시 조토 구(大阪市城東区)	-25.7%	17,562	164,315	23,630	165,832
이즈미 시(和泉市)	-23.6%	17,948	180,680	23,505	184,988
다다오카 정(忠岡町)	-22.9%	1,731	16,516	2,244	18,149
오사카 시 덴노지 구(大阪市天王寺区)	-17.2%	9,290	82,905	11,222	69,775
오사카 시 기타 구(大阪市北区)	-17.0%	16,960	136,564	20,426	110,392
오사카 시 쓰루미 구(大阪市鶴見区)	-14.8%	13,712	113,483	16,098	111,182
다지리 정(田尻町)	3.8%	1,150	8,531	1,108	8,085

효고 현(兵庫県)

신온센 정(新温泉町)	-70.0%	356	8,099	1,185	16,004
사요 정(佐用町)	-68.2%	494	10,043	1,555	19,265
가미고리 정(上郡町)	-65.1%	562	9,723	1,611	16,636
아사고 시(朝来市)	-63.5%	1,095	20,458	3,001	32,814
가미 정(香美町)	-63.0%	564	10,196	1,527	19,696
가미카와 정(神河町)	-61.7%	427	7,055	1,116	12,289
다카 정(多可町)	-58.9%	868	14,470	2,112	23,104
아와지 시(淡路市)	-58.7%	1,800	28,251	4,360	46,459

	젊은 여성 인구 변화율	2040년 젊은 여성 인구	2040년 총인구	2010년 젊은 여성 인구	2010년 총인구
사사야마 시(篠山市)	−58.7%	1,807	28,359	4,371	43,263
스모토 시(洲本市)	−58.5%	1,930	27,987	4,654	47,254
야부 시(養父市)	−58.3%	910	15,840	2,180	26,501
미키 시(三木市)	−56.2%	3,919	53,176	8,954	81,009
아이오이 시(相生市)	−55.4%	1,414	19,766	3,169	31,158
시소 시(宍粟市)	−55.0%	1,837	24,947	4,084	40,938
이치카와 정(市川町)	−54.7%	594	7,809	1,313	13,288
가사이 시(加西市)	−54.7%	2,308	33,598	5,093	47,993
이나미 정(稲美町)	−53.7%	1,635	20,759	3,532	31,026
미나미아와지 시(南あわじ市)	−53.6%	2,200	31,551	4,742	49,834
고베 시 스마 구(神戸市須磨区)	−51.4%	10,249	126,584	21,069	167,475
후쿠사키 정(福崎町)	−51.3%	1,268	15,604	2,604	19,830
단바 시(丹波市)	−50.4%	3,242	44,965	6,536	67,757
도요오카 시(豊岡市)	−48.8%	4,212	57,127	8,223	85,592
아마가사키 시(尼崎市)	−48.3%	30,586	324,954	59,163	453,748
산다 시(三田市)	−45.4%	7,449	97,668	13,645	114,216
하리마 정(播磨町)	−44.9%	2,318	24,726	4,207	33,183
니시와키 시(西脇市)	−44.8%	2,420	30,110	4,383	42,802
아코 시(赤穂市)	−44.4%	3,167	36,562	5,695	50,523
다카사고 시(高砂市)	−43.2%	6,512	72,448	11,473	93,901
고베 시 나가타 구(神戸市長田区)	−42.8%	6,749	79,194	11,802	101,624
고베 시 다루미 구(神戸市垂水区)	−40.3%	16,157	179,804	27,079	220,411
다쓰노 시(たつの市)	−39.9%	5,612	61,844	9,335	80,518
고베 시 니시 구(神戸市西区)	−38.8%	19,712	233,220	32,217	249,298
아카시 시(明石市)	−38.6%	22,456	233,705	36,573	290,959
가코가와 시(加古川市)	−38.3%	20,811	216,001	33,739	266,937
고베 시 기타 구(神戸市北区)	−37.9%	17,079	195,229	27,507	226,836
이나가와 정(猪名川町)	−37.4%	2,315	28,893	3,697	31,739
가와니시 시(川西市)	−37.3%	11,687	120,999	18,644	156,423
히메지 시(姫路市)	−33.6%	44,530	440,491	67,093	536,270
오노 시(小野市)	−32.0%	4,102	41,817	6,034	49,680
고베 시 효고 구(神戸市兵庫区)	−30.2%	9,631	99,728	13,801	108,304
고베 시 히가시나다 구(神戸市東灘区)	−27.6%	21,343	195,194	29,473	210,408
다카라쓰카 시(宝塚市)	−27.4%	20,883	206,938	28,766	225,700
가토 시(加東市)	−26.4%	3,703	35,284	5,028	40,181
이타미 시(伊丹市)	−25.0%	19,509	178,927	26,026	196,127
니시노미야 시(西宮市)	−21.5%	54,406	476,998	69,278	482,640
고베 시 나다 구(神戸市灘区)	−20.9%	15,493	132,043	19,587	133,451
고베 시 주오 구(神戸市中央区)	−20.9%	16,282	140,718	20,584	126,393
아시야 시(芦屋市)	−20.3%	9,605	90,659	12,055	93,238
다이시 정(太子町)	−20.0%	3,571	30,969	4,465	33,438

	젊은 여성 인구 변화율	2040년 젊은 여성 인구	2040년 총인구	2010년 젊은 여성 인구	2010년 총인구
나라 현(奈良県)					
가와카미 촌(川上村)	−89.0%	8	457	73	1,643
요시노 정(吉野町)	−84.4%	105	3,063	670	8,642
히가시요시노 촌(東吉野村)	−82.7%	16	631	91	2,143
소니 촌(曽爾村)	−80.6%	33	826	171	1,895
시모이치 정(下市町)	−75.9%	138	3,047	570	7,020
야마조에 촌(山添村)	−74.3%	74	1,848	289	4,107
아스카 촌(明日香村)	−73.1%	151	3,088	561	5,856
우다 시(宇陀市)	−72.0%	934	17,165	3,338	34,227
고조 시(五條市)	−69.3%	1,028	17,695	3,351	34,460
미쓰에 촌(御杖村)	−67.8%	39	888	121	2,102
간마키 정(上牧町)	−66.9%	907	14,316	2,739	23,728
안도 정(安堵町)	−66.1%	316	5,085	930	7,929
가미키타야마 촌(上北山村)	−65.4%	15	279	43	683
고세 시(御所市)	−65.3%	1,027	16,408	2,961	30,287
가와이 정(河合町)	−64.6%	715	10,997	2,018	18,531
노세가와 촌(野迫川村)	−63.6%	15	186	40	524
구로타키 촌(黒滝村)	−61.8%	19	326	51	840
오요도 정(大淀町)	−58.5%	853	12,167	2,058	19,176
덴카와 정(天川村)	−58.0%	27	581	65	1,572
도쓰카와 정(十津川村)	−57.8%	93	2,000	220	4,107
가와니시 정(川西町)	−57.1%	415	5,052	967	8,653
시모키타야마 정(下北山村)	−57.0%	20	494	47	1,039
야마토타카다 시(大和高田市)	−55.3%	3,634	44,623	8,125	68,451
헤구리 정(平群町)	−54.2%	955	13,066	2,088	19,727
다카토리 정(高取町)	−53.3%	334	5,034	715	7,657
야마토코리야마 시(大和郡山市)	−50.3%	5,269	60,245	10,591	89,023
미야케 정(三宅町)	−49.6%	408	4,576	810	7,440
오지 정(王寺町)	−49.0%	1,464	15,487	2,872	22,182
산고 정(三郷町)	−45.7%	1,566	16,475	2,887	23,440
사쿠라이 시(桜井市)	−45.6%	3,907	45,281	7,188	60,146
나라 시(奈良市)	−45.6%	25,017	280,263	45,997	366,591
다와라모토 정(田原本町)	−45.5%	2,110	22,505	3,873	32,121
덴리 시(天理市)	−43.2%	5,231	51,448	9,207	69,178
가시하라 시(橿原市)	−37.2%	10,263	105,629	16,333	125,605
이카루가 정(斑鳩町)	−34.7%	2,214	21,621	3,392	27,734
고료 정(広陵町)	−32.7%	2,734	27,769	4,065	33,070
이코마 시(生駒市)	−25.9%	11,339	112,910	15,300	118,113
가쓰라기 시(葛城市)	−25.6%	3,390	32,666	4,559	35,859
가시바 시(香芝市)	−1.8%	9,992	83,551	10,175	75,227

	젊은 여성 인구 변화율	2040년 젊은 여성 인구	2040년 총인구	2010년 젊은 여성 인구	2010년 총인구
와카야마 현(和歌山県)					
고야 정(高野町)	−83.0%	47	1,680	276	3,975
기미노 정(紀美野町)	−78.8%	170	4,694	804	10,391
스사미 정(すさみ町)	−78.5%	62	2,138	287	4,730
유아사 정(湯浅町)	−75.5%	333	6,161	1,361	13,210
유라 정(由良町)	−73.6%	143	2,958	544	6,508
구시모토 정(串本町)	−73.4%	333	8,940	1,249	18,249
다이지 정(太地町)	−73.2%	64	1,659	238	3,250
고자가와 정(古座川町)	−69.0%	50	1,501	160	3,103
구도야마 정(九度山町)	−68.0%	146	2,251	455	4,963
가쓰라기 정(かつらぎ町)	−63.8%	608	9,695	1,683	18,230
신구 시(新宮市)	−61.5%	1,119	17,639	2,908	31,498
나치카쓰우라 정(那智勝浦町)	−61.1%	526	9,222	1,351	17,080
히다카가와 정(日高川町)	−59.8%	365	6,279	906	10,509
아리다 시(有田市)	−59.8%	1,261	18,630	3,134	30,592
미하마 정(美浜町)	−58.6%	322	5,061	776	8,077
이나미 정(印南町)	−57.2%	327	5,020	763	8,606
가이난 시(海南市)	−56.4%	2,388	33,374	5,472	54,783
기타야마 촌(北山村)	−53.8%	11	261	24	486
하시모토 시(橋本市)	−53.5%	3,451	45,550	7,427	66,361
다나베 시(田辺市)	−53.4%	3,811	52,061	8,179	79,119
미나베 정(みなべ町)	−53.0%	610	8,573	1,298	13,470
아리다가와 정(有田川町)	−52.4%	1,203	17,776	2,525	27,162
기노카와 시(紀の川市)	−50.2%	3,440	45,893	6,911	65,840
히로가와 정(広川町)	−47.8%	426	5,021	815	7,714
고보 시(御坊市)	−47.0%	1,463	18,120	2,759	26,111
시라하마 정(白浜町)	−45.2%	1,156	15,122	2,109	22,696
와카야마 시(和歌山市)	−43.0%	24,431	275,829	42,844	370,364
히다카 정(日高町)	−39.1%	441	6,157	724	7,432
가미톤다 정(上富田町)	−34.6%	1,149	12,123	1,756	14,807
이와데 시(岩出市)	−26.9%	4,992	50,228	6,833	52,882
돗토리 현(鳥取県)					
와카사 정(若桜町)	−81.3%	54	1,570	290	3,873
지즈 정(智頭町)	−75.4%	142	3,398	578	7,718
니치난 정(日南町)	−67.6%	87	2,419	269	5,460
호키 정(伯耆町)	−63.7%	362	7,033	998	11,621
다이센 정(大山町)	−63.3%	571	9,606	1,556	17,491
이와미 정(岩美町)	−60.8%	454	7,041	1,157	12,362
고후 정(江府町)	−60.5%	90	1,765	228	3,379
야즈 정(八頭町)	−60.3%	699	11,628	1,763	18,427

	젊은 여성 인구 변화율	2040년 젊은 여성 인구	2040년 총인구	2010년 젊은 여성 인구	2010년 총인구
히노 정(日野町)	-58.9%	94	1,731	228	3,745
미사사 정(三朝町)	-57.6%	251	3,884	593	7,015
고토우라 정(琴浦町)	-52.0%	802	11,792	1,670	18,531
호쿠에이 정(北栄町)	-51.0%	736	10,381	1,503	15,442
난부 정(南部町)	-50.9%	533	7,285	1,085	11,536
유리하마 정(湯梨浜町)	-49.6%	871	12,223	1,727	17,029
구라요시 시(倉吉市)	-49.3%	2,694	34,829	5,319	50,720
사카이미나토 시(境港市)	-49.2%	1,920	23,845	3,777	35,259
돗토리 시(鳥取市)	-44.9%	12,603	149,315	22,869	197,449
요나고 시(米子市)	-41.0%	10,373	116,142	17,589	148,271
히에즈 촌(日吉津村)	6.8%	450	3,657	422	3,339
시마네 현(島根県)					
쓰와노 정(津和野町)	-77.5%	121	3,451	536	8,427
니시노시마 정(西ノ島町)	-74.3%	54	1,545	209	3,136
오쿠이즈모 정(奥出雲町)	-69.5%	314	7,382	1,030	14,456
오키노시마 정(隠岐の島町)	-67.8%	383	8,040	1,190	15,521
요시카 정(吉賀町)	-66.1%	156	3,669	460	6,810
아마 정(海士町)	-64.3%	52	1,294	145	2,374
오다 시(大田市)	-60.3%	1,254	21,532	3,159	37,996
가와모토 정(川本町)	-59.6%	108	1,917	267	3,900
미사토 정(美郷町)	-59.4%	134	2,440	330	5,351
오난 정(邑南町)	-58.4%	334	6,781	801	11,959
고쓰 시(江津市)	-57.2%	965	14,001	2,256	25,697
마스다 시(益田市)	-54.5%	2,042	30,728	4,492	50,015
운난 시(雲南市)	-53.6%	1,707	25,793	3,681	41,917
하마다 시(浜田市)	-52.2%	2,758	38,685	5,766	61,713
지부 촌(知夫村)	-51.8%	13	337	27	657
야스기 시(安来市)	-51.0%	1,950	26,944	3,981	41,836
이난 정(飯南町)	-48.9%	184	2,976	361	5,534
마쓰에 시(松江市)	-43.9%	13,232	163,474	23,588	208,613
이즈모 시(出雲市)	-34.7%	12,288	133,354	18,820	171,485
오카야마 현(岡山県)					
다카하시 시(高梁市)	-70.7%	910	18,290	3,103	34,963
비젠 시(備前市)	-60.1%	1,412	20,986	3,539	37,839
기비추오 정(吉備中央町)	-58.2%	413	7,681	990	13,033
가사오카 시(笠岡市)	-57.8%	2,234	34,032	5,290	54,225
다마노 시(玉野市)	-55.4%	2,886	41,691	6,475	64,588
나기 정(奈義町)	-55.3%	233	3,616	521	6,085
신조 촌(新庄村)	-53.4%	31	563	66	957

	젊은 여성 인구 변화율	2040년 젊은 여성 인구	2040년 총인구	2010년 젊은 여성 인구	2010년 총인구
미사키 정(美咲町)	-53.1%	615	9,370	1,310	15,642
니미 시(新見市)	-53.1%	1,287	19,972	2,741	33,870
미마사카 시(美作市)	-52.3%	1,236	18,005	2,590	30,498
마니와 시(真庭市)	-52.1%	1,942	29,941	4,055	48,964
와케 정(和気町)	-51.0%	691	9,469	1,411	15,362
세토우치 시(瀬戸内市)	-50.5%	1,956	26,136	3,948	37,852
니시아와쿠라 촌(西粟倉村)	-50.2%	69	1,008	138	1,520
쓰야마 시(津山市)	-49.3%	6,062	73,674	11,959	106,788
아사쿠치 시(浅口市)	-47.9%	1,908	24,822	3,663	36,114
구메난 정(久米南町)	-46.4%	189	3,056	353	5,296
이카이와 시(赤磐市)	-42.7%	2,683	32,812	4,685	43,458
소자 시(総社市)	-39.8%	4,833	53,045	8,022	66,201
가가미노 정(鏡野町)	-39.2%	735	9,329	1,209	13,580
이바라 시(井原市)	-39.1%	2,580	31,906	4,237	43,927
야카게 정(矢掛町)	-37.7%	857	10,442	1,377	15,092
쇼오 정(勝央町)	-28.6%	877	9,103	1,228	11,195
구라시키 시(倉敷市)	-28.1%	43,917	422,884	61,060	475,513
오카야마 시(岡山市)	-26.1%	71,481	657,293	96,664	709,584
사토쇼 정(里庄町)	-21.9%	974	9,526	1,247	10,916
하야시마 정(早島町)	-19.3%	1,296	11,542	1,605	12,214

히로시마 현(広島県)

진세키코겐 정(神石高原町)	-74.5%	144	4,671	566	10,350
아키오타 정(安芸太田町)	-71.7%	115	2,892	408	7,255
에다지마 시(江田島市)	-68.2%	662	12,078	2,078	27,031
다케하라 시(竹原市)	-64.4%	900	15,680	2,530	28,644
오타케 시(大竹市)	-60.1%	1,157	17,818	2,902	28,836
후추 시(府中市)	-59.6%	1,561	24,822	3,865	42,563
쇼바라 시(庄原市)	-55.5%	1,319	23,052	2,960	40,244
아키타카타 시(安芸高田市)	-53.7%	1,224	20,148	2,643	31,487
오사키카미지마 정(大崎上島町)	-52.3%	221	3,935	463	8,448
하쓰카이치 시(廿日市市)	-52.0%	6,487	86,506	13,526	114,038
기타히로시마 정(北広島町)	-52.0%	734	13,068	1,531	19,969
히로시마 시 아사키타 구(広島市安佐北区)	-50.3%	8,555	111,331	17,214	149,633
세라 정(世羅町)	-49.8%	686	10,319	1,365	17,549
미요시 시(三次市)	-49.0%	2,676	37,777	5,249	56,605
구마노 정(熊野町)	-48.4%	1,341	16,475	2,599	24,533
구레 시(呉市)	-48.2%	12,794	151,551	24,678	239,973
미하라 시(三原市)	-47.0%	5,516	68,457	10,404	100,509
가이타 정(海田町)	-44.7%	2,167	20,940	3,917	28,475
오노미치 시(尾道市)	-43.8%	7,924	99,224	14,094	145,202

	젊은 여성 인구 변화율	2040년 젊은 여성 인구	2040년 총인구	2010년 젊은 여성 인구	2010년 총인구
히로시마 시 나카 구(広島市中区)	−43.1%	11,459	117,081	20,123	130,482
히로시마 시 사에키 구(広島市佐伯区)	−37.9%	10,510	121,892	16,938	135,280
후쿠야마 시(福山市)	−37.8%	34,541	382,874	55,491	461,357
히로시마 시 미나미 구(広島市南区)	−37.7%	11,857	121,289	19,024	138,190
후추 정(府中町)	−37.4%	4,085	39,702	6,522	50,442
히로시마 시 히가시 구(広島市東区)	−36.1%	9,814	101,623	15,365	120,751
히로시마 시 니시 구(広島市西区)	−28.9%	19,662	172,593	27,646	186,985
히가시히로시마 시(東広島市)	−27.8%	17,793	185,535	24,638	190,135
히로시마 시 아키 구(広島市安芸区)	−18.8%	7,919	77,295	9,749	78,789
사카 정(坂町)	−18.0%	1,345	12,140	1,641	13,262
히로시마 시 아사미나미 구(広島市安佐南区)	−1.8%	33,622	275,118	34,226	233,733

야마구치 현(山口県)

스오오시마 정(周防大島町)	−75.7%	271	8,030	1,116	19,084
아부 정(阿武町)	−72.2%	62	1,594	224	3,743
하기 시(萩市)	−66.0%	1,503	27,254	4,421	53,747
나가토 시(長門市)	−62.7%	1,206	20,378	3,232	38,349
가미노세키 정(上関町)	−58.6%	73	1,275	176	3,332
히라오 정(平生町)	−54.7%	536	9,337	1,184	13,491
미네 시(美祢市)	−53.8%	1,165	18,870	2,520	28,630
시모노세키 시(下関市)	−48.4%	15,361	188,740	29,790	280,947
우베 시(宇部市)	−47.8%	10,236	123,379	19,602	173,772
야나이 시(柳井市)	−46.8%	1,686	23,433	3,171	34,730
히카리 시(光市)	−46.5%	2,829	37,358	5,291	53,004
이와쿠니 시(岩国市)	−45.4%	8,087	94,653	14,808	143,857
슈난 시(周南市)	−45.1%	8,669	108,326	15,804	149,487
산요오노다 시(山陽小野田市)	−44.8%	3,765	45,181	6,818	64,550
다부세 정(田布施町)	−43.9%	911	11,483	1,623	15,986
야마구치 시(山口市)	−36.6%	15,101	157,760	23,814	196,628
호후 시(防府市)	−29.0%	9,274	97,375	13,071	116,611
와키 정(和木町)	−28.3%	518	5,123	722	6,378
구다마쓰 시(下松市)	−20.1%	5,117	50,529	6,406	55,012

도쿠시마 현(徳島県)

나카 정(那賀町)	−83.7%	85	3,320	522	9,318
가미야마 정(神山町)	−82.6%	60	2,181	344	6,038
미요시 시(三好市)	−77.9%	471	11,753	2,137	29,951
미나미 정(美波町)	−76.6%	116	3,197	493	7,765
사나고우치 촌(佐那河内村)	−71.6%	61	1,359	215	2,588
쓰루기 정(つるぎ町)	−71.3%	207	4,410	722	10,490
무기 정(牟岐町)	−69.0%	89	2,104	286	4,826

	젊은 여성 인구 변화율	2040년 젊은 여성 인구	2040년 총인구	2010년 젊은 여성 인구	2010년 총인구
가쓰우라 정(勝浦町)	−66.1%	162	2,850	479	5,765
가이요 정(海陽町)	−65.9%	250	5,044	733	10,446
가미카쓰 정(上勝町)	−63.4%	38	844	104	1,783
히가시미요시 정(東みよし町)	−63.0%	505	9,987	1,363	15,044
미마 시(美馬市)	−62.3%	1,135	18,834	3,013	32,484
아와 시(阿波市)	−57.7%	1,649	24,154	3,894	39,247
가미이타 정(上板町)	−55.4%	628	8,611	1,408	12,727
이타노 정(板野町)	−53.0%	763	10,481	1,625	14,241
요시노가와 시(吉野川市)	−52.9%	2,069	29,380	4,393	44,020
고마쓰시마 시(小松島市)	−50.5%	2,208	26,937	4,459	40,614
나루토 시(鳴門市)	−49.6%	3,435	43,199	6,814	61,513
도쿠시마 시(徳島市)	−49.1%	16,614	201,643	32,639	264,548
이시이 정(石井町)	−44.4%	1,620	20,287	2,913	25,954
아난 시(阿南市)	−43.2%	4,510	55,005	7,943	76,063
마쓰시게 정(松茂町)	−36.6%	1,217	12,989	1,920	15,070
아이즈미 정(藍住町)	−32.4%	3,192	30,991	4,723	33,338
기타지마 정(北島町)	−28.5%	2,016	21,225	2,820	21,658
가가와 현(香川県)					
도노쇼 정(土庄町)	−70.7%	360	7,755	1,227	15,123
히가시가가와 시(東かがわ市)	−65.5%	1,013	18,042	2,938	33,625
쇼도시마 정(小豆島町)	−64.9%	450	8,717	1,282	16,152
사누키 시(さぬき市)	−58.2%	2,246	33,321	5,376	53,000
나오시마 정(直島町)	−57.2%	144	1,950	336	3,325
고토히라 정(琴平町)	−52.8%	417	5,747	884	9,967
아야가와 정(綾川町)	−52.0%	1,152	16,172	2,402	24,625
젠쓰지 시(善通寺市)	−50.3%	1,919	22,492	3,857	33,817
간온지 시(観音寺市)	−50.2%	3,272	42,090	6,568	62,690
만노 정(まんのう町)	−48.4%	919	12,550	1,781	19,087
미토요 시(三豊市)	−47.9%	3,522	46,236	6,764	68,512
사카이데 시(坂出市)	−45.9%	3,197	38,681	5,908	55,621
미키 정(三木町)	−41.9%	2,030	21,951	3,493	28,464
다도쓰 정(多度津町)	−41.1%	1,403	18,622	2,381	23,498
다카마쓰 시(高松市)	−40.5%	30,066	342,083	50,561	419,429
마루가메 시(丸亀市)	−33.8%	8,470	92,344	12,803	110,473
우다즈 정(宇多津町)	−9.8%	2,409	20,193	2,672	18,434
에히메 현(愛媛県)					
아이난 정(愛南町)	−79.0%	357	10,396	1,700	24,061
구마코겐 정(久万高原町)	−76.4%	134	3,863	570	9,644
이카타 정(伊方町)	−68.5%	212	5,029	673	10,882

	젊은 여성 인구 변화율	2040년 젊은 여성 인구	2040년 총인구	2010년 젊은 여성 인구	2010년 총인구
마쓰노 정(松野町)	−64.7%	106	2,263	300	4,377
야와타하마 시(八幡浜市)	−64.4%	1,106	20,295	3,111	38,370
가미지마 정(上島町)	−63.8%	151	4,109	417	7,648
오즈 시(大洲市)	−61.4%	1,724	26,182	4,467	47,157
세이요 시(西予市)	−61.4%	1,238	23,358	3,207	42,080
우치코 정(内子町)	−61.3%	542	9,794	1,400	18,045
기호쿠 정(鬼北町)	−59.1%	319	6,542	780	11,633
우와지마 시(宇和島市)	−57.9%	3,063	47,344	7,280	84,210
이마바리 시(今治市)	−54.9%	7,766	105,242	17,209	166,532
도베 정(砥部町)	−54.2%	1,176	16,109	2,569	21,981
이요 시(伊予市)	−49.0%	2,054	25,812	4,025	38,017
시코쿠추오 시(四国中央市)	−47.8%	4,924	63,063	9,432	90,187
사이조 시(西条市)	−41.8%	6,730	86,806	11,572	112,091
마사키 정(松前町)	−41.1%	2,032	23,685	3,450	30,359
니하마 시(新居浜市)	−41.0%	7,610	89,899	12,890	121,735
마쓰야마 시(松山市)	−37.2%	42,980	435,156	68,468	517,231
도온 시(東温市)	−35.5%	2,714	29,269	4,206	35,253

고치 현(高知県)

	젊은 여성 인구 변화율	2040년 젊은 여성 인구	2040년 총인구	2010년 젊은 여성 인구	2010년 총인구
무로토 시(室戸市)	−83.4%	156	4,868	941	15,210
오쓰키 정(大月町)	−81.3%	65	2,477	348	5,783
오토요 정(大豊町)	−80.2%	41	1,487	209	4,719
시만토 정(四万十町)	−71.9%	363	8,852	1,295	18,733
구로시오 정(黒潮町)	−71.0%	261	6,095	900	12,366
도요 정(東洋町)	−69.9%	52	1,192	172	2,947
유스하라 정(檮原町)	−69.4%	82	2,085	269	3,984
스쿠모 시(宿毛市)	−69.1%	643	11,970	2,081	22,610
히다카 촌(日高村)	−67.3%	156	3,285	478	5,447
니요도가와 정(仁淀川町)	−67.2%	110	2,593	336	6,500
도사시미즈 시(土佐清水市)	−66.9%	361	8,141	1,091	16,029
야스다 정(安田町)	−66.3%	66	1,362	196	2,970
오치 정(越知町)	−65.9%	159	3,350	466	6,374
이노 정(いの町)	−65.9%	726	13,394	2,128	25,062
나카토사 정(中土佐町)	−65.8%	183	3,728	537	7,584
시만토 시(四万十市)	−64.4%	1,208	21,563	3,397	35,933
스사키 시(須崎市)	−63.0%	751	14,889	2,029	24,698
미하라 촌(三原村)	−62.8%	36	930	98	1,681
다노 정(田野町)	−60.7%	86	1,595	219	2,932
쓰노 정(津野町)	−56.3%	205	3,586	469	6,407
우마지 촌(馬路村)	−54.6%	38	525	83	1,013
기타가와 촌(北川村)	−50.8%	48	791	97	1,367

	젊은 여성 인구 변화율	2040년 젊은 여성 인구	2040년 총인구	2010년 젊은 여성 인구	2010년 총인구
게이세이 촌(芸西村)	−50.3%	167	2,533	337	4,048
도사 촌(土佐町)	−49.7%	137	2,669	272	4,358
사카와 정(佐川町)	−49.7%	597	9,282	1,186	13,951
모토야마 정(本山町)	−49.5%	160	2,494	317	4,103
가미 시(香美市)	−48.6%	1,276	19,204	2,481	28,766
오카와 촌(大川村)	−48.0%	12	200	24	411
아키 시(安芸市)	−47.4%	937	12,465	1,781	19,547
도사 시(土佐市)	−46.1%	1,526	18,833	2,829	28,686
고치 시(高知市)	−46.0%	23,139	259,169	42,886	343,393
난코쿠 시(南国市)	−45.3%	3,129	36,138	5,725	49,472
나하리 정(奈半利町)	−41.0%	164	2,045	278	3,542
고난 시(香南市)	−37.9%	2,156	28,609	3,474	33,830

후쿠오카 현(福岡県)

	젊은 여성 인구 변화율	2040년 젊은 여성 인구	2040년 총인구	2010년 젊은 여성 인구	2010년 총인구
구라테 정(鞍手町)	−68.1%	534	9,429	1,676	17,088
가와사키 정(川崎町)	−67.9%	609	8,905	1,895	18,264
오타케 정(小竹町)	−64.3%	305	4,615	854	8,602
도호 촌(東峰村)	−63.3%	55	1,274	149	2,432
가마 시(嘉麻市)	−61.1%	1,612	23,246	4,148	42,589
미야코 정(みやこ町)	−60.4%	760	12,923	1,921	21,572
미즈마키 정(水巻町)	−60.0%	1,361	20,116	3,403	30,021
미야마 시(みやま市)	−59.3%	1,559	23,922	3,833	40,732
야메 시(八女市)	−57.7%	2,793	42,237	6,605	69,057
게이센 정(桂川町)	−57.4%	652	8,960	1,531	13,863
나카마 시(中間市)	−57.3%	1,985	25,922	4,652	44,210
소에다 정(添田町)	−57.1%	395	5,897	920	10,909
오무타 시(大牟田市)	−56.9%	5,227	73,408	12,134	123,638
아시야 정(芦屋町)	−56.8%	717	9,214	1,660	15,369
가와라 정(香春町)	−56.5%	466	6,572	1,071	11,685
지쿠조 정(築上町)	−56.3%	845	11,296	1,932	19,544
아사쿠라 시(朝倉市)	−55.5%	2,607	36,005	5,854	56,355
아카 촌(赤村)	−53.9%	139	2,283	301	3,251
야나가와 시(柳川市)	−53.4%	3,554	46,686	7,627	71,375
오카와 시(大川市)	−53.0%	1,821	23,625	3,874	37,448
후쿠치 정(福智町)	−52.0%	1,237	17,116	2,577	24,714
기타큐슈 시 야하타히가시 구(北九州市八幡東区)	−51.0%	3,641	47,795	7,430	71,801
기타큐슈 시 모지 구(北九州市門司区)	−49.9%	5,234	71,435	10,450	104,469
이토다 정(糸田町)	−49.8%	498	5,774	993	9,617
우키하 시(うきは市)	−49.5%	1,678	21,941	3,324	31,640
오노가타 시(直方市)	−47.3%	3,339	40,772	6,337	57,686
구루메 시(久留米市)	−46.4%	20,337	233,980	37,927	302,402

	젊은 여성 인구 변화율	2040년 젊은 여성 인구	2040년 총인구	2010년 젊은 여성 인구	2010년 총인구
기타큐슈 시 도바타 구(北九州市戸畑区)	−46.4%	3,521	44,593	6,566	61,583
기타큐슈 시 와카마쓰 구(北九州市若松区)	−46.1%	4,827	63,762	8,948	85,167
부젠 시(豊前市)	−45.8%	1,438	18,311	2,654	27,031
고게 정(上毛町)	−45.2%	398	5,217	727	7,852
후쿠쓰 시(福津市)	−44.1%	3,542	44,053	6,337	55,431
오토 정(大任町)	−44.0%	311	3,748	555	5,503
간다 정(苅田町)	−43.4%	2,504	28,019	4,428	36,005
가스가 시(春日市)	−42.6%	8,268	82,185	14,396	106,780
우미 정(宇美町)	−41.9%	2,761	30,138	4,753	38,592
이토시마 시(糸島市)	−41.8%	6,676	82,088	11,462	98,435
온가 정(遠賀町)	−41.2%	1,322	14,681	2,248	19,160
후쿠오카 시 미나미 구(福岡市南区)	−40.8%	22,605	217,868	38,159	247,096
기타큐슈 시 고쿠라키타 구(北九州市小倉北区)	−40.7%	13,908	149,430	23,469	181,936
지쿠젠 정(筑前町)	−40.7%	1,921	23,766	3,236	29,155
유쿠하시 시(行橋市)	−38.8%	4,955	57,486	8,091	70,468
후쿠오카 시 조난 구(福岡市城南区)	−38.6%	12,007	119,083	19,550	128,659
이즈카 시(飯塚市)	−38.2%	9,328	102,317	15,089	131,492
후쿠오카 시 주오 구(福岡市中央区)	−37.6%	22,401	186,090	35,890	178,429
후쿠오카 시 히가시 구(福岡市東区)	−37.2%	27,517	271,634	43,810	292,199
무나카타 시(宗像市)	−35.8%	7,664	83,619	11,930	95,501
미야와카 시(宮若市)	−35.2%	2,071	22,389	3,198	30,081
기타큐슈 시 야하타니시 구(北九州市八幡西区)	−35.1%	20,387	211,345	31,432	257,097
기타큐슈 시 고쿠라미나미 구(北九州市小倉南区)	−35.1%	17,559	184,301	27,053	214,793
요시토미 정(吉富町)	−34.4%	491	4,681	748	6,792
후쿠오카 시 사와라 구(福岡市早良区)	−34.1%	19,828	192,436	30,068	211,553
오고리 시(小郡市)	−30.6%	4,628	52,392	6,671	58,499
지쿠고 시(筑後市)	−30.2%	4,058	43,183	5,812	48,512
사사구리 정(篠栗町)	−28.8%	2,940	28,093	4,127	31,318
지쿠시노 시(筑紫野市)	−27.1%	9,931	96,698	13,619	100,172
다치아라이 정(大刀洗町)	−27.0%	1,440	13,097	1,974	15,284
고가 시(古賀市)	−26.5%	5,591	56,833	7,608	57,920
다가와 시(田川市)	−26.2%	4,060	38,637	5,504	50,605
오키 정(大木町)	−24.9%	1,342	12,474	1,786	14,350
오노조 시(大野城市)	−21.7%	10,516	91,739	13,434	95,087
히로카와 정(広川町)	−20.7%	1,897	17,546	2,391	20,253
스에 정(須恵町)	−20.7%	2,659	24,158	3,352	26,044
후쿠오카 시 하카타 구(福岡市博多区)	−20.2%	30,974	247,078	38,792	212,527
히사야마 정(久山町)	−20.1%	831	7,872	1,040	8,373
오카가키 정(岡垣町)	−18.2%	2,903	29,556	3,549	32,119
다자이후 시(太宰府市)	−17.5%	8,065	73,742	9,777	70,482
나카가와 정(那珂川町)	−11.0%	6,132	54,355	6,891	49,780

	젊은 여성 인구 변화율	2040년 젊은 여성 인구	2040년 총인구	2010년 젊은 여성 인구	2010년 총인구
신구 정(新宮町)	−9.1%	3,292	27,700	3,623	24,679
후쿠오카 시 니시 구(福岡市西区)	−8.6%	24,255	231,081	26,536	193,280
시메 정(志免町)	4.8%	6,684	51,398	6,378	43,564
가스야 정(粕屋町)	11.3%	7,766	57,173	6,977	41,997

사가 현(佐賀県)

다라 정(太良町)	−64.8%	290	5,284	823	9,842
기야마 정(基山町)	−62.1%	804	12,317	2,119	17,837
겐카이 정(玄海町)	−59.1%	233	3,969	571	6,379
오마치 정(大町町)	−57.1%	278	4,234	647	7,369
미야키 정(みやき町)	−55.2%	1,222	17,303	2,730	26,175
다쿠 시(多久市)	−55.1%	966	13,287	2,152	21,404
우레시노 시(嬉野市)	−53.3%	1,357	19,475	2,903	28,984
시로이시 정(白石町)	−50.6%	1,205	16,369	2,441	25,607
가시마 시(鹿島市)	−47.5%	1,714	20,469	3,265	30,720
아리타 정(有田町)	−44.7%	1,134	14,427	2,051	20,929
간자키 시(神埼市)	−44.6%	2,068	25,216	3,735	32,899
가라쓰 시(唐津市)	−43.3%	7,708	88,947	13,586	126,926
다케오 시(武雄市)	−42.6%	3,081	38,635	5,365	50,699
사가 시(佐賀市)	−41.0%	16,875	184,817	28,624	237,506
이마리 시(伊万里市)	−40.1%	3,541	43,192	5,908	57,161
오기 시(小城市)	−38.7%	3,233	35,258	5,277	45,133
고호쿠 정(江北町)	−35.1%	720	7,966	1,109	9,515
가미미네 정(上峰町)	−27.9%	870	8,316	1,206	9,224
요시노가리 정(吉野ヶ里町)	−24.9%	1,596	15,391	2,125	16,405
도스 시(鳥栖市)	−2.4%	9,180	77,944	9,406	69,074

나가사키 현(長崎県)

신카미고토 정(新上五島町)	−80.4%	289	8,549	1,470	22,074
고토 시(五島市)	−75.9%	711	19,201	2,949	40,622
오지카 정(小値賀町)	−75.6%	32	1,075	131	2,849
쓰시마 시(対馬市)	−75.2%	691	14,076	2,792	34,407
히라도 시(平戸市)	−70.9%	736	16,398	2,530	34,905
히가시소노기 정(東彼杵町)	−69.6%	243	4,938	797	8,903
사이카이 시(西海市)	−65.6%	830	17,025	2,412	31,176
미나미시마바라 시(南島原市)	−63.0%	1,536	28,003	4,151	50,363
이키 시(壱岐市)	−61.5%	886	16,341	2,303	29,377
마쓰우라 시(松浦市)	−59.7%	871	14,102	2,161	25,145
운젠 시(雲仙市)	−58.0%	1,818	29,156	4,333	47,245
시마바라 시(島原市)	−57.9%	1,829	29,215	4,343	47,455
이사하야 시(諫早市)	−50.2%	7,943	103,407	15,940	140,752

	젊은 여성 인구 변화율	2040년 젊은 여성 인구	2040년 총인구	2010년 젊은 여성 인구	2010년 총인구
가와타나 정(川棚町)	−48.9%	831	10,100	1,628	14,651
나가사키 시(長崎市)	−48.8%	26,447	319,106	51,695	443,766
사세보 시(佐世保市)	−46.5%	15,389	182,433	28,740	261,101
하사미 정(波佐見町)	−41.3%	919	11,987	1,565	15,227
사자 정(佐々町)	−36.4%	1,033	11,336	1,623	13,599
나가요 정(長与町)	−35.7%	3,545	36,835	5,514	42,535
오무라 시(大村市)	−23.6%	8,615	86,449	11,275	90,517
도기쓰 정(時津町)	−18.9%	3,280	29,209	4,045	30,110
구마모토 현(熊本県)					
이쓰키 촌(五木村)	−75.5%	17	398	71	1,205
야마토 정(山都町)	−74.2%	256	7,889	994	16,981
오구니 정(小国町)	−72.1%	165	3,952	593	7,877
구마 촌(球磨村)	−70.7%	77	1,726	262	4,249
미사토 정(美里町)	−66.2%	291	6,223	859	11,388
가미아마쿠사 시(上天草市)	−65.5%	842	15,213	2,442	29,902
유노마에 정(湯前町)	−64.9%	106	2,246	303	4,375
다라기 정(多良木町)	−64.9%	284	5,416	810	10,554
사가라 촌(相良村)	−64.6%	126	2,571	357	4,934
아마쿠사 시(天草市)	−64.2%	2,486	45,714	6,948	89,065
다카모리 정(高森町)	−63.9%	174	4,087	482	6,716
미나마타 시(水俣市)	−62.0%	854	14,311	2,251	26,978
레이호쿠 정(苓北町)	−62.0%	245	4,548	644	8,314
히토요시 시(人吉市)	−60.5%	1,271	21,256	3,222	35,611
미즈카미 촌(水上村)	−60.2%	66	1,194	166	2,405
쓰나기 정(津奈木町)	−59.1%	150	2,825	366	5,062
아시키타 정(芦北町)	−58.7%	582	10,198	1,407	19,316
야마에 촌(山江村)	−55.7%	144	2,249	326	3,681
나가스 정(長洲町)	−54.6%	773	10,967	1,705	16,594
니시키 정(錦町)	−53.0%	508	6,944	1,080	11,075
난칸 정(南関町)	−52.0%	460	6,540	958	10,564
아사기리 정(あさぎり町)	−51.8%	720	10,779	1,495	16,638
나고미 정(和水町)	−51.8%	421	7,199	872	11,247
히카와 정(氷川町)	−51.6%	579	8,003	1,195	12,715
미나미아소 촌(南阿蘇村)	−51.0%	520	9,092	1,061	11,972
고사 정(甲佐町)	−50.8%	483	7,611	983	11,181
우부야마 촌(産山村)	−49.0%	60	983	118	1,606
야쓰시로 시(八代市)	−47.9%	6,979	87,848	13,407	132,266
야마가 시(山鹿市)	−47.9%	2,654	37,062	5,090	55,391
미나미오구니 정(南小国町)	−46.9%	207	3,136	391	4,429
다마나 시(玉名市)	−45.1%	3,948	48,529	7,198	69,541

	젊은 여성 인구 변화율	2040년 젊은 여성 인구	2040년 총인구	2010년 젊은 여성 인구	2010년 총인구
아소 시(阿蘇市)	−45.0%	1,417	19,203	2,577	28,444
기쿠치 시(菊池市)	−44.0%	2,877	35,989	5,136	50,194
우키 시(宇城市)	−40.9%	3,829	46,273	6,477	61,878
우토 시(宇土市)	−40.2%	2,505	29,643	4,186	37,727
교토 정(玉東町)	−39.5%	323	3,939	533	5,554
마시키 정(益城町)	−37.5%	2,397	27,265	3,835	32,676
미후네 정(御船町)	−36.9%	1,203	13,649	1,908	17,888
아라오 시(荒尾市)	−34.9%	3,751	43,000	5,765	55,321
구마모토 시(熊本市)	−30.0%	68,429	654,048	97,803	734,474
니시하라 촌(西原村)	−20.8%	558	7,150	705	6,792
기쿠요 정(菊陽町)	−13.1%	4,745	44,170	5,459	37,734
고시 시(合志市)	−13.0%	6,051	59,861	6,954	55,002
가시마 정(嘉島町)	−8.8%	980	8,567	1,074	8,676
오즈 정(大津町)	−5.5%	3,870	36,659	4,095	31,234

오이타 현(大分県)

구니사키 시(国東市)	−67.4%	800	18,200	2,451	32,002
히메시마 촌(姫島村)	−66.4%	40	993	118	2,189
쓰쿠미 시(津久見市)	−64.3%	598	9,881	1,677	19,917
구스 정(玖珠町)	−61.8%	568	9,498	1,485	17,054
고코노에 정(九重町)	−58.9%	309	5,932	751	10,421
사이키 시(佐伯市)	−57.6%	2,850	46,857	6,726	76,951
다케타 시(竹田市)	−57.3%	730	12,522	1,709	24,423
우스키 시(臼杵市)	−53.7%	1,693	25,920	3,657	41,469
분고오노 시(豊後大野市)	−53.5%	1,495	24,226	3,213	39,452
히타 시(日田市)	−52.4%	3,238	44,913	6,804	70,940
분고타카다 시(豊後高田市)	−51.8%	978	15,143	2,031	23,906
기쓰키 시(杵築市)	−45.4%	1,706	21,296	3,123	32,083
우사 시(宇佐市)	−44.6%	3,096	41,172	5,586	59,008
벳푸 시(別府市)	−36.6%	9,864	96,459	15,558	125,385
나카쓰 시(中津市)	−35.9%	5,889	69,063	9,181	84,312
유후 시(由布市)	−34.7%	2,467	26,136	3,775	34,702
오이타 시(大分市)	−28.5%	43,747	443,243	61,204	474,094
히지 정(日出町)	−16.7%	2,786	26,038	3,344	28,221

미야자키 현(宮崎県)

히노카게 정(日之影町)	−73.7%	60	1,775	230	4,463
니시메라 촌(西米良村)	−69.4%	27	538	87	1,241
시이바 촌(椎葉村)	−64.3%	64	1,277	180	3,092
다카치호 정(高千穂町)	−63.7%	374	7,396	1,031	13,723
다카하루 정(高原町)	−62.2%	290	5,760	767	10,000

	젊은 여성 인구 변화율	2040년 젊은 여성 인구	2040년 총인구	2010년 젊은 여성 인구	2010년 총인구
미사토 정(美郷町)	-61.3%	132	2,914	341	6,248
모로쓰카 촌(諸塚村)	-60.2%	41	774	103	1,882
구시마 시(串間市)	-59.7%	639	10,887	1,586	20,453
쓰노 정(都農町)	-57.2%	429	6,717	1,001	11,137
니치난 시(日南市)	-57.1%	2,259	34,838	5,269	57,689
구니토미 정(国富町)	-56.6%	905	13,792	2,086	20,909
고카세 정(五ケ瀬町)	-56.4%	131	2,453	301	4,427
에비노 시(えびの市)	-54.4%	764	12,450	1,677	21,606
고바야시 시(小林市)	-51.0%	2,182	33,044	4,510	48,270
아야 정(綾町)	-50.9%	322	5,032	656	7,224
다카나베 정(高鍋町)	-49.2%	1,231	15,587	2,423	21,733
신토미 정(新富町)	-47.6%	1,014	12,914	1,936	18,092
사이토 시(西都市)	-47.1%	1,635	21,002	3,092	32,614
노베오카 시(延岡市)	-46.5%	7,281	90,389	13,615	131,182
기조 정(木城町)	-44.3%	276	3,376	495	5,177
휴가 시(日向市)	-43.8%	3,819	48,963	6,789	63,223
가와미나미 정(川南町)	-40.8%	983	12,749	1,661	17,009
가도가와 정(門川町)	-38.1%	1,188	13,908	1,919	18,854
미야코노조 시(都城市)	-33.3%	12,416	135,099	18,622	169,602
미야자키 시(宮崎市)	-32.9%	34,124	353,185	50,861	400,583
미마타 정(三股町)	-29.9%	1,994	21,564	2,842	24,800

가고시마 현(鹿児島県)

	젊은 여성 인구 변화율	2040년 젊은 여성 인구	2040년 총인구	2010년 젊은 여성 인구	2010년 총인구
요론 정(与論町)	-72.9%	108	3,168	398	5,327
미나미오스미 정(南大隅町)	-70.2%	152	3,688	512	8,815
미나미다네 정(南種子町)	-69.9%	140	3,288	466	6,218
다루미즈 시(垂水市)	-69.0%	458	8,622	1,479	17,248
세토우치 정(瀬戸内町)	-68.1%	245	5,357	770	9,874
아마기 정(天城町)	-67.9%	151	4,145	471	6,653
긴코 정(錦江町)	-66.9%	200	4,154	606	8,987
유스이 정(湧水町)	-64.9%	296	6,940	844	11,595
아마미 시(奄美市)	-64.7%	1,604	26,162	4,547	46,121
소오 시(曽於市)	-64.1%	1,103	21,208	3,071	39,221
니시노오모테 시(西之表市)	-62.7%	531	9,038	1,425	16,951
미나미큐슈 시(南九州市)	-62.6%	1,169	21,814	3,124	39,065
아쿠네 시(阿久根市)	-62.0%	717	12,485	1,886	23,154
도쿠노시마 정(徳之島町)	-60.0%	436	7,213	1,090	12,090
도시마 촌(十島村)	-59.8%	18	423	46	657
오사키 정(大崎町)	-59.3%	499	7,591	1,225	14,215
지나 정(知名町)	-59.1%	236	4,461	577	6,806
기모쓰키 정(肝付町)	-58.0%	533	9,798	1,270	17,160

	젊은 여성 인구 변화율	2040년 젊은 여성 인구	2040년 총인구	2010년 젊은 여성 인구	2010년 총인구
기카이 정(喜界町)	−57.6%	251	5,328	593	8,169
이치키쿠시노 시(いちき串木野市)	−57.3%	1,250	18,944	2,929	31,144
야마토 촌(大和村)	−56.5%	46	1,002	105	1,765
이사 시(伊佐市)	−56.2%	1,043	16,466	2,383	29,304
우켄 촌(宇検村)	−56.1%	66	1,256	150	1,932
미시마 촌(三島村)	−55.8%	14	254	32	418
나카타네 정(中種子町)	−55.5%	286	5,133	643	8,696
이센 정(伊仙町)	−55.2%	188	4,107	419	6,844
마쿠라자키 시(枕崎市)	−53.5%	1,023	13,627	2,199	23,638
미나미사쓰마 시(南さつま市)	−52.9%	1,456	22,062	3,088	38,704
사쓰마 정(さつま町)	−52.5%	927	14,532	1,951	24,109
나가시마 정(長島町)	−51.8%	442	6,204	917	11,105
이부스키 시(指宿市)	−49.8%	2,155	27,869	4,292	44,396
시부시 시(志布志市)	−49.2%	1,549	21,148	3,050	33,034
히가시쿠시라 정(東串良町)	−47.4%	297	4,338	564	6,802
이즈미 시(出水市)	−46.0%	3,095	37,420	5,728	55,621
히오키 시(日置市)	−43.6%	2,734	36,590	4,849	50,822
사쓰마센다이 시(薩摩川内市)	−41.2%	6,083	73,536	10,337	99,589
가고시마 시(鹿児島市)	−39.1%	49,686	510,995	81,573	605,846
와도마리 정(和泊町)	−38.5%	374	4,869	608	7,114
가노야 시(鹿屋市)	−36.4%	7,567	83,241	11,897	105,070
야쿠시마 정(屋久島町)	−34.7%	827	10,370	1,266	13,589
기리시마 시(霧島市)	−33.6%	10,186	110,030	15,350	127,487
아이라 시(姶良市)	−33.1%	5,495	62,395	8,213	74,809
다쓰고 정(龍郷町)	−23.5%	424	5,443	554	6,078
오키나와 현(沖縄県)					
다케토미 정(竹富町)	−73.2%	149	2,271	558	3,859
구메지마 정(久米島町)	−67.9%	247	4,992	767	8,519
도카시키 촌(渡嘉敷村)	−66.2%	33	484	97	760
이에 촌(伊江村)	−65.7%	134	2,969	390	4,737
요나구니 정(与那国町)	−61.8%	76	995	199	1,657
히가시 촌(東村)	−60.2%	54	1,164	137	1,794
자만 촌(座間味村)	−58.6%	48	654	115	865
이제나 촌(伊是名村)	−57.8%	50	1,037	118	1,589
모토부 정(本部町)	−54.0%	668	10,199	1,451	13,870
다라마 촌(多良間村)	−51.4%	44	730	90	1,231
오기미 촌(大宜味村)	−49.9%	124	2,122	248	3,221
미야코지마 시(宮古島市)	−48.7%	2,692	37,778	5,250	52,039
구니가미 촌(国頭村)	−48.1%	246	3,261	474	5,188
미나미다이토 촌(南大東村)	−47.9%	67	997	129	1,442

	젊은 여성 인구 변화율	2040년 젊은 여성 인구	2040년 총인구	2010년 젊은 여성 인구	2010년 총인구
나키진 촌(今帰仁村)	−47.7%	441	7,376	843	9,257
기타다이토 촌(北大東村)	−40.8%	27	418	45	665
아구니 촌(粟国村)	−38.6%	41	693	66	863
난조 시(南城市)	−37.7%	2,691	34,546	4,318	39,758
도나키 촌(渡名喜村)	−37.7%	12	345	19	452
이시가키 시(石垣市)	−35.9%	3,862	45,565	6,024	46,922
이헤야 촌(伊平屋村)	−32.8%	85	1,007	127	1,385
나고 시(名護市)	−31.9%	5,490	56,028	8,061	60,231
나하 시(那覇市)	−31.9%	20,340	282,631	43,080	315,954
기나타카구스쿠 촌(北中城村)	−31.7%	1,343	14,564	1,966	15,951
기노완 시(宜野湾市)	−28.0%	9,972	88,253	13,858	91,928
차탄 정(北谷町)	−26.4%	2,825	25,721	3,839	27,264
니시하라 정(西原町)	−25.1%	3,652	35,146	4,874	34,766
요미탄 촌(読谷村)	−24.6%	3,680	36,530	4,882	38,200
이토만 시(糸満市)	−24.2%	5,541	56,592	7,311	57,320
오키나와 시(沖縄市)	−23.9%	13,599	127,904	17,866	130,249
나카구스쿠 촌(中城村)	−23.2%	1,897	18,943	2,470	17,680
가데나 정(嘉手納町)	−22.3%	1,283	12,714	1,652	13,827
요나바루 정(与那原町)	−22.3%	1,732	15,891	2,229	16,318
우라소에 시(浦添市)	−19.1%	12,651	113,134	15,641	110,351
온나 촌(恩納村)	−18.3%	1,111	10,589	1,360	10,144
우루마 시(うるま市)	−16.7%	12,381	117,864	14,867	116,979
긴 정(金武町)	−16.7%	1,021	11,442	1,225	11,066
기노자 촌(宜野座村)	−13.5%	550	5,795	635	5,331
하에바루 정(南風原町)	−10.5%	4,397	39,024	4,913	35,244
야에세 정(八重瀬町)	−10.1%	2,962	29,908	3,296	26,681
도미구스쿠 시(豊見城市)	−3.6%	8,071	72,347	8,375	57,261

부록

1. 스탠포드대학교 강연

성남시의 재정건전화 사례

2. 특별 기고

저출산 시대 극복을 위한 성남시의 공공성 강화 정책

성남시의 재정건전화 사례

성남시 모라토리엄 극복 과정

아시다시피 대한민국 사회는 형식적 민주주의는 갖추어져 있지만 실질적인 민주주의는 여전히 부족한 게 사실입니다. 오늘날 대부분의 민주주의 국가가 취하고 있는 대의제는 여러 장점에도 불구하고 특정 이해집단을 위해 권력이 이용되는 제도적인 한계를 보이기도 합니다. 권력에 대한 통제 권한을 위임받은 사람들이 자신이 속한 집단의 이익을 대변하는 데서 자유롭지 못한 경우가 많습니다. 결국 주권을 지닌 국민이 최선을 다해 감시하고 참여하지 않으면 자신이 낸 세금이 자신이 누려야 할 권리를 위해 쓰이는 것이 아니라 자신의 삶을 해치

---

* 본 글은 2015년 4월 9일 이재명 성남시장이 미국 스탠퍼드대학교 주최 세미나에서 발표한 성남시의 모라토리엄 극복 사례 내용을 요약하여 정리한 것이다. 성남시는 재정위기를 극복한 후 예산의 우선순위를 조정함으로써 성남형교육 지원사업, 친환경 무상급식 확대 및 중학교 무상교복 지원사업, 무상 공공산후조리원 사업 등을 전개하고 있다. 이렇듯 성남시는 출산 지원과 학령인구 유지 정책을 추진하여 지방자치단체 차원에서 저출산, 고령화 현상을 극복하기 위한 다각도의 노력을 전개하고 있다.

는 수단이 됩니다. 그것을 여실히 보여준 대표적인 사례가 바로 성남시의 모라토리엄(채무지불유예) 사태입니다.

성남시는 대한민국의 실리콘밸리라고 할 정도로 첨단산업이 발달하고 기본 인프라도 든든합니다. 재정적 기초체력, 즉 펀더멘털이 아주 좋은 도시입니다. 그런데도 2010년 7월 제가 취임했을 때 성남시는 전임 시장의 호화 청사 건립과 도로 확장, 주거환경개선사업 등에 방만하게 예산이 투입되어 심각한 재정 위기 상태에 있었습니다.

판교 개발을 위해 사용하도록 용도가 제한된 판교특별회계 예산에서 5,400억 원의 엄청난 돈이 일반회계로 전용되었습니다. 또한 1,885억 원의 법정의무금 예산을 미편성한 상태였습니다. 이것을 합친 7,285억 원은 재무제표 상에 부채로 기록되지는 않았더라도 반드시 채워 넣어야 하는 비공식 부채였습니다. 그런데 일시에 이렇게 많은 돈을 채워 넣을 수 없으니 나눠서 갚아나갈 수밖에 없었습니다.

	2009	2010	2011	2012	2013
통합재정수지 비율*	− 26.6%	− 14.85%	15.02%	11.89%	10.84%

신청사 부지 대금 및 주거환경기금 등의 법정의무금을 예산에 반영하고 판교특별회계에서 전용한 5,400억 원을 상환하게 되면 시에서 진행하던 상당수 사업들에 차질이 생겨 시민들의 고통과 불편이 따를

---

* 통합재정수지비율: 내부 거래를 제외한, 순수한 수입에서 지출을 뺀 재정 규모 비율.

것은 불 보듯 빤한 일이었습니다.

대부분의 정치인들은 가시적인 성과와 대형 사업에 대한 유혹을 많이 받습니다. 사람들은 시장의 방만한 예산 운용으로 공동체가 엉망이 되면, 정신이 번쩍 들기도 하지만, 누군가가 "전임 시장은 도로도 확장하고, 다리도 만들고, 청사도 멋있게 짓고 했는데, 이번 시장은 아무것도 하는 게 없지 않냐"고 비난하면서 선동하면 또다시 대형 프로젝트에 혹하게 됩니다.

저도 그런 비난에 직면하지 않는다고 장담할 수 없었습니다. 그래서 대대적인 수술을 하기 전에 시민들에게 '지금 성남시의 상태는 중상이다, 수술해야 한다'는 사실을 확실히 알려야겠다고 결심했습니다. 저는 2010년 7월 '이걸 당장 해결할 수는 없고 4~5년에 걸쳐 하겠다, 파산이나 디폴트(채무불이행)까지는 아니지만 모라토리엄을 선언하겠다'고 발표했습니다.

일부 사람들은 놀라서 "성남시의 위상을 떨어뜨렸다"며 반발하기도 했지만, 열악한 재정위기를 극복하고 건전재정을 위해서는 불가피한 조치였다는 것을 수긍하는 데에는 그리 오랜 시간이 걸리지 않았습니다. 문제를 공론화한 후, 뼈를 깎는 예산 삭감에 착수했습니다. 행사성 예산은 물론 긴급하지 않은 공사는 모두 시일을 조정하거나 취소했습니다.

이런 과정을 거쳐 성남시는 2014년 1월 27일, 3년 6개월 만에 모든 채무를 청산했고 모라토리엄 극복을 선언했습니다. 저는 부채를 다 갚으면 시민의 삶을 위한 투자에 집중하겠다고 한 약속을 지키기 위해 2014년 전년 대비 교육 분야 33.1%, 문화·관광 분야 53.4%, 보

미편성 법정의무금 정리 재원	1,885억 원
주요 투자사업 축소, 시기 조정, 취소 등	1,245억 원
재산 매각 등	640억 원
판교특별회계 전입금 정리	5,400억 원
공원 조성 등의 사업 축소, 시기 조정, 취소 등	1,362억 원
노인 독감 예방접종사업(위탁 → 직영) 등 예산 절감	993억 원
특별회계사업 일반회계에서 직접 지출	274억 원
지방채 발행	1,217억 원
회계 내 자산유동화(특별회계 내 재산 매각)	493억 원
미청산 존치	1,061억 원

건 분야 56.8%, 산업·중소기업 분야 45.9%, 사회복지 분야 27.1% 예산을 증액했습니다. 이는 모두 시민들이 수년간 긴축 재정을 감내한 결과였습니다.

성남시의 모라토리엄 선언은 지방자치단체와 정부의 재정 운영에 대한 경각심을 제고하는 한편, '지방재정위기 사전경보시스템'을 도입하는 계기가 되었습니다. 뿐만 아니라 성남시는 2013년, 2014년 2년 연속 행정자치부 주관 '지방재정분석 평가'에서 '최우수 기관'으로 선정되어 장관 표창과 함께 교부세* 인센티브를 받는 등 재정건전화 지자체로 재탄생했습니다.

예산 삭감 과정에서 제가 느낀 건, 예산이란 정말 쓰기 나름이라는 것입니다. 정부 살림은 쥐어짜면 쥐어짜는 대로 나오더군요. 우리 속담에 '마른 수건 쥐어짜듯이'란 표현이 있는데, 정부 예산이야말로 마

---

* 지방재정조정 및 지방재원을 확보하기 위하여 국가가 지방자치단체에게 교부하는 세.

른 수건인 줄 알고 쥐어짰더니 젖은 물수건이었습니다.

우리 정부의 연간 예산이 376조 원, 독일 연방정부 예산은 380조 원입니다. 독일 인구가 우리나라보다 훨씬 더 많은 8천만 명인데, 우리보다 훨씬 더 많은 복지사업을 하고 있습니다. 4대강 사업, 자원외교 사업, 방위산업 비리로 날린 예산, OECD 평균보다 현저하게 낮은 법인세 실효세율……. 이런 식으로 어떻게 나라 살림이 되겠는가, 이런 문제를 없애면 얼마나 이 나라가 잘살 수 있을까 생각해봅니다.

저는 민주주의의 가치가 모든 구성원에게 공평한 기회를 주는 것이라고 생각합니다. 동일한 출발선에서 시작하도록 함으로써 누구나 노력하면 자신의 능력에 맞는 성취를 할 수 있는 사회를 만드는 것이지요. 과거에는 한 나라의 생산수단이 땅이었습니다. 당시에는 자영농들로 하여금 땅을 많이 갖게 하는 것이 국가적인 큰 개혁이었습니다. 자영농이 많던 시절에는 나라가 흥했습니다. 그러나 자영농이 몰락하고 대지주들이 토지를 독점하게 되자 나라가 망했지요. 지금 우리 사회를 보면 경제적 기회와 자원, 부가 점점 더 소수에게 집중되고 있죠. 그에 따라 다수의 시민들이 희망을 잃게 되었습니다. 노력해도 안 되니까요.

대한민국에는 이른바 '3포 세대'라는 말이 있습니다. 연애와 결혼과 출산을 포기한 세대를 말하는데, 이 얼마나 슬픈 현실입니까? 아이를 대학 졸업시킬 때까지 키우는 데 어림잡아 2억 5천만 원이 든다고 합니다. 그런데 그렇게 기른 자녀가 대학을 졸업해도 비정규직이 되기도 힘든데, 자식을 낳고 싶겠습니까? 그러면 이 나라는 어떻게 되겠습니까? 정말 대한민국이 위기에 처해 있습니다.

소위 양극화라고 불리는 현상이 개인들에게서 기회를 빼앗고 국가의 발전을 가로막고 있습니다. 한 사회에서 가장 중요한 역할을 담당하는 것은 정부, 즉 지방정부와 중앙정부입니다. 정부의 정책 결정이란 자원을 나누는 것입니다. 소수의 이익보다는 다수의 이익이 되도록 자원을 나누면 더 많은 사람들이 기회를 얻게 됩니다.

한국 경제는 점점 더 나빠지고 있습니다. 외국은 좋아진다는 소식도 들리는데, 우리는 왜 이럴까요? 제가 경제학 교과서에서 배운 바로는 유효수요가 부족하기 때문입니다. 사람들이 지갑을 열지 않습니다. 소비가 위축되면서 얕은 곳의 물은 점점 더 말라가고 있는 것입니다. 다른 한편으로 깊은 곳은 너무 깊어서 탈이죠. 많은 사람들이 물건을 사고 돈이 돌아야 하는데, 여기저기 돈이 말라붙다 보니 이런 현상이 생기는 것입니다. 저는 우리 경제가 일종의 병에 걸렸다고 봅니다. 저는 이 병에 이런 이름을 붙였습니다. '심장비대 사지말단괴사증'. 심장에만 피가 몰려 손발이 괴사하고 있습니다. 한국 경제는 양극화 심화로 스스로 성장잠재력을 갉아먹고 있습니다.

기회를, 자원을 공평하게 나누는 것이 정부의 역할입니다. 그리고 여러분이 생각하는 것 이상으로 정부의 역할이 크고, 앞으로 개선할 여지가 많다고 말씀드리고 싶습니다. 이게 다 제가 빚 갚으면서 느낀 것입니다.

전임 정부는 원래 예산에 7,285억 원의 빚을 얻어 더 많이 썼습니다. 대체 그 많은 돈을 어디다 썼을까요? 저는 4,572억 원의 빚을 갚았습니다. 결국 전임 정부에 비해 집행 예산이 1조 이상 줄어든 셈입니다. 그렇다고 시민들의 삶이 더 나빠졌는가? 결코 그렇지 않았습니다. 통계적으로 증명할 수 있습니다. 성남 시민의 삶은 그때보다 더 나아졌습니다.

그리고 이제 빚을 갚고 나서 더 많은 사업들을 펼치고 있습니다. 다른 지역에서 안 하는 새로운 사업들도 많습니다. 그 대표적인 예가 무상 공공 산후조리원* 운영입니다.

또한 성남형교육 지원사업에도 힘쓰고 있습니다. 돈 많은 사람들은 사교육을 통해 더 많은 교육 기회를 누립니다. 반면 다수의 사람들은 그러한 기회를 갖지 못합니다. 그리고 이러한 기회의 불평등은 부모의 지위나 부가 자식에게 세습되는 결과를 낳게 됩니다. 이런 사회가 고착화되면 이 나라에는 희망이 없습니다. 그래서 성남시는 교육의 혜택이 골고루 돌아갈 수 있도록 하기 위해 학교에 많은 예산을 지원하고 있습니다.

제가 쓴 책 제목이 『오직 민주주의, 꼬리를 잡아 몸통을 흔든다』입니다. 지금까지 해온 일, 그리고 앞으로 할 일의 최종 목표가 바로 이 책의 제목과 같습니다.

성남이라는 꼬리를 잡아 대한민국이라는 몸통을 흔드는데, 이제 조금씩 흔들리기 시작하고 있습니다. 앞으로 어떻게 될지 모르지만 저는 믿습니다. 비록 시간이 걸리겠지만 진심은 결국 통할 것이라는 걸. 성남시가 앞장서서 이 나라의 주인이 국민 한 사람, 한 사람이라는 것,

---

* 성남시는 무상 공공 산후조리원 3곳을 건립하는 한편, 민간 산후조리원을 이용하는 산모들에게도 비용을 지원하여 모든 산모에게 산후 돌봄 복지 서비스를 제공하는 정책을 추진하려고 관련 조례제정과 예산을 확보했지만, 보건복지부의 협의 지연으로 사업에 차질을 빚고 있다.

국가는 각 개인의 삶을 윤택하게 하기 위해 존재한다는 것을 보여주려 합니다. 이것이 어떻게 가능할까요? 우리에게 과연 그럴 만한 힘이 있을까요?

대부분의 사회에서는 극히 소수가 사회의 나아갈 바나 정책 방향을 결정합니다. 다수는 그 소수의 결정을 따라갑니다. 그래서 방향을 결정하는 소수가 될 가능성이 높은 사람들일수록 바른 생각을 가져야 합니다. 나 혼자 잘 먹고 잘 살아야겠다는 생각이 아니라 다 함께 잘 살아야겠다는 생각을 가져야 합니다. 돈 많다고 행복한 것이 아닙니다. 우리나라 행복지수는 OECD 국가들 중에서 매우 낮습니다. 사회 전체가 활력이 있고 누구나 공정한 기회를 누리며 서로 존중하고 같이 사는 공동체가 된다면 얼마나 행복할까요?

소수가 이런 변화를 이끌어낼 수 있습니다. 그게 제가 성남에서 보여주려는 것입니다. 개인이 잘 살기 위해서는 자기를 계발하고 개인적인 실력을 쌓는 것도 중요합니다. 하지만 공적인 부분에 조금만 더 관심을 가지고 참여해서 객관적 환경을 바꾸면, 모든 사람들이 훨씬 커다란 삶의 변화를 경험할 수 있습니다.

질문과 답변

꼬리로 몸통을 흔든다고 말씀하셨는데, 성남시의 성공적인 모라토리엄 극복 전략을 국가 차원으로 확대한다면, 가장 추천하고 싶은 삭감 부문이나 정책은 어떤 것이 있을까요?

무엇보다 부정부패를 없애는 것이 제일 중요합니다. 부정부패는 보통의 개인적 범죄행위와는 다릅니다. 가령 도둑이 어떤 집에서 100만 원을 훔쳐 가면 개인적 피해로 끝납니다. 그런데 정치인이 100만 원을 부정하게 얻었다면 엄청난 사회적 낭비가 발생한 것입니다. 건설업자가 정치인에게 100만 원을 주려 한다면 자기가 1천만 원 이상을 남기겠다는 속셈이 있는 것 아니겠습니까? 그런데 이것이 정상적인 이익이면 왜 정치인에게 뇌물을 주겠습니까? 그래서 비정상적으로 1천만 원의 이익을 얻기 위해서 몇 억짜리 쓸데없는 사업을 하게 됩니다. 땅 파고, 건물 짓고……. 예를 들어 가장 예산을 빼돌리기 좋은 게 조경사업입니다. 나무는 생물이라 가격을 비교하기 어려우므로 적정 가격을 알 수 없기 때문입니다. 이러한 토목, 건설 사업에 예산낭비가 많습니다.

이런 예산 낭비만 막는다면 국민을 위해 쓸 예산은 충분합니다. 부정부패를 없애고 정부가 정상적으로 작동하기만 해도 정말 대한민국에 충분한 기회가 있다고 생각합니다.

민주주의에서 다수의 의견과 이익이 소수와 대립할 때 다수의 편을 들어야 하는 것인지, 소수의 의견은 어떻게 반영해야 할지 시장님의 생각이 궁금합니다.
집단이 하는 일이니, 최악의 경우 끝까지 조율이 안 되어 양자택일할 수밖에 없다면 다수 의견에 따라야겠지요. 그러나 전제가 있어야 합니다. 과연 다수의 주장이 정당한가 하는 것입니다. 부당한 다수의 의견이 관철되는 것은 바람직하지 않습니다. 언제나 민주주의는 토론과 다양한 의견수렴이 필요합니다. 그 정당성은 이해관계가 없는 제3자

입장에서 판단해야 합니다. 충분한 토론, 상식에 근거한 판단, 일반적여론에 따라 가려져야 합니다. 그게 성숙한 민주주의입니다.

의견이 충돌할 때는 최대한 조정해야 합니다. 안 되면 어떻게 할까요? 이걸 해결하기 위해 대표자를 뽑는 것입니다. 성남시를 놓고 보면 저에게 대표자의 권한을 부여해 시에서 생기는 온갖 갈등을 조정하고 해결하라는 것입니다. 제3자적 입장과 상식이라는 선에서 결국 대표인 제가 결정을 내립니다.

예전에 시청 앞에서 시장을 만나게 해달라는 집회가 많이 열렸습니다. 서로 시간이 겹쳐서 제비뽑기를 해서 번갈아가며 집회를 하기도 했습니다.

저는 시장이 되고 나서 시장실을 아무나 쉽게 들어올 수 있는 2층으로 옮겼습니다. 1층에서 에스컬레이터만 타고 올라오면 바로 시장실로 들어올 수 있습니다. 그러자 10여 개 단체에서 수십 명씩 시장실로 계속 쳐들어왔습니다. 감당이 안 되더군요. 그러나 제가 4년 동안 도망 다닐 수도 없으니 정면으로 맞닥뜨리자고 결심했습니다.

그분들의 요구를 수용하지 못하면 표를 잃겠지만, 그래도 세상은 절 이해해주지 않을까 생각했습니다. 그분들을 만나 두세 시간씩 얘기를 해보니 결론은 다 실현 불가능한 것들이었어요. 안 되는 건데, 혹시나 하고 데모를 하고 있었습니다. 왜냐하면 그동안 정치인들은 그분들에게 될 것처럼 얘기했기 때문이죠. "긍정적으로 검토해 볼게요." "적극적으로 검토할게요." "같이 노력해 봅시다." 정치인이 이렇게 얘기하는 건 사실 안 된다는 말이거든요. 그분들을 기대하게 만들고, 결국 속인 거죠. 저는 그분들을 속일 수 없었습니다. 저는 사실대로 말했습니다. "될 것 같았으면 진작 되었을 것입니다. 여러분이 머리띠 묶기 전에 표 얻으려고 정치인들이 될 것처럼 이야기했을 것입니다. 이번 사안은 실현 불가능하니, 가능한 방법을 연구해보시고 방법을 찾으시면 그때 다시 오십시오."

제가 1년 가까이 이런 단체들과 얘기했었는데 오셨던 분들 가운데 90퍼센트는 울면서 고맙다고 했습니다. 제 얘기를 들어보니까 맞거든요. 자신들에게 이렇게 솔직하게 얘기해준 사람이 지금까지 없었다는 겁니다. 지난 몇 년 동안 직장 쉬어가면서 머리띠 묶고 시위했던 시간이 아깝고, 되지도 않을 일을 위해 쫓아다녀서 너무 억울한데, 차라리 이걸 포기하고 실현 가능한 다른 일을 해야겠다고 결심하게 해줘서 고맙다고 하더군요. 그 다음부터 저는 자신이 생겼습니다. 다 오라고 했습니다. 그래서 성남시에는 이런 집회가 이제 없어졌습니다.

성남 시민, 대한민국 국민의 정치의식 수준은 높습니다. 정치인들이 시민의 수준을 못 따라갑니다. 저 역시 마찬가지였습니다. 나름대로 시민운동을 오래 했음에도 불구하고 두려움이 있었습니다. 그런데 저는 이런 일을 겪으면서 시민을 믿기로 했습니다. 상식을 따르면 다 납득하더군요.

지난 겨울 스탠퍼드대학교 경영학과 학생 30명이 한국을 방문했습니다. 학생들이 가장 관심있는 주제는 통일이었습니다. 먼 일일 수도 있지만, 외국인의 시각에서 보면 한국 사회의 가장 큰 문제인 저성장, 저출산은 물론, 국제 정치적 균형 면에서도 통일이 정말 중요합니다. 통일을 어떤 전략으로 접근할지, 다음 대통령의 자격은 무엇일지 말씀해주십시오.

남북 분단으로 생기는 손실이 엄청나게 큽니다. 국방비 지출이라든지, 하다못해 외환 이자도 더 많이 냅니다. 이런 비용과 손실을 없애고 한반도의 안정을 찾아 국제적으로 인정받기 위해 반드시 통일을 이뤄야 합니다. 요즘 젊은이들이 통일에 관심이 없다고 하는데, 실제로 민족적 입장을 떠나서라도 계산기를 두드려보면 통일은 명백히 이익이 큰, 반드시 해야 할 과제입니다.

그런데 남북의 강성 좌우파들이 상대의 존재를 자신의 권력을 유지하기 위한 근거로 활용하고 있습니다. 이른바 적대적 공생 관계입니다. 일본이 독도 침탈 행위를 통해 내부적 결속과 기반을 강화하는 것처럼 남북의 권력자들도 마찬가지입니다. 이것이 대한민국의 통일을 가로막는 가장 큰 장애물입니다. 해결 방법은 거기서 나옵니다. 정부 자체를 민주적으로 바꾸는 것, 정부를 운영하는 사람들이 자기와 자기 집단의 이익이 아닌, 국가와 민족, 국민의 이익을 우선시하는 체제로 바꾸는 것이 통일로 가는 길입니다. 정부를 운영하는 사람들이 실제로 통일을 추진할 의사가 있어야 합니다. 그렇기 때문에 대한민국의 민주주의를 회복하는 것이 출발점입니다.

다음 대통령의 가장 큰 덕목은 양심입니다. 자기와 자기 집단이 아닌, 국민과 나라에 대한 애정이 있어야 합니다. 두 번째로 도덕적이어야 합니다. 국가의 권력과 예산을 누구를 위해 쓸 것인가? 정말 도덕적인 사람이 대통령이 되어야 합니다. 양심과 도덕이 가장 중요하고 다음이 능력입니다. 남북통일에 관심을 기울이고, 노동소득 분배율을 올리고, 기회를 균등하게 하려는 의지가 있어야 합니다. 다수에게 희망을 주는 정치, 이것은 좌우 이념의 문제가 아니라 정치의 기본이라고 생각합니다. 누구에게나 공평한 기회를 주는 것은 민주주의의 기본 철학입니다.

2015년 4월 9일
이재명 성남시장

꼬리를 잡아 몸통을 흔들다

대한민국이 사라진다

2014년 8월 국회 입법조사처의 인구 예측 결과에 의하면, 대한민국이 현재의 출산율 1.18명으로 저출산이 계속된다면 70년 후에는 인구가 절반인 2,500만 명으로 줄고 120년 후에는 5분의 1인 1,000만 명으로 급감하여 2305년에는 남자 2만 명, 여자 3만 명이 남아 지구상에서 거의 멸종된다는 충격적인 내용을 발표했다. 심지어 2750년에는 대한민국 인구가 아예 소멸한다는 결론이다.

대한민국의 출산율은 세계 최저 수준이다. 2001년부터 2014년까지 합계출산율이 1.3명으로 일본의 1.4명보다 낮으며 세계 평균출산율 2.54명의 절반 수준이다. 현재 인구를 유지하기 위해서는 적어도 출산율이 2.1명 이상이어야 한다. 이처럼 저출산은 개인과 가족 단위의 선택을 넘어 국가 존속의 문제로까지 확대된 현실의 문제다.

공공 영역의 역할은 공동체에 속한 시민의 기본적 삶을 보장하고, 공동체를 유지, 발전시키기기 위해 위임받은 권한을 사용하는 것이다. 그렇게 볼 때 현재 시점에서 출산 장려와 이를 위한 제도적 장치의 마련은 무엇보다 선행되어야 할 과제다. 출산 회피의 가장 큰 이유는 '교육'과 '보육' 문제다. 자녀의 미래에 대한 두려움, 동시에 이를 감당해야 하는 미래 부모들의 현실적 부담감 때문이다. 그러나 단지 이러한 두 가지 측면을 보완한다고 해서 출산율이 회복될 것인가?

 개인의 노력과 능력이 아니라, 이미 주어진 부모의 경제력에 의해 미래가 좌우되는 99:1의 불공정사회 속에서 출산은 이미 축복이 아니라 고통의 시작이다. 보육과 교육, 취업, 일자리, 주거와 결혼, 노후 문제에 이르기까지 저출산 문제의 해결은 '교육'과 '보육'이라는 직접적인 처방에서 출발하지만 궁극적으로 공정하고 합리적인 사회의 형성이라는 전반적 변화를 통해서만 가능하다.

 세상의 변화는 작은 성공에서부터 시작된다. 성남은 박정희 군사정권이 청계천 판자촌 주민들을 폭압적으로 강제 이주시켜 탄생한 도시다. 이에 저항한 대한민국 최초의 도시빈민운동이 광주대단지 사건*

---

* 광주대단지 사건은 정부와 서울특별시의 일방적 행정 행위에 항거하여 1971년 8월 10일부터 8월 12일까지 경기도 광주군(지금의 경기도 성남시) 개발 지역 주민 수만 명이 공권력을 해체시킨 채 도시를 점령하고 무력시위를 벌인 것을 가리킨다. 이 사건은 서울시의 판자촌 주민들을 지금의 성남 수정구와 중원구로 강제 이주시키는 과정에서 발생했다. 정부의 약속과는 달리 광주대단지에는 생활기반시설이 갖춰지지 않았고, 공장이나 상가 등의 일자리는 물론 일터로 출퇴근할 교통편도 미비했다. 초기에는 3만 명의 시위대가 몰렸으나 5만 명으로 불어나 성남출장소를 점거한 뒤 10만 명 이상으로 시위 참여 시민이 폭증하면서 박정희 대통령은 행정안전부 장관과 서울특별시장, 경기도지사를 파견하여 주민들에게 사과하고 요구 조건을 수용함으로써 3일 만에 진정되었다. 1960년대의 산업화와 도시화 그리고 그에 따른 농업의 해체와 실업문제 등 자본주의 사회의 구조적 모순이 집약된 도시빈민문제의 본질을 드러낸 사건이었다는 평가가 있으며, 정부와 서울시의 일방적인 행정 행위에 대한 저항이자 박정희 정권을 굴복시킨 상징적인 사건으로 해석되기도 한다.

이다. 이처럼 군사독재정권의 폭력적 주거권 유린을 통해 탄생한 성남시는 대한민국 도시 발전역사의 전형이며, 지역 간 격차, 이주민들의 출신지에 따른 지역갈등이 존재하는 등 대한민국의 축소판이다. 지방자치 20년을 맞이하는 2015년, 지속가능한 사회발전을 위한 성남시의 도전은 그런 이유로 대한민국 사회를 바라보는 하나의 창(窓)이 될 수 있다. 성남의 도전은 곧 대한민국의 도전이 될 것이요, 성남의 성공은 곧 대한민국 성공의 지표가 될 수 있을 것이다.

출산율 상승의 전제, 국민의 기본권을 보호하는 복지국가

2014년 11월 3일 홍준표 경남지사는 무상급식 중단을 선언했다. 이는 2010년 지방선거 당시 야권의 압도적 승리를 가능하게 했던 '무상급식'에 대한 여권 진영 최초의 반격이었으며, 이로 인해 무상복지 논쟁이 재점화되었다. 실제 경상남도 전체 예산 규모에서 무상급식 지원금은 0.5%에도 미치지 않는다. 홍 지사가 무상급식을 중단하고 선택한 교육지원사업은 토목예산 등 낭비 요인만 줄여도 얼마든지 가능하다. 사실 전국적 차원에서 보자면, 4대강사업, 자원외교, 방위산업비리 등 부정부패만 없어도, 또한 부당한 법인세 감세 정책만 철회하더라도 무상급식뿐 아니라 국민이 요구하는 무상복지 전체를 실시하고도 남았을 것이다.

대한민국은 국내총생산(GDP) 대비 공공사회복지 지출이 9.3%로 OECD 국가 평균인 21.8%에 비해 턱없이 낮은 수준이다.

국내총생산 대비 공공사회복지 지출 비교

복지·세금 국제 비교

자료: OECD, 조세재정연구원(단위: %)

· 국내총생산(GDP) 대비 공공사회복지지출 수준

한국 ▨ 9.3

경제협력개발기구 ▨▨▨▨▨ 21.8
(OECD) 평균

· 조세부담률

※ 조세부담률은 국내총생산에서 세금 총액이 차지하는 비중
(한국은 2012년, OECD 평균은 2011년 기준)

한국 ▨▨▨▨ 20.2

경제협력개발기구 ▨▨▨▨▨ 25.0
(OECD) 평균

순위	OECD 노인 복지 지출 비중과 빈곤율 순위			
순위	국가	노인 복지 지출(%)	국가	노인 빈곤율(%)
1	이탈리아	11.83	한국	45.1
2	프랑스	11.2	멕시코	28.0
3	오스트리아	10.8	호주	26.9
4	그리스	10.17	스페인	22.8
5	포르투갈	9.33	그리스	22.7
6	스웨덴	9.17	미국	22.4
7	폴란드	9.0	일본	22.0
8	일본	8.93	벨기에	12.8
9	독일	8.6	영국	10.3
10	핀란드	8.53	덴마크	10.0

노인 빈곤율, 자살률, 근로시간, 사교육비 지출은 OECD 국가 중 1위를 차지하고 있으며, 특히 자살률은 2003년 이후 12년 연속 1위를 기록하고 있다.

이러한 상황에서 복지 과잉을 우려하고, 복지혜택이 증가할 경우 국민이 게을러질 것이라고 말하는 이들의 사고체계를 이해하기 어렵다. 정부가 당연히 보장해야 할 국민의 기본권으로서 '복지'를, 마치 수많은 선택사항 중 하나인 시혜성 정책으로 여긴다면 사회적 안전망은 무너질 수밖에 없다. 사회적 안전망이 무너진 속에서 출산율 장려는 빛 좋은 개살구에 불과하다.

예산은 언제나 부족하다. 결국 정책의 우선순위에 대한 리더의 철학과 의지가 국가의 성격을 규정하며, 이를 가능하게 하는 것도 역시 리더의 능력이다. 지방자치단체의 경우에도 부정 비리를 없애고 불필요한 토목공사, 보도블럭 시공, 도로포장, 조경공사, 과도한 청사 신축 등 낭비를 줄이면 복지재원을 마련할 수 있다. 말하자면, 시민들이 낸

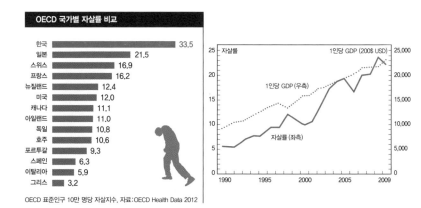

OECD 국가별 자살률 비교

국가	자살률
한국	33.5
일본	21.5
스위스	16.9
프랑스	16.2
뉴질랜드	12.4
미국	12.0
캐나다	11.1
아일랜드	11.0
독일	10.8
호주	10.6
포르투갈	9.3
스페인	6.3
이탈리아	5.9
그리스	3.2

OECD 표준인구 10만 명당 자살지수, 자료:OECD Health Data 2012

세금을 아끼고 절약해서 가장 필요한 곳에, 시민들이 가장 원하는 곳에 사용하도록 결정해야 한다. 이것을 위해 민주주의가 존재하며, 지방자치가 존재한다.

복지는 당연한 시민의 권리

최근 사회복지 분야에서는 패러다임이 변하고 있다. 시설 복지에서 지역 복지로, 공급자 중심에서 이용자 중심으로, 원조(help) 중심에서 자립(self-help) 중심으로 전환된 것이다.

지방자치 이전 시기에는 수혜적 복지와 선택적 복지가 중심이었다. 반찬이 없는 이들에게 반찬을, 독거노인에게 도시락을, 장애인에게 거주할 수 있는 시설을 제공하는 방식이었다. 그러나 지방자치가 시작된 이후에는 반찬을 만들 수 있는 재료를, 독거노인에게는 요리법을, 장애인들에게는 지역사회에서 함께 살아갈 수 있도록 직업을 제공함으로써 사회와 상호적응하는 방식으로 바뀌게 되었다. 사회복지의 대상도 취약계층에서 지역주민으로 확대되었으며, 바우처 제도를 통해 당사자가 선택권을 행사하는 형식으로 변화했다.

이처럼 수혜적 개념의 복지가 아닌 국민의 기본권으로서의 복지로 패러다임이 전환될 때 비로소 사회적 약자들이 공정한 경쟁과 균등한 기회를 보장받을 수 있으며, 지속가능한 사회발전이 가능하다.

대한민국 헌법 제10조에는 '모든 국민은 인간으로서의 존엄과 가치를 가지며 행복을 추구할 권리를 가진다. 국가는 개인이 가지는 불가침의 기본적 인권을 확인하고 이를 보장할 의무를 진다'고 되어 있다. 또한 제34조에는 '① 모든 국민은 인간다운 생활을 할 권리를 가진다. ② 국가는 사회보장·사회복지의 증진에 노력할 의무를 진다'라고 되어 있다. 이를 방기하는 것은 국가의 의무를 저버리는 것이며, 정치의 직무유기다.

성남시의 도전, 3대 공공성 강화

복지를 비롯한 모든 사회 서비스는 시민이 내는 '세금'을 '행정'이라는 수단을 통해 환원하는 것이다. 따라서 애초부터 '공짜'라는 개념은 성립 불가능하다. 시민의 기본적 삶의 권리를 보장하고, 공적 재산을 사적 이익을 위해 사용하지 않고 불요불급한 지출을 막아 시민에게 환원하는 역할, 이것이 바로 '공공의 역할'이다.

가속화되는 민영화로 권력이 시장으로 넘어갔다는 자조는 이제 현실이 되고 있다. 불공정한 경쟁구조 속에 승자만이 살아남는 정글자본주의는 사회의 발전 동력을 상실하게 한다. 이에 성남시는 2014년 민선6기를 출범하며 시정운영의 핵심방침으로 안전·의료·교육 등 3대 핵심 분야 공공성 강화의 기치를 내걸었다. 시민의 삶을 안전하고 건강하게 지속시키는 것, 그리고 개인의 노력에 따라 자신의 능력을 발휘할 수 있는 기회를 보장하는 것이 정부의 최소한의 역할이기 때문이다. 아울러 이러한 기본권의 보호를 통해 안정적이고 희망적인 사회를 만들어야만 출산에 대한 부담을 덜어줄 수 있기 때문이다.

안전 공공성 강화, 정부의 기본적 존재이유

범죄와 재해로부터 시민을 안전하게 보호하는 것은 정부의 가장 기본적인 존재이유다. 2014년 4월 26일 발생한 세월호 참사는 '과연 정부의 역할은 무엇인가'에 대한 근본적 의문과 함께 정부의 무능을 넘어 사실상의 부재에 대한 전 국민적 분노를 자아냈다. 특히, 어린 학생들의 생명과 관련된 문제였기에 그 분노는 더욱 컸다.

성남시는 재난안전관과 사회적 재난팀을 신설하여 시민의 눈높이에 맞는 생활안전지도를 작성하여 공개하고, 지역별 맞춤형 시민안전망을 구축하고 있으며, 범죄예방 환경설계 공동사업*을 전개하고 있다.

---

* 주택, 학교, 공원 등 도시 생활공간 설계 단계부터 범죄를 예방하기 위해 각종 안전 시설과 안전성 강화 방안을 적용한 도시계획 및 건축설계.

특히, 2015년 4월 전국 최초로 '성남시민순찰대 조직 및 운영에 관한 조례'를 제정하고 1차로 54명의 인력을 채용하여 7월에 발대식을 하고 1년간 3개동에서 시범사업을 벌인 후 전 지역으로 확대 추진한다. 시민순찰대는 시민들의 안전을 지키기 위해 지역방범 순찰 및 안심귀가 서비스 제공, 화재 및 재해 대비 지역밀착형 순찰 활동을 전개한다. 또한 시민순찰대의 거점 역할을 할 단독주택 행복관리사무소를 만들어 택배보관 및 전달, 공구 대여, 취약계층 주거환경 개선 서비스 등 생활 불편사항 접수 및 연계 처리 활동을 펼칠 수 있는 체계를 구축한다. 무엇보다 이러한 거점은 맞벌이 부부가 일반화되는 상황 속에서 지난 시절 육아문제를 함께 해결해나갔던 마을공동체 속 '구멍가게'의 역할을 현대적으로 되살리는 효과를 가져올 것으로 기대된다.

의료 공공성 강화, '돈보다 생명을'

성남시는 성남시의료원을 중심으로 100만 시민주치의사업, 무상 공공 산후조리원 운영 및 민간 산후조리원 비용지원 등 의료 공공성 강화사업을 역점 추진하고 있다.

특히, 성남시의료원은 '돈보다 생명을' 위해 전국 최초의 주민발의 조례 제정운동의 성과를 기반으로 시민과 함께 추진된 소중한 성과다. 2017년 완공 및 개원 예정인 517개 병상 규모의 시립의료원은 소외계층에 대한 공공의료 서비스를 넘어 성남시 전체의 의료체계를 한 단계 업그레이드 하게 될 것이다.

2015년 전 국민을 공포와 불안으로 몰아넣은 메르스 사태를 겪으며 대한민국 공공의료의 민낯이 그대로 드러났다. 공공의료 비중은

성남시의료원 조감도

OECD 평균이 75%인 반면, 우리나라는 10%를 밑돈다. 지역별로 감염병을 예방하고 치료할 의료기관 하나 없이 대부분 민간병원에 의지하고 있는 것이 오늘날 대한민국의 의료현실이다.

　성남시는 이런 문제를 해결하고자 시립의료원에 당초 설계에서부터 전국 음압 병상* 총수의 30%가 넘는 32개의 음압 병상 설치를 반영해 공사를 진행하는 등 공공병원의 새 모델을 제시하고 있다.

　또한 아프기 전에 질병을 예방하는 100세 건강시대를 위해 또 하

---

* 음압 병실은 기압 차를 이용해 공기가 항상 병실 안쪽으로만 흐르도록 설계된 병실이다. 음압을 유지할 수 있는 공조기와 전용 화장실·세면장·탈의실을 갖추고, 외부 복도로 음압 병실의 공기가 흐르지 않도록 '전실(前室)'이라는 완충 공간을 별도로 마련해야 한다. 감염병 확산을 예방하기 위한 필수 시설이나 높은 설치비용 등으로 인해 자본의 논리로 움직이는 민간병원에서는 설치 자체를 꺼리고 있다.

나의 예방의학 체계인 '100만 시민주치의제'도 추진 중이다. '100만 시민주치의제'는 현재 사후약방문식의 치료중심 의료체계에서 질병에 걸리기 전 단계의 예방 의료체계로 패러다임을 전환하는 것이다. 우리 국민의 의료비 증가율은 현재 OECD국가 평균보다 3배나 높다. 건강보험공단의 자료에 따르면 고혈압, 비만, 당뇨 등 기본적 만성질환 관리만 제대로 해도 연간 4조 원에 이르는 치료비 절감효과가 있는 것으로 나타났다. 결국 예방중심 의료체계 전환은 건강보험 재정 강화방법이기도 하고 치료비용 때문에 침몰하고 있는 가정경제를 지키는 투자이기도 하다.

특히, 성남시의료원을 중심으로 현재 보건소를 비롯해 구별로 1차 의료기관(가칭 시민행복병원)을 시범 선정하고 공공의료벨트를 구축함으로써 사후치료 중심의 의료체계가 명실상부한 질병예방, 건강증진 등 포괄적 개인맞춤형 건강관리서비스를 제공하는 체계로 개선될 것이다. 의료기관이 선정기준과 우선순위에 따라 대상 환자를 선발하고 시에서 주치의 등록 및 관리비용을 지급하면 1차 의료기관인 시민행복병원에서는 선정된 대상자들에게 맞춤형 주치의 서비스를 제공하는 형태다. 구체적으로 시민들의 건강 상태를 평가한 이후 건강한 시민에게는 예방 및 건강증진 서비스, 위험인자 보유군에는 생활습관개선지원 서비스, 경증 만성질환자군에는 질환관리 서비스를 제공한다. 주치의 사업 시행 후에는 구체적인 지표에 따른 혈압, 혈당, 비만지수, 복약순응도, 운동처방 참여율 등의 개선 성과를 평가할 계획이다.

장기적으로는 의료선진국처럼 무상의료를 지향해야 한다. 돈 많은 사람이나 없는 사람이나 생명의 가치는 동일하다. 돈이 있으면 살고,

돈이 없으면 죽을 수밖에 없는 현실, 암을 비롯해 희귀성 난치병 등 중대 질환에 걸리면 가계 전체가 파괴되는 사회는 합리적 인간사회가 아니다. 생명의 존엄성을 지키고 중간 계층의 빈곤층 추락을 방지하여 사회적 안정을 도모할 수 있는 무상의료의 실현이 필요한 이유다.

교육 공공성 강화, '공정한 기회를 보장하라'

교육은 개인의 미래를 결정하는 과정임과 동시에, 사회적으로 새로운 인적 자원을 충원하는 과정이다. 그렇기 때문에 교육은 개인의 책임을 넘어 사회적 책임의 영역이다. 성남시 교육정책의 핵심지향은 '공정한 기회의 보장'이다.

이를 위해 2014년 창의적 인재를 양성하기 위해 '성남형 교육지원 사업'을 추진하며 172억 원의 예산을 지원했다. 2015년에도 예산을 확대하여 204억 원을 투자하고 있다. 교육전문가들로 구성된 성남형 교육지원단을 발족, 다양한 지역특성화 프로그램을 개발하고 단순 지식전달 교육보다는 독서, 토론, 논술 등 바른 인성을 형성하고 창의성이 풍부한 인재를 양성할 수 있는 교육 기반을 구축하고 있다. 이를 통해 공교육 정상화로 부모의 사교육비 부담을 줄이고 교육 기회가 공정한 도시를 만들어갈 계획이다.

또한 초등학교 저학년 학습도우미 지원사업, 무상 문방구(학습준비물센터) 사업, 청소년 진로·직업 체험 프로그램 등도 운영하고 있다. 고등학생 대상의 '진학주치의제'를 운영하여 대학입시를 효과적으로 준비할 수 있도록 개인의 적성과 성적에 맞는 진학지원 프로그램도 실시한다. 일부 저소득 취약 계층에게만 국한되었던 교복 지원사업도 중학교 신입생 전원에게 확대하여 전국 최초로 무상교복 지원사업을 추진한다.

보육 분야도 예외는 아니다. 보육 시설에 대한 신뢰성과 투명성을 확보하고자 보육 시설을 부모에게 개방하는 '성남형 어린이집' 확산에 주력하고 있다. '성남형 어린이집'은 텃밭을 마련해 보육 시간에 부모와 함께 가꾼다거나 가족과 간식 만들기, 정원 가꾸기 등의 교육 프로그램을 운영하고 있으며, 급식조리과정, 운영위원회도 개방한다. 또한 국공립 어린이집과 민간 어린이집의 7만~4만 6천 원에 이르는 보육료 차액을 지원함으로써 완전한 무상보육을 실현함과 동시에 기회의 공평성을 높이고 있다.

또한 지난 2014년 말 여성의 사회참여를 확대하기 위해 여성친화도시 조성과 관련한 조례를 제정, 시정 전반에 걸쳐 여성친화적 관점을 반영시켜나가고 있다. 대표적으로 직장 내 고충 및 가정 생활정보 등 맞벌이 가정에서 느끼는 일·가정 양립의 어려움을 해소하기 위해 원스톱 지원체계인 워킹맘·워킹대디 지원센터를 설치해 운영한다. '아이 키우기 좋은 도시 성남'을 만들기 위한 정책 차원의 시도다.

지원센터는 국비지원 공모사업에 선정되어 2015년 9월 개소할 예정이며, 일과 가정의 이중고에 지친 직장맘의 고충을 해소하고 육아에서 아빠의 역할을 강화하기 위해 다양한 사업을 진행한다. 특히 지원센터에는 공동육아 나눔터를 설치해 자녀돌봄 서비스를 제공하고 성남시에서 특화사업으로 운영 중인 아이사랑 놀이터와 연계해 장난감도 무상으로 대여해준다. 또한 워킹맘과 전업맘 간 소통 공간을 마련하여 학부모 커뮤니티가 활성화되고 육아나눔과 현장체험 활동을 공유하도록 지원할 계획이다. 더 나아가 이런 상호교류를 통해 마을 공동체 의식도 함양될 것으로 기대된다.

최고의 복지, 최고의 출산장려책은 좋은 일자리

저출산 극복을 위해서는 출산가능 부모의 안정적 일자리 확보가 핵심이다. 따라서 출산정책은 경제정책, 산업정책과도 밀접하게 연관될 수밖에 없다. 성남시의 고용률은 타 자치단체에 비해 상대적으로 높은 편이다. 판교테크노밸리 등을 중심으로 세계를 선도하는 IT(정보기술), BT(생명공학기술), NT(나노기술), CT(문화 콘텐츠기술), 게임업체들이 성장하고 있고, 전국 기초자치단체 최초로 벤처기업 1,000개를 돌파하는 등 활발한 기업활동이 이루어지고 있기 때문이다. 이는 특히 20, 30대 청년들이 선호하는 업종과 기업들로 향후 저출산을 극복할 수 있는 경제적 기반이 될 수 있다.

기업하기 좋은 도시 성남, 신설법인 수 약 2,000개

성남산업진흥재단이 2014년 전국 법인설립 현황을 분석한 결과에 따르면, 장기 불황 속에서도 성남지역의 신설 법인 수는 1,976개였다. 경기도 내 주요도시는 물론, 전국적으로 인구 50만 이상의 기초자치단체 가운데 가장 많다. 판교테크노밸리의 안정화에 기반, 성남시가 기업하기 좋은 도시로서 위상을 굳건히 다지고 있는 것이다.

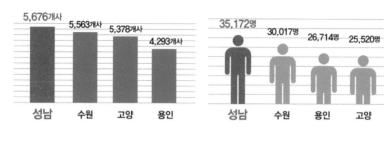

수도권 도시의 사업체 및 종사자수 비교

5,676개사 · 성남
5,563개사 · 수원
5,378개사 · 고양
4,293개사 · 용인

인구 10만 명당 사업체수

35,172명 · 성남
30,017명 · 수원
26,714명 · 용인
25,520명 · 고양

인구 10만 명당 사업체수

(자료 : 경기도 통계, 2012 기준)

첨단지식기반산업 중심의 벤처기업 수도 1,202개사로, 2013년 대비 4.6% 증가했다. 이 또한 전국 평균 증가율인 2.7%에 비해 2배 가까이 높은 수치이며, 전체 벤처기업 수에 있어서도 부동의 전국 1위를 차지하고 있다.

국내 주요도시의 인구 10만 명당 벤처기업 수 비교

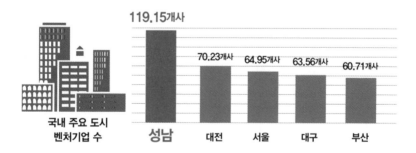

국내 주요 도시
벤처기업 수

119.15개사 · 성남
70.23개사 · 대전
64.95개사 · 서울
63.56개사 · 대구
60.71개사 · 부산

(자료 : 경기도 통계, 2015년 2월 기준)

이처럼 신설법인 수와 벤처기업 수가 지속적으로 증가하는 이유는 성남시의 차별화된 기업지원 방식인 '전략산업 선정'과 '산업별 클러스터 육성' 때문인 것으로 분석된다. 대·중·소 기업 간 협업네트워크 구축이 비교적 쉽고 산·학·연·관의 협력이 가능한 산업생태계가 조성되어 있다는 것이다. 아울러 콘텐츠코리아 랩, 스마트 창작터, 투썬 특성화 창업센터 등 창업 활성화를 위한 국책사업과 협력사업을 적극적으로 유치하고 활용한 점도 영향을 미친 것으로 보인다.

대한민국의 '실리콘밸리' 판교테크노밸리

2010년부터 입주하기 시작한 판교테크노밸리는 대한민국의 미래 성장산업을 이끌어갈 젊은 혁신기업의 요람으로 자리잡고 있다. 판교테크노밸리는 21세기 신기술인 IT, BT, NT, CT 분야에 약 870개 업체, 6만여 명의 종사자, 약 54조 원을 상회하는 매출로 명실상부한 대한민국 최고의 혁신 클러스터단지다. 이러한 판교테크노밸리의 성공은 제2판교밸리인 '판교창조경제밸리' 조성계획으로 이어지고 있어 성남시가 세계적인 첨단산업도시로 발돋움할 수 있는 여건이 만들어지고 있다.

판교테크노밸리는 대표적인 IT 클러스터로 성장하고 있으나, 확장 공간이 부족하여 신규 입주 수요의 대응에 어려움을 겪고 있다. 또한 유망 소프트웨어기업이 집중되어 있으나, 창업지원 공간, 컨벤션센터 등 기업 지원시설 및 문화·편의시설은 부족한 상황이다.

판교창조경제밸리는 기존 판교테크노밸리와 연계하여 도시첨단산업단지를 조성함으로써 스타트업 육성 인프라, 기업지원, 혁신교류

판교테크노밸리 주요 통계지표

661,925 총면적[m²]	**60,000** 종사자수	**870** 기업수	**54조원** 매출액

종사자수 — IT 56%
• IT 56% • CT 17%
• BT 9% • 기타 18%

규모별 — 중견기업 52%
• 대기업 19% • 중견기업 52%
• 소기업 29%

기능별 — 본사 75%
• 본사 75% • 연구소 15%
• 지사 5% • 기타 15%

(2013년 12월 통계조사 기준)

기능을 보강할 계획이다. 즉, 저렴한 창업 공간과 성장 공간을 제공하고, 교육과 컨설팅, 벤처캐피털, 엔젤투자 등 창업지원기관을 집적시키며, 혁신을 선도할 수 있는 국내외 앵커기업을 유치하겠다는 것이다. 또한 이들 기업과 연관 기업의 동반 입주를 유도하여 시너지효과를 극대화하기 위해 산업 활동과 기업지원 서비스도 제공한다. 이외에도 문화·예술 등 복합공간을 조성하여 교류를 촉진하고 혁신 아이디어 창출, 첨단기술 교류와 창의 인재 및 혁신 아이디어 발굴의 장으로 활용할 계획이다.

성남시는 판교창조경제밸리를 조속히 조성할 수 있도록 중앙정부와 경기도, 그리고 민간영역과 적극 협력할 것이며, 지역 내 성장 잠재력이 풍부한 기업들(포스코 ICT, 한글과컴퓨터, NHN, 엔씨소프트, 넥슨, 파스퇴

판교창조경제밸리 개념도 및 조감도

경부고속도로 ——

도시첨단산업단지

복합산업공간
(GB용지)
산업공간, 연구공간

혁신교류공간
(도공부지)
I-square, 생활공간

판교창조경제밸리
(Triangle Cluster)

서울외곽
순환도로

판교 테크노밸리
-870여개 기업 입주

르연구소, 차그룹 등)과 다양한 분야의 대학(원) 학과를 연계함으로써 융합연구, 사업 아이템 발굴 등 산·학·연 교류협력도 도모할 것이다.

2019년부터 판교창조경제밸리가 본격적인 입주를 시작하면 기존 판교테크노밸리를 합쳐 1,500개 기업이 들어서 10만 명의 전문 인력들이 근무하게 된다. 또한 아래에서 설명하게 될 중원구 하이테크밸리와 분당의 벤처진흥지구, 판교의 판교테크노밸리가 서로 연계될 경우, 지역경제 활성화라는 시너지 효과도 발생할 것이다. 이처럼 상대적으로 개발여건이 열악한 기존 시가지의 발전과 연계될 수 있어 도시의 균형발전에도 긍정적 영향을 미칠 것으로 예상된다.

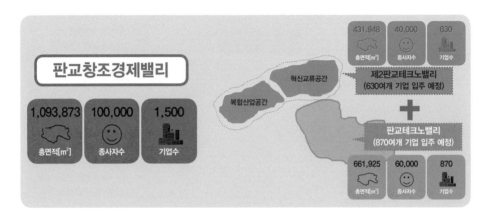

판교창조경제밸리 주요 통계지표

기존 시가지 성남산업단지 경쟁력 강화

판교테크노밸리와 판교창조경제밸리 조성에 이어 착공 50년 가까이 된 대한민국 제1호 일반산업단지인 성남산업단지(하이테크밸리)도 혁신공간으로 변모한다. 산업통상자원부와 국토교통부가 추진한 노후산업단지 경쟁력 강화 정부합동공모사업에 성남산업단지가 최종 대상단지로 선정된 것이다.

노후산업단지 경쟁력강화 정부합동공모사업은 2016년까지 25개 노후 산단의 경쟁력 강화를 지원하는 사업이다. 이 사업의 효과적 이행을 위해 2014년 12월 국회는 '노후거점산업단지의 활력증진 및 경쟁력 강화를 위한 특별법(노후산단특별법)'을 제정했다. 시는 공모사업 선정에 따라 노후기반시설 재생, 연구·혁신역량 강화, 근로 및 주거환경 개선 등 사업을 추진해 성남시를 수도권 융합생산의 창조거점으로 만들겠다는 구상을 현실화시킬 것이다.

성남산업단지는 기능별로 창업기업지원허브, 융합혁신허브, 복합문화지원거점 등으로 재편되고 보행자 도로, 소공원 등을 확충해 근로자들의 직장생활 만족도를 높일 계획이다. 또한 연구·혁신역량 강화를 위해 이른바 혁신형 창업을 지원하는 '성남혁신지원센터'도 들어선다. 기업은 창업 초기부터 입주, 자금확보, 판로개척 등 단계별로 성남혁신지원센터의 맞춤형 지원을 받으며 경쟁력을 키울 수 있다. 제조업 혁신 3.0 전략에 기반한 '성남시 디자인 플래닛'도 구축한다. 성남산업단지의 주력업종인 제조업의 경쟁력을 강화하기 위해 디자인 중심주의를 접목한 융합혁신사업을 전개하는 것이다.

무엇보다 근로 및 거주 환경을 개선하기 위해 시는 위례~신사선의 성남산업단지 내 연장을 역점사업으로 추진하고 있다. 뿐만 아니라 산업단지 인근 배후지에 1,800세대 규모의 소형 공공임대주택을 건설해 근로자의 주거 여건을 개선해나갈 것이다. 이 밖에도 국제회의장을 포함한 비즈니스지원시설, 성남산업단지 디지털아카이브 같은 문화지원시설을 세우는 등 기업을 위한 인프라 개선도 추진한다.

이 같은 혁신 계획을 통해 성남산업단지에 현재 3,000여 개인 입주기업 수를 2022년까지 6,000개 이상으로 늘리고, 같은 기간 산업단지 근로자 수를 4만 2,000명 수준에서 12만 명 이상 규모로 확대시킬 계획이다.

공공의 역할을 통한 일자리 창출

대표적인 사업 중 하나가 바로 '어르신 소일거리 사업'이다. 노인층의 가장 큰 고통 중 하나가 바로 빈곤이다. 이는 당사자인 노인의 문제를 넘어 가족 전체의 부담이 된다. 무엇보다 평생을 사회를 위해 헌신한 이들이 자신의 존재감을 상실하게 되는 현실은 모든 국민에게 노후에 대한 불안을 야기할 수밖에 없다. 노후에 대한 불안은 곧바로 출산에 대한 두려움으로 연결된다. 비록 소액의 급여가 지급되지만 현재 성남시에서는 어르신 소일거리 사업의 결과 경로당 급식도우미, 실버금연구역 지킴이, 스쿨존 교통지도 등에 5,000명 이상의 노인이 일하고 있다. 이를 통해 노인 세대가 자존감을 회복하고, 당당한 공동체의 일원으로 역할을 수행하게 된 것이다.

청장년을 위해서는 취업 알선은 물론, 사전 진로상담과 맞춤교육을 제공하는 '취업성공 패키지 사업'을 추진하여 구인과 구직의 안정적 연결시스템을 구축하고 있다. 또한 시민기업과 마을기업, 협동조합 등 사회적 경제 활성화를 통해 사업 초기 500개였던 일자리를 3,000개 이상으로 확대하고 있다.

좋은 일자리를 만드는 것과 함께 중요한 것이 바로 '일자리를 좋게 만드는 것'이다. 통계청이 2014년 10월 발표한 '경제활동인구조사 근로형태별 부가조사 결과'에 따르면 2014년 8월 기준 비정규직 근로자는 607만 7,000명으로 1년 전보다 13만 1,000명(2.2%)이 늘었다. 비정규직 근로자가 600만 명을 넘어선 것은 2002년 관련 조사 시작 이후 처음이었다. 성남시는 공공부문 비정규직 664명을 정규직으로 전환하여 일자리를 안정화하는 성과를 거두고 있다.

일자리는 기본적으로 기업이 만든다. 그러나 행정적 노력으로도, 그리고 창의적인 아이디어로도 일자리는 늘어날 수 있고 또 안정화시킬 수 있음을 증명하는 시도들이다.

일자리와 연계한 '임대주택 1만 호' 건설

출산을 두렵게 만드는 또 하나의 요인은 바로 주거문제다. 성남시는 무주택 서민의 주거안정과, 판교테크노밸리 등 산업단지로 우수한 인력을 유인하기 위해 1만 호 공공임대주택 건설을 민선6기 공약사업으로 제시했다.

이를 위해 여수동 택지개발지구를 비롯해 위례지구, 고등지구에 임대주택을 건설하고 기존시가지 2단계, 3단계 재개발사업과 연계한 이주단지 조성사업을 진행하고 있다. 또한 성남도시개발공사와 함께 신흥동과 야탑동에 시유지를 활용하여 임대주택을 건설하고, 판교창조경제밸리와 인접한 배후 주거단지 조성을 위해 동원동·대장동 사업지에 임대주택 건설사업도 진행할 계획이다.

이러한 공공형 임대주택 건설은 성남시가 전략적으로 추진하고 있는 양질의 일자리 창출과 연계해 베드타운이 아니라 자체 경쟁력을 지닌 자족도시로서 성장하는 데 필요한 핵심정책이다.

청년수당, 미래에 투자하라

기본소득은 한 사회의 공유재로부터 나오는 수입의 일부를 재산이나 소득의 많고 적음, 노동 여부와 상관없이 모든 사회구성원에게 균등하게 지급하는 소득을 의미한다. 현재 우리나라에서 기본소득 개념을 도입해 시행하고 있는 정책이 바로 기초연금이다. 소득인정액이

기준(소득하위 70%) 이하인 65세 이상 노인들에게 연금을 지급하는, 일종의 후배당 개념인 것이다.

이러한 기본소득정책은 보편복지 확대를 주요 시정운영 목표로 설정한 성남시의 정책방향에 온전히 부합한다. 이에 성남시는 청년세대에게도 이러한 기본소득 개념을 적용하고자 한다. 청년들에 대한 선투자로서 '청년배당'을 실시하는 것이다.

청년의 역량이 성장하지 못하면 그 사회의 역동성은 떨어지고 지역과 국가 전체의 손실로 이어진다. 연애, 결혼, 출산을 포기한다는 '3포세대'의 현실을 그대로 두고 미래를 이야기할 수는 없다. 충분하지는 않지만 청년배당 정책으로 일정 정도 경제적 지원을 함으로써 청년들에게 자기계발의 기회를 확대시키고, 무엇보다 공동체 구성원으로서의 소속감을 강화시키는 일석이조의 효과를 기대할 수 있을 것이다.

아울러 '청년에 대한 선투자'라는 정책 목적에 더해 소상공인을 비롯한 지역경제 활성화에도 기여할 수 있도록 청년배당금을 지역화폐로 지급할 계획이다. 지역화폐의 사용기한을 설정해 무기한 소유하는 것이 아니라, 일정 기간 내 지역에서 상품권을 소비하도록 함으로써 지역 골목상권 활성화라는 선순환 구조를 만들 수 있다.

기본소득 개념을 적용한 청년수당 정책은 무상복지, 보편적 복지에 대한 편견과 왜곡이 가득한 대한민국 사회에 격렬한 논쟁을 유발할 수도 있다. 그러나 미래를 위한 사회적 투자는 공공영역의 의무다. 논쟁이 뜨거우면 뜨거울수록 동의의 수준도 높아질 것이다.

정책 실현, 결국 세금 문제다

우리나라의 법인세율은 2008년 이명박 정부 출범과 함께 인하되었다. 현재 법인세의 실효세율은 OECD평균(23%)의 4분의 3에 불과하다. 법인세를 인하해 기업의 투자와 배당을 유도하여 경제 활성화를 기대했으나, 기업들은 벌어들인 돈을 투자하지 않고 오히려 1,157조 원을 현금으로 보유하고 있다. 법인세 최고세율을 22%에서 25%로 인상하면 연평균 4조 6,000억 원의 추가세수를 확보할 수 있다. 웬만한 무상복지정책을 전국적으로 실행할 수 있는 세원이다. 결국, 복지논쟁은 복지재원논쟁으로, 세금논쟁으로 확대될 수밖에 없다.

성남시는 각종 복지재원을 마련하기 위해 고의적 체납자에 대한 적극적 징수정책을 펴고 있다. 이를 위해 징수과를 신설하고 세원발굴 TF팀을 세무조사팀으로 전환, 본격 가동하고 있다. 건물을 신축하면서 중과세 대상임에도 일반 세금을 낸 법인 등 세금 회피가 의심되는 350개 사업 법인을 대상으로 현장조사를 벌이고 법인 정보를 하나하나 끝까지 확인하여 세원을 발굴·추징한다. 이를 통해 실질적인 체납 징수는 물론, 공정성의 강화, 여기에 조사반 채용을 통한 일자리 창출 등 1석3조의 효과를 얻고 있다.

성남시 체납 징수 실적

조사대상	체납액	징수실적		면담실적	면담결과세부내역(건)					
		건수	금액		납부약속	생계곤란	납부기피	분납신청	사망	비거주자
106,535	23,400	11,581	1,361	8,586	5,500	110	112	129	28	2,519

(2015. 7. 3 현재, 건/100만 원)
※ 징수 실적은 체납액 200만 원 이하 대상으로 5. 11~7. 3 누계 실적임.

부당하게 세금 납부를 회피하는 미납자에 대해서는 이처럼 끝까지 추적하는 반면, 소액 체납자에 대해서는 시민 체납 전수 실태조사반 (76명 공개 채용)을 가동해 12만 8,077명의 소액 체납자를 직접 만나 그들의 고충을 듣고 그들이 처한 상황을 평가하는 기회를 갖고 있다. 그 결과 생계형 소액 체납자에 대한 납부 유예 기간 연장은 물론, 일 자리 등 복지서비스를 연계하여 새로운 경제활동을 통해 세금을 납부 할 수 있도록 한다. 소득 창출과 생계 안정, 세금 징수의 선순환 구조 가 실현되고 있는 것이다.

생계형 소액 체납자와 타기관 연계실적

구분	복지상담연계	결손처분의뢰	거주조사의뢰	분납신청	납부 기피자
연계기관	희망나눔팀	구세무과	주민센터	시징수과	시징수과
건수	24	107	1,353	114	104

(2015. 7. 3 현재)

조세법률주의에 따라 지방자치단체는 세수를 정할 권한이 없다. 그 러나 가능한 정책수단을 통해 일정한 수준의 복지재원은 마련할 수 있다. 결국 문제는 의지와 실천력이다.

"진정한 지방자치를 허하라" 무상 공공 산후조리원 정책

과거 가족 단위에서 해결하던 산후조리 영역이 민간업체로 이양되 면서 평균 300만 원이 넘는 산후조리원 이용료는 출산의 또 다른 부담이 되고 있다. 성남에서는 저출산, 고령화 시대에 대처할 출산장려 정책의 일환으로 무상 공공 산후조리원 운영과 민간 산후조리원 비용 지원사업을 추진한다. 여론조사 결과에서도 성남시민 66.2%, 전국 73.5%가 압도적으로 찬성하고 있는 사업이다.

그러나 보건복지부는 성남시의 산후조리지원이 지역 형평성에 위배되거나 산모 간 불평등을 야기한다는 이유로 불수용 입장을 밝혔다. 이는 오로지 반대를 위한 반대일 뿐이며, 지방자치를 무시하는 초법적 발상이다.

첫째, 주민들이 지역특성에 따라 자율적으로 정책을 결정하고 자치단체 간 경쟁을 유도하는 것이 지방자치의 목적인데, '다른 곳에선 못하니 너희도 하지 말라'는 것은 지방자치의 퇴보와 하향평준화를 강요하는 것에 다름 아니다.

무상공공산후조리원 정책에 대한 찬반 여론조사결과

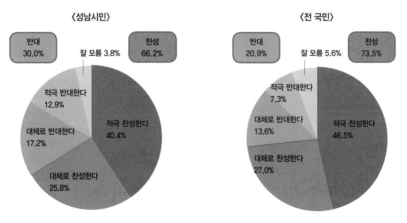

(2015. 5. 2~3, 서든포스트)

둘째, 무상 공공 산후조리원은 저소득층, 다자녀가정 등 정책적 배려가 필요한 시민 10~20%가 이용하게 하고, 일반 산모는 50만 원의 산후조리비를 지원한다는 것으로, 이 정책은 보편복지를 반대하는 정부방침에 맞춘 계층별 선별복지정책이다. 그런데 모든 산모에게 동일하게 적용하면 보편복지라서 안 되고, 선별복지는 불평등해서 안 된다는 것은 결국 어떻게 하더라도 무조건 반대하겠다는 복지부의 속내를 드러낸 것일 뿐이다.

셋째, 타당성 결여를 이유로 거부한 결정은 사회보장기본법에 정한 권한을 넘어선 초법적 권한남용 행위다. 동법 제26조는 협의 조정의 목적으로 "사회보장급여가 중복 또는 누락되지 않게 하여야 한다"고 되어 있다. 성남시의 무상 산후조리지원은 다른 제도와 중복되지도, 누락되지도 않는 제도이므로 불수용으로 이를 막을 근거가 없고, 복지부는 중복이나 누락 여부 심사 외에 사업 자체의 타당성을 판단할 권한은 없다.

이뿐만 아니다. 성남시에서는 모라토리엄 졸업으로 재정위기를 극복하고 건전재정을 유지하면서 그 동안 중앙정부가 하지 못한 각종 복지시책을 적극적으로 추진해왔다. 그러나 이 가운데 기초연금 시비 (8만 원) 지원금 일괄 지급, 65세 이상 어르신 버스비 지원, 독거노인종합센터 설치 운영, 장애수당 추가지급 등도 중앙정부의 사회보장제도 협의 조정을 이유로 불수용되거나 반려되어 제대로 시행되지 못하고 좌초되었다. 지방자치를 부정하는 초헌법적 사고이자, 중앙정부의 월권 횡포인 것이다.

토크빌이 말했듯 '지방자치는 민주주의의 초등학교'다. 시민들의 삶

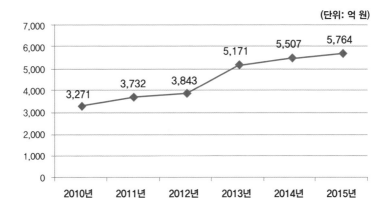

성남시 사회복지분야 예산 추이

(단위: 억 원)

3,271 3,732 3,843 5,171 5,507 5,764

2010년 2011년 2012년 2013년 2014년 2015년

에 더욱 밀착된 지방정부가 진정한 민주주의를 실현할 수 있는 현실적 대안이다. 중앙독점적 권력구조에서 벗어나 진정한 분권과 자치가 필요한 이유다.

꼬리를 잡아 몸통을 흔들다

성남시의 시정 구호는 '시민이 주인인 성남, 시민이 행복한 성남'이다. 성남시장으로서 전력을 기울이고 싶은 일은 시민의 일상과 삶의 현장에서 발생하는 어렵고 힘든 문제들을 해결하고 이를 전국적으로 확산시키는 것이다. 지방정치의 모범을 통해 꼬리를 잡아, 몸통이라 할 우리 사회 전체, 한국 민주주의의 현실, 국민들의 삶과 세상의 인식을 바꾸는 일이다. 작은 일, 지역, 남들이 주저하고 두려워서 하지 않는 것들을 통해 중심을 흔들고 전체로 확산시키는 도전이다.

저출산의 위기가 현실로 다가오는 지금, 국민의 기본적 권리를 보장하고 삶의 최소한을 보장하기 위한 공공의 역할이 그 어느 때보다 절실하다. '공공성 강화'를 위한 성남시의 도전이 대한민국 성공의 지표가 될 것이라 확신한다. 시민주권이 실현되고 지방자치가 살아 있는 성남시가 대한민국 민주주의의 모범이 되기 위해 성남시의 도전은 계속될 것이다.

2015년 8월
이재명 성남시장

인구감소로 연쇄붕괴하는 도시와 지방의 생존전략

지방 소멸

초판 1쇄 발행 2015년 9월 5일 | 초판 11쇄 발행 2023년 11월 27일

지은이 마스다 히로야
옮긴이 김정환

펴낸이 신광수
CS본부장 강윤구 | 출판개발실장 위귀영 | 디자인실장 손현지
단행본팀 김혜연, 조문채, 정혜리, 권병규
출판디자인팀 최진아, 당승근 | 저작권 김마이, 이아람
출판사업팀 이용복, 민현기, 우광일, 김선영, 신지애, 허성배, 이강원, 정유, 설유상, 정슬기, 정재욱,
        박세화, 김종민, 전지현
영업관리파트 홍주희, 이은비, 정은정
CS지원팀 강승훈, 봉대중, 이주연, 이형배, 전효정, 이우성, 신재윤, 장현우, 정보길

펴낸곳 (주)미래엔 | 등록 1950년 11월 1일(제16-67호)
주소 137-905 서울시 서초구 신반포로 321
미래엔 고객센터 1800-8890
팩스 (02)541-8249 | 이메일 bookfolio@mirae-n.com
홈페이지 www.mirae-n.com

ISBN 978-89-378-3768-5 03300

「이 도서의 국립중앙도서관 출판시도서목록(CIP)은 서지정보유통지원시스템 홈페이지(http://seoji.nl.go.kr)와
국가자료공동목록시스템(http://www.nl.go.kr/kolisnet)에서 이용하실 수 있습니다.
(CIP제어번호: CIP2015016528)」